EVROPA

ALBERT MEMMI

Trinker und Liebende

Versuch über die Abhängigkeit

Aus dem Französischen übersetzt
von Karin Messmer

EUROPÄISCHE VERLAGSANSTALT

Für Marie-Germaine, die unermüdliche Lieferantin

Die Originalausgabe erschien 1998 unter dem Titel
»Le Buveur et l'Amoureux. Le Prix de la Dépendance«
bei Arléa, Paris.

Die deutsche Fassung erscheint mit freundlicher Unterstützung des Ministère français chargé de la culture, Centre national du Livre.

Informationen zu unseren Verlagsprogrammen finden Sie im Internet unter
www.europaeische-verlagsanstalt.de bzw. www.rotbuch.de

Die Deutsche Bibliothek – CIP-Einheitsaufnahme

Ein Titeldatensatz für diese Publikation ist bei
Der Deutschen Bibliothek erhältlich

Lektorat und Redaktion: Katharina Gerhardt
Umschlaggestaltung: +malsy, Bremen
Motiv: Detail aus »Die Mahlzeit mit den Bootsfahrern« (1881)
von Auguste Renoir. The Phillips Collection, Washington D. C.

Signet: Dorothee Wallner nach Caspar Neher »Europa« (1945)
Herstellung: Das Herstellungsbüro, Hamburg
Satz: Greiner & Reichel, Köln
Druck und Bindung: Fuldaer Verlagsagentur, Fulda

Printed in Germany

ISBN 3-434-50464-8

Inhalt

ZWEITER TEIL

Erotische Abhängigkeit

DRITTER TEIL

Zum Verständnis menschlichen Verhaltens

Vorbemerkung

In den vergangenen Jahren habe ich eine Darstellung, eine Definition und eine Theorie der Abhängigkeit erarbeitet.

Man hat mich im folgenden häufig gefragt, ob ich diese Forschung nicht fortführen oder anwenden wolle. Mir schien es sinnvoll, hier einmal die grundlegenden Ergebnisse meiner Untersuchungen zusammenhängend darzustellen.

Neben einer allgemeinen Einführung besteht das vorliegende Buch aus drei Teilen.

Im ersten Teil werden die Thesen durch Beispiele veranschaulicht. Wie läßt sich beispielsweise Alkoholabhängigkeit einordnen? Wie stellt sich die Beziehung zwischen Arzt und Patient dar? Worin besteht das Interesse des Gerontologen?

Hierbei handelt es sich nur um eine Auswahl verschiedener Studien, die ich verfaßt habe: über Spielsucht, Arbeitssucht oder Drogenabhängigkeit beispielsweise. Jede könnte Thema eines eigenen Buches sein.

Der zweite Teil besteht aus drei Filmanalysen. Das ist der aktuellste Teil im Vergleich zu meinen früheren Veröffentlichungen zu demselben Thema. Hier geht es um eine Methode: die Werkinterpretation.

Der dritte Teil ist den Auswirkungen der Begriffe Abhängigkeit und Beschaffung gewidmet, die diese für bestimmte Problemstellungen in den Humanwissenschaften oder im Bereich der klassischen Philosophie haben. Wie verändert sich unter dem Gesichtspunkt von Abhängigkeit und Beschaffung die derzeitige Kontroverse über kulturelle Identität? Wird man die moralischen Verhaltensweisen in einem anderen Licht betrachten müssen? Wie ist der Begriff der Freiheit unter diesem Blickwinkel zu verstehen?

* * *

Zur Einführung nehme ich einen Abschnitt vorweg, der später in ganzer Länge zu finden ist.

»Nachdem ich mich viele Jahre mit den einander wechselseitig bedingenden Phänomenen der Dominanz und der Unterwerfung, d. h. hauptsächlich mit der Erforschung von Konflikten, beschäftigt habe, habe ich mich nun dem zugewandt, was sich mit ›jemanden brauchen‹ umschreiben läßt. Ich wähle den bereits bestehenden Begriff der Abhängigkeit, um eine Erfahrung zu benennen, die nicht mit der der Unterwerfung übereinstimmt, mit der sie zuweilen verwechselt wird. Während man sich bei der Unterwerfung gemeinhin gegen eine Herrschaft auflehnt, wird Abhängigkeit mehr oder weniger hingenommen, da sie im Warten auf oder der aktiven Suche nach einem Objekt der Begierde bei einem Lieferanten besteht. Der Abhängige und der Lieferant bilden ein ›Duo‹, aus dem jeder der beiden Partner seinen Nutzen zieht. Wir sind in eine Vielzahl von Duos eingebunden. Dieses Geflecht aus Abhängigkeit und Beschaffung bildet die Grundlage unserer Existenz.

Eine differenziertere Analyse dieses Phänomens führte mich zu folgender Definition der Abhängigkeit, die ich zur Erinnerung nochmals anführe:

›Abhängigkeit ist eine mehr oder minder hingenommene, zwanghafte Beziehung zu einem Wesen, einem Objekt, einer Gruppe oder einer Institution, seien sie real oder imaginär, die der Befriedigung eines Bedürfnisses oder eines Begehrens dient.‹«

* * *

Mit Hilfe dieser Definition sowie durch zahlreiche Analysen, darunter auch Untersuchungen ›vor Ort‹, konnte ich eine Reihe gemeinsamer Merkmale herausarbeiten, die meiner Ansicht nach bei den meisten Abhängigkeitsformen anzutreffen sind:

– Eine relativ positive Einschätzung: Während Abhängigkeit bei Moralisten, Soziologen und Ärzten eher schlecht im Kurs steht, erscheint sie mir weder ein Fehler noch eine Krankheit zu sein, wenngleich sie im Übermaß doch zu einer solchen wird. Daher habe ich ihren Bezug zum Bedürfnis einerseits oder zur Lust andererseits beleuchtet. Auch eine Vielzahl von Werten und Institutionen haben in der Abhängigkeit ihren Ursprung.

– Ein Zusammenhang zwischen den verschiedenen Formen der Abhängigkeit: Es gibt keinen völligen Bruch zwischen der Abhängigkeit von Objekten (Alkohol, Tabak oder Drogen) und der Abhängigkeit von Kunst; zwischen der Abhängigkeit von Objekten und der Abhängigkeit von einzelnen Wesen oder Gruppen. Alkoholabhängigkeit und politische Abhängigkeit unterscheiden sich prinzipiell nicht, ebensowenig Abhängigkeit in der Liebe und in der Religion.

– Das grundlegende Wesen der Abhängigkeit und letztlich ihre Bedeutung in unserem Leben, die aus der Vielfalt der Objekte der Begierde und ihrer Lieferanten resultiert, ihre enge Verbindung zu Bedürfnis und Begehren führen zu allgemeinen philosophischen Problemstellungen (zum Beispiel zur Frage der Freiheit oder der religiösen Abhängigkeit oder der sozialen Bindungen im allgemeinen), und letztlich zu Schlüsselkenntnissen für das Verstehen des menschlichen Verhaltens überhaupt.

Was ist Abhängigkeit?[1]

Was tut ein Forscher, wenn er herausfindet, daß Schemata, die ihm lange Zeit nützlich waren, ihm den Dienst versagen? Er kann mit den Achseln zucken und sich sagen, daß das, was unter Beweis gestellt wurde, nicht durch und durch schlecht sein kann, und davon ausgehen, daß die Schwierigkeiten vorübergehender Natur sind. Er kann aber auch versuchen, seine frühere Sichtweise zu korrigieren, um die neuen Erkenntnisse zu berücksichtigen.

Die erste Haltung war die Darwins, der von seinem Genie überzeugt war und daher all das »vernachlässigte«, was in seiner prunkvollen Konstruktion keinen Platz fand.

Die zweite Haltung läßt sich durch eine der Ursachen der Einsteinschen Revolution veranschaulichen: Es handelt sich hierbei um die fehlende Übereinstimmung zwischen einer vorher getroffenen theoretischen Voraussage und der Erfahrung, die Einstein auf den Weg zu seiner bedeutsamen Entdeckung brachte. Ein eher bescheidenes Beispiel ist das des französischen Mathematikers Le Verrier, der einen Planeten entdeckte, weil er angesichts der Unstimmigkeiten zwischen seinen eigenen Berechnungen und der in seiner Epoche allgemein geltenden Beschreibung der Sternenbewegung nicht kapitulierte. Das Wissen um eigene Grenzen kann zuweilen eher zum Erfolg führen als stolze Selbstgewißheit. Ich selbst habe mich jedenfalls mit allem gebotenen Respekt eher dem Andenken an den Philosophenlehrling als dem Hochmut des großen Naturalisten verschrieben.

Die Sache mit der Abhängigkeit nahm für mich auch ihren Anfang in einer Differenz, einer Widerstandsfähigkeit des real Gegebenen, über die ich nicht hinweggehen wollte oder konnte. Das geschah anläßlich einer exzeptionellen Erfahrung, die sich ganz und gar nicht mit meinen früheren Erkenntnissen vereinbaren ließ. Diese Erfahrung, und darauf habe ich häufig hingewiesen, machte ich mit einer Krankheit und der therapeutischen Beziehung, mit der ich konfrontiert wurde und die mich die Bedeutung der Abhängigkeit sowohl für mein eigenes Leben als auch für jedes Leben überhaupt gelehrt haben.

Es gab gewiß andere Momente, in denen die Erfahrung der Abhängigkeit deutlich spürbar war. Ich sehe zum Beispiel bei Durchsicht meiner Arbeiten aus der Zeit der Kolonisierung, daß sie sich bereits bei mir eingenistet hatte. Doch sie war überdeckt, verschleiert durch die Dominanz, welche in der politischen Kolonialzeit so im Vordergrund stand, daß anderes nicht wahrgenommen wurde. Noch erstaunlicher erscheint mir, daß ich die Abhängigkeit in der Eltern-Kind-Beziehung oder in der Ehe nie stärker hervorgehoben habe. In einem Text mit dem Titel *Plaidoyer d'un tyran (Plädoyer eines Tyrannen)*[2] habe ich bereits die These aufgestellt, daß das Modell Herrschaft–Unterwerfung die Beziehung zwischen Mann und Frau in keiner Weise erschöpfend charakterisiert, ebensowenig wie die zwischen Männern. Ich habe aufgezeigt, welche erstaunliche Zuflucht ein Ehegatte, ungeachtet möglicher Konflikte, für seinen Partner darstellt. Kurz gesagt, ich mußte, ohne mir dessen stets bewußt zu sein, immer häufiger eine andere Art von Beziehung einbeziehen, die zwischen Abhängigkeit und Beschaffung. Die beiden Gefüge mußten ein und dasselbe, komplexere Raster für die Auslegung von Verhaltensweisen und Gefühlen darstellen. Denn man kann gleichzeitig und zugleich abhängig sein und beherrscht werden, Lieferant und Dominierender sein.

Deswegen *habe ich versucht, diese beiden neuen Konzepte von Abhängigkeit und Beschaffung mit meinen früheren von Dominanz und Unterwerfung zu verknüpfen. Und darüber hinaus auf die besondere Eigenart der Erfahrung mit der Abhängigkeit hinzuweisen.*

Bevor ich das Wesentliche dieser Begrifflichkeit ausführe, möchte ich betonen, daß alle folgenden Einschätzungen aus der Analyse dieser Erfahrungen hervorgegangen sind. Dem Leser wird sich dies in den Kapiteln des ersten Teils bestätigen. Diese Einschätzungen sind eine komprimierte Kurzfassung und würden sich – wie Scheine in Kleingeld – auch wieder umwechseln lassen. *Die Philosophie der Abhängigkeit ist, so es Philosophie überhaupt gibt, eine Komprimierung und Verallgemeinerung der Erfahrung mit der Abhängigkeit.*

Duo und trinitarische Beziehung

Wie kann man nun diese Erfahrung begrifflich fassen?

Natürlich bedarf es zur begrifflichen Bestimmung mehr als einer Erfahrung, auch wenn diese offenkundig ist. Doch ich brauche nur um mich zu blicken, um festzustellen, wie sehr Verhaltensweisen der Abhängigkeit verbreitet sind. Ich habe das bereits durch systematische Untersuchungen, die ich im Rahmen meiner Lehrtätigkeit an der Universität Naterre durchgeführt habe, sowie durch einige Werkinterpretationen, Analysen von Filmen, Büchern oder Institutionen vor dem Hintergrund des Schemas der Abhängigkeit und Beschaffung, bewiesen. Das folgende ist das Ergebnis dieser Doppel- oder Dreifach-Quelle, die es mir gestattet festzuhalten, daß *Abhängigkeit vor allem eine erlebte Erfahrung ist und ein beobachtbares Verhalten darstellt.*

Eine, wenn auch rasche, Untersuchung dieser Erfahrung und dieses Verhaltens offenbart das folgende explizite oder implizite Schema: *Der Abhängige bildet ein Duo mit einem Partner, den man den Lieferanten nennen kann, in der Absicht, über eine Ware zu verhandeln, die man das Objekt der Begierde nennen kann.*

Halten wir den Begriff *Duo* fest, der mir bereits bei der Beziehung zwischen Dominanz und Unterwerfung dienlich war. Auch Kolonisatoren und Kolonisierte, Weiße und Schwarze, Männer und Frauen bilden solche binären Konstellationen, daher will ich mich hierbei nicht weiter aufhalten. Ich will lediglich darauf hinweisen, daß *ich unter Duo eine Beziehung verstehe, in der zwei Partner verwandelt werden und nicht nur einer, und zwar dergestalt, daß beide zu dieser beitragen, diese ertragen oder daraus Nutzen ziehen.* Und daß jedes Duo, wenn es auch anderen gleicht, seine besondere Eigenart besitzt, da es ebensosehr von der Art der Beziehung selbst wie vom Charakter eines jeden der beiden Partner abhängt. Die eheliche Beziehung ist nicht mit der Eltern-Kind-Beziehung gleichzusetzen, auch wenn sie ihr in mancher Hinsicht ähnelt. Die Art des Objekts der Begierde trägt ebenfalls zu der relativen Einzigartigkeit jeder Beziehung bei – Rauchen und Trinken sind verwandte Verhaltensweisen, zumindest durch den oralen Charakter, jedoch unterschiedlich im Hinblick auf die gewünschte Wirkung. Die Vielfalt, die Verschiedenheit der Objekte der Begierde trägt zur augenfälligen Vielfalt des Verhaltens und der Abhängigkeitssituationen bei. Letztlich ist auch die Beziehung von Abhängigkeit und Beschaffung nicht statisch, man kann den Partner wechseln, man kann das Objekt der Begierde wechseln, auch wenn die Veränderung schwerzufallen oder unvorstellbar scheint. Es kann selbstverständlich auch geschehen, daß eine Veränderung nicht zu bewerkstelligen ist. Aber hier sind wir schon im Bereich der Abkehr von Abhängigkeit, auf den ich später noch zu sprechen komme.

Trotzdem existieren über diese Besonderheiten hinaus, die jeweils einer gesonderten Untersuchung bedürfen, grundlegende

Mechanismen von Abhängigkeit und Beschaffung. In jedem von uns gibt es Verhaltensweisen, mit denen etwas gefordert und Aufmerksamkeit verlangt wird, mit denen mehr oder weniger fordernd an andere appelliert wird, worauf mehr oder weniger vollständig die erhoffte Reaktion in Form einer mehr oder weniger freien Gabe seitens des natürlichen oder zufälligen Partners oder sogar seitens mehrerer Partner erfolgt, denn wir sind eingebunden in ein Netz von *Duos* und nicht nur in ein einziges. *Das menschliche Drama liegt begründet in diesen mehr oder minder versäumten Zusammentreffen, in diesen ständigen Verhandlungen, in denen sich Hoffnung und Desillusionierung, Anerkennung und Verbitterung vermischen.*

Ich habe überdies eine fast immer durchführbare Interpretation von Werken im Hinblick auf Abhängigkeit angeregt: Das Verständnis für mehrere literarische Grundtypen, wie zum Beispiel Don Juan oder Othello, ließe sich angesichts dieses Wechselspiels besonders vertiefen.

Das Abhängigkeitsdreieck

Zur Veranschaulichung der Gleichung mit drei Variablen, der trinitarischen Beziehung zwischen einem Abhängigen, einem Lieferanten und einem Objekt der Begierde, habe ich zunächst zu meinem eigenen Nutzen, dann auch aus pädagogischen Gründen das aufgezeichnet, was man das *Abhängigkeitsdreieck* nennen könnte, dessen Scheitelpunkte je einen der Begriffe in dieser Beziehung darstellen:

Eine Abbildung ist – ebensowenig wie ein Einzelbeispiel oder eine Metapher – natürlich kein Argument. Sie ist einfach eine bildliche Darstellung, die vor allem die Phantasie anspricht, um den Geist zu unterstützen. Bald begriff ich allerdings, daß diese Skizze, die die wechselseitige Beziehung zwischen den Partnern und dem Objekt der Begierde hervorhebt, mehr als eine Abbildung ist, nämlich eine *einsatzfähige schematische Darstellung*, mit deren Hilfe diese Beziehungen erfolgreich untersucht werden können. Auf diese Weise wurde das Spiel der Forderungen des Abhängigen und deren Befriedigung sichtbar, die je nach Zustimmung oder Ablehnung der Lieferanten ungleich ausfiel. So erschien der Lieferant in gewissem Maße abhängig von seinem Abhängigen etc.

Bei Weiterverfolgung dieser Übung entdeckte ich, daß ich dem Abhängigkeitsdreieck echte Fragen stellen und somit das durchführen konnte, was man Simulation nennt, d. h. ich konnte die erzielten Ergebnisse durch Variationen des einen oder des anderen Elements und die relativen Positionen der Elemente feststellen, konnte mich einem abstrakten Experiment unterziehen – kurz, ich hatte eine Art *Modell* erschaffen.

Ein Modell der Abhängigkeit

Mir sind nicht nur die technischen Schwierigkeiten dieser Ausarbeitung, sondern auch die theoretischen Einwände bewußt, die bereits bezüglich der Möglichkeit eines Modells in einem solchen Bereich erhoben werden können. Wenn man von einem Modell spricht, denkt man eher an ein mathematisches Instrument, und ich räume ein, daß ich, wenn man unter einem Modell ausschließlich solche Instrumente versteht, eher ein Schema als ein Modell entwickelt habe. Versteht man unter Modell das Modell der sogenannten exakten, also der quantifizierbaren, Wissenschaften, handelt es sich in der Tat nicht um ein »echtes« Modell. Man hat im Bereich der Psychologie nicht häufig ernsthaft Gelegenheit zu Messungen, zum Beispiel zu einer introspektiven Messung oder Verhaltensmessung, sei es individuell oder kollektiv. Man kann die Anzahl der gerauchten Zigaretten oder der getrunkenen Gläser bei diesem oder jenem Menschen unter diesen oder jenen Umständen messen, doch bleiben diese Aspekte sekundär (oder müßte man behaupten, daß die Formulierung »Es gibt keine Wissenschaft außer der meßbaren Wissenschaft« aus einer äußerst eng gesteckten Auffassung von Wissenschaft rührt, da sie die deskriptiven Disziplinen ausschließt).

Kurzum: Versteht man unter Modell ein abstraktes Konstrukt, das sich, ausgehend von der Beobachtung des Realen, auf die Existenz eines Beziehungsgeflechts gründet und das, nach ausreichender Bewertung, das Verständnis anderer Aspekte des Realen ermöglicht; ein abstraktes Wesen, mit dessen Hilfe man das Reale befragen und analysieren und sich dadurch neue Feststellungen und Überprüfungen ersparen kann; eine mentale Erfahrung, die das Experimentieren mit Fakten ablöst und ersetzt; dann existiert ein Modell von Abhängigkeit und Beschaffung.

Was haben wir denn anderes getan, als die Häufigkeit von Abhängigkeitsverhalten bei uns und anderen zu notieren und darin regelmäßig die Beziehung zum Lieferanten und den Objekten der Begierde aufzudecken? Um dann, gewappnet mit diesem trinitarischen Schema, andere Verhaltensweisen zu untersuchen und jedesmal bestätigt zu bekommen, daß unser Schema eine bessere Analyse dieses neuen Aspekts der Wirklichkeit ermöglicht? Letztlich bewährt sich ein Modell durch seinen Zuverlässigkeitsgrad, d.h. durch seine Vorhersagbarkeit. Daraus ergibt sich, daß es nicht nötig ist, absolute Zuverlässigkeit zu fordern, sollte es eine solche geben. Selbst Flugpläne, die ja in ihrer Planung und Anwendung so strikt gehandhabt werden, enthalten Fehlerspielräume. Das bedeutet, daß man in der Praxis darauf verzichtet, perfekte Modelle zu erstellen, die hundertprozentige Voraussagemodelle sein könnten. Ich bin nicht einmal sicher, ob solche Modelle existieren, denn jedes Modell ist approximativ und hat eine begrenzte Reichweite.

Mit anderen Worten: Unter Berücksichtigung dieser Vorsichtsmaßnahme *halte ich es für möglich, von einem Modell der Abhängigkeit zu sprechen, weil es nachweisen kann, daß verschiedene Verhaltensformen der Abhängigkeit einander ähneln und in einer Kontinuität zueinander stehen.* Und das trotz der und über die Verschiedenheit der Objekte der Begierde hinaus, weil es auch eine relative Vorhersagbarkeit ermöglicht. Dergestalt, daß das Modell selbst mit seinen beiden Bewegungen beständig verstärkt wird, trotz der Anzahl von Variablen, die die Anfälligkeit, aber auch den Reichtum der Humanwissenschaften ausmachen.

Die imaginäre Dimension

Modell, Schema oder Abbildung – nehmen wir uns jetzt das bildlich dargestellte Dreieck vor. Was sieht man? Zunächst läßt sich feststellen, daß man dieses Planspiel machen kann, indem man von einem beliebigen Scheitelpunkt des Dreiecks aus eine Befragung des Abhängigen, des Lieferanten oder des Objekts der Begierde vornimmt. Unabhängig von der Reihenfolge der Untersuchungen können und müssen wir uns die folgenden drei Fragen stellen:

Wer ist abhängig? Von wem? Und wovon ist er abhängig?

Wenn wir mit dem Abhängigen beginnen, dann sehen wir alsbald, daß es zur Ausleuchtung seiner Persönlichkeit mehrerer Informationen bedarf: Ist es ein Mann oder eine Frau, ein Kind, ein Jugendlicher, ein Erwachsener oder ein Greis? Ist es ein einzelner Mensch oder ein kollektives Subjekt? Welche Staatsangehörigkeit hat er, oder von welcher ethnischen Zugehörigkeit ist er? Was ist sein Beruf? Aus welcher sozioökonomischen Gruppe stammt er? Welches Bildungsniveau hat er? Noch weiterreichend: Welchen Gruppen, politischen Gruppierungen, Freizeit-, Berufsverbänden etc. gehört er an? Die Antwort auf diese Fragen sind keine reinen Informationen, sie haben eine relationale Bedeutung. Man ist nicht in derselben Weise abhängig, sondern je nach Geschlecht, Lebensweise, Zahl, Alter, finanziellen Mitteln, Bildung. Darüber hinaus lehren uns die Antworten auch etwas über die Partner des Abhängigen und über deren eigene Interessen.

Nähern wir uns dem Dreieck über den Scheitelpunkt Lieferant, so erhalten wir weitere Informationen durch zusätzliche Fragen. Der Lieferant kann individuell oder kollektiv sein, man kann von einem einzelnen Menschen, von einer Gruppe oder einer Institution, einer Kirche, einer Partei oder einem Verein abhängig sein. Umgekehrt kann eine Gruppe von einem einzelnen Menschen abhängig sein (siehe das Problem der Führerschaft) und eine Gruppe von einer anderen Gruppe.

Die Betrachtung des Objekts der Begierde fördert seine überraschende Vielfalt zutage. Das ganze Universum scheint sich anzubieten, um unsere Bedürfnisse zu befriedigen, die materielle Welt, die Pflanzen-, Tier- und Menschenwelt. Unsere komplexen Beziehungen mit der Welt verleihen ihr auch eine imaginäre Dimension. Ein Lieferant aus Fleisch und Blut, ein Objekt, sei es auch noch so materiell, weist fast immer einen *ideellen* Aspekt auf. (Unter ideell verstehe ich das, was vom Geist gestaltet oder neu gestaltet wird.) Man kann sich ebenso in ein echtes Wesen verlieben wie in das Bild, das man sich von ihm macht. In *Die Gefangene* zeigt Proust, daß die unterschiedlichen Bilder des Liebespartners in gewisser Weise ein Teil seiner selbst sind. Warum dann dieses verblüffende Theater? Diese Dublette unseres Lebens, die so innig mit ihm verschmolzen ist, daß man sie sich nicht getrennt vorstellen kann? Man muß bedenken, daß das Imaginäre eine Funktion bei unserem Überleben hat. Es ermöglicht die Vorhersage und damit die vorherige Abwendung von Ereignissen. Man verzeihe mir das Wortspiel: Die Prä-Vision ermöglicht die Pro-Vision. In der Bibel ist es der Traum von den mageren Kühen, der den Pharao auf den Gedanken bringt, seine Silos zu füllen.

Betrachten wir nun die Seiten des Dreiecks, die Linien, die die Scheitelpunkte verbinden. Auch hier gibt es mehrere mögliche Fragen: Wie entsteht Abhängigkeit? Wie funktioniert sie? Wie endet sie?

Der erste Fragenkomplex teilt sich in die Suche nach *Anreizen* und *Motivation*. Ein Anreiz ist eine Ursache, die außerhalb des Willens des Abhängigen liegt. Unter wessen Einfluß, unter welchen Umständen wird man abhängig? Ein Trauerfall oder eine Trennung kann jemanden zum Trinker oder Raucher machen. Die Motivation ist hierbei die Gesamtheit der inneren Ursachen – nicht jeder reagiert in gleicher Weise auf einen Anreiz. Warum wird Herr X eher abhängig als Herr Y oder viel stärker abhängig? Warum kann der eine mit dem Rauchen aufhören und der andere nicht? Man muß wohl davon ausgehen, daß manche Menschen empfänglicher dafür sind. Wir stoßen auch hier auf die Gleichung Ereignis – praktische Erfahrung. Läßt man eine eventuelle genetische oder chemische Prädisposition außer acht, so stellt man eine wechselnde Zwangsläufigkeit des Bedürfnisses fest. *Direkt oder indirekt stößt man stets auf ein Bedürfnis, das Grundlage jeder*

Abhängigkeit ist. Und ein Bedürfnis hinterläßt doppelte Spuren: Notwendigkeit und Lust.

Der zweite Fragenkomplex betrifft das, was wir gemeinhin *Gewohnheiten* nennen. Wie funktioniert die Wiederholung beim Abhängigkeitsverhalten? Hier gibt es glücklicherweise genug Darstellungen verschiedenster Art. *Abhängigkeit ist im Grunde eine zwanghafte Gewohnheit, mit der nur brechen kann, wer dafür den Preis einer großen Anstrengung zahlt.* In der Praxis ist die Unterscheidung jedoch geringfügig: Eine Gewohnheit ist fast immer zwanghaft, welche Vorteile sie auch bieten mag. Eine Gewohnheit gibt man nicht so leicht auf. Trotzdem ist es besser, die Unterscheidung beizubehalten, da sie in manchen Fällen sinnvoll ist. So kann es langjährigen Rauchern gelingen, mit dem Rauchen aufzuhören, ohne daß dies spürbare Folgen hätte. Nehmen wir also an, daß Abhängigkeit eine Gewohnheit ist, die sich nicht mehr abstellen läßt und die einen spürbaren Verlust an Unabhängigkeit nach sich zieht.

Der dritte Fragenkomplex bezieht sich auf die Abkehr – wie endet Abhängigkeit? Dieser Komplex ist weiter gespannt, als es scheint. Er betrifft die Gesamtheit der Lebensumstände des einzelnen ebenso wie die von Gruppen, vom Abstillen des Säuglings bis zur kollektiven Katastrophe – die Unruhe des abstinent gewordenen Rauchers oder Trinkers, verschiedenste soziale Umwälzungen, Revolutionen oder einfach nur Arbeitslosigkeit. Vielleicht ist der Abkehr von Abhängigkeit bisher nicht die notwendige Aufmerksamkeit zuteil geworden. In der Tat ist es so, daß Abkehr angst macht.

Wir haben drei Fragen formuliert: Wer ist abhängig? Von wem? Und wovon? Diese beziehen sich auf die Person des Abhängigen. Die Fragen, auf welche Art und Weise man abhängig ist und warum man es ist, haben stärker beschreibenden bzw. erläuternden Charakter.

Man stellt fest, daß es bei jeder dieser Fragenkomplexe spezifische Brüche gibt. Wir haben noch nicht ausreichend bedacht, daß *die Konstellation Abhängigkeit und Beschaffung dynamisch ist.* Zwar stellt jeder Scheitelpunkt des Dreiecks eine Variable dar, doch kann auch das Dreieck als solches verformt werden. Zum Beispiel kann es abgeflacht werden, indem eine Deckungsgleichheit zwischen Lieferant und Objekt der Begierde zugunsten des Lieferanten oder zugunsten des Objekts der Begierde hergestellt wird. Der Abhängige kann sich dem Objekt der Begierde hingeben, ohne daran denken zu müssen, von wem er es beschafft; oder er kann sich im Gegenteil einem Lieferanten hingeben, ohne sich genau zu vergegenwärtigen, was er davon erwartet. Ich bin jedoch der Meinung, daß der Lieferant der Wichtigere ist, auch wenn er nicht immer eindeutig wahrgenommen wird. Zum Beispiel ist es bei der Behandlung Drogenabhängiger häufig möglich, jenseits der Droge als solcher einen *abwesenden Lieferanten* auszumachen. Die Therapie besteht dann darin, die Integrität des Dreiecks wieder herzustellen. Ebenso muß bei verschiedenen Lieferanten und verschiedenen Objekten der Begierde nach einem Ersatz gesucht werden. Trotz der offenkundigen Fixierung des Abhängigen auf einen bestimmten Lieferanten oder auf ein bestimmtes Objekt der Begierde zeigt die Erfahrung, daß es durchaus Substitute gibt, wenn es das Überleben erfordert. Die *Kette der Substitute* ist für die psychologische Betreuung und für die Pädagogik eine wichtige Stütze.

Bedürfnis und Begehren

Ein Bedürfnis, so haben wir gesehen, verbindet den Abhängigen über ein Objekt oder mehrere Objekte der Begierde mit dem Lieferanten. *Abhängig ist, wer Bedürfnisse befriedigen muß. Geber wird, wer das Bedürfnis eines anderen befriedigen muß.* Und eben dieses Bedürfnis, oder das wechselseitige Bedürfnis, schmiedet das

Abhängigkeits-Beschaffungs-Duo zusammen. Wir haben ebenfalls die ideelle Dimension des Lieferanten und des Objektes der Begierde festgestellt – *abhängig ist auch, wer es zu sein glaubt.* Wer an die, und sei es eine zeitweise, Ausschließlichkeit des Lieferanten oder des Objekts der Begierde glaubt. Wir sind verführt zu glauben, daß ein bestimmtes Wesen, und nur dieses allein, in der Lage sei, uns zufriedenzustellen, ja uns zu retten. Ein bestimmtes Objekt allein kann uns die Panik des Mangels ersparen. Es ist dieser ideelle Aspekt, der es nahelegt, Abhängigkeit eher durch Begehren als durch Bedürfnis zu definieren. Das Feld des Begehrens scheint sehr viel weitläufiger, breiter gefächert und auch unberechenbarer als das der leicht aufzählbaren und alles in allem recht kümmerlichen Bedürfnisse zu sein. Das Begehren würde die Komplexität und die Vielfalt der Formen von Beschaffung besser einbeziehen. *Ich bin jedoch der Meinung, daß das Bedürfnis die Grundlage von Abhängigkeit darstellt und daß jedes Begehren letztlich in einem Bedürfnis verwurzelt ist.*

Die Vorstellung, daß es zwei völlig unterschiedliche Sphären gibt, die des Bedürfnisses und die des Begehrens, aus der die Abhängigkeit ausschließlich herrührt, teile ich nicht. Die Behauptung, daß Abhängigkeit eher auf dem Begehren als auf einem Bedürfnis beruht, das ja immer vorhanden ist, würde ich nicht a priori ablehnen; genaue Untersuchungen zeigen allerdings, daß häufiger als erwartet das Bedürfnis ausschlaggebend ist. Der Unterschied zwischen Begehren und Bedürfnis ist letztlich simpel – man hat das Bedürfnis zu essen, nicht jedoch, Lachs oder Gänseleber zu essen, und man braucht auch den Speisezettel nicht zu verändern. Die Vielfalt, das Verlangen nach Veränderung, wird wahrscheinlich vom Begehren geschürt. Ebenso ist das Essen von Sauerkraut statt Cassoulet oder Couscous auf ein kulturelles Begehren zurückzuführen und nicht auf ein Bedürfnis. Auf jeden Fall muß man Hunger haben, um Lachs, Gänseleber, Sauerkraut oder Couscous zu essen. Damit bleibt das Bedürfnis eine notwendige, wenn nicht hinreichende Bedingung, von der aus Phantasie und Kultur ihren Ausgang nehmen.

Das Problem der Beziehung zwischen Bedürfnis und Begehren ist ein Sonderfall des allgemeinen Problems der Beziehungen zwischen dem Biologischen und dem Psychologischen. Es ist nicht verwunderlich, daß dadurch Unsicherheit, schlimmer noch, Vorurteile geschürt werden, die diese uralte Debatte belasten. Es sei ein Vergleich gestattet – der keinen anderen Anspruch erhebt als den, suggestiv zu sein. Wer würde es wagen zu bezweifeln, daß Blüte und Frucht aus dem Samenkorn erwachsen? Und doch, verglichen mit der extremen Winzigkeit des Samenkorns und der geheimnisvollen Nüchternheit der Wurzeln des Stammes – welch Fülle der Formen, welche Explosion der Farben! Diese Üppigkeit auf die bescheidenen Ursprungszellen zu reduzieren, ist unmöglich. Und so steht es auch mit dem Verhältnis zwischen Psychologie und Biologie. Das Seelenleben ist trotz seines üppigen Reichtums keine von Raum und Zeit unberührte Konstruktion, welcher jeglicher biologische Unterbau fremd wäre. Die Biologie ihrerseits kann nicht das Entstehen, die Mannigfaltigkeit des psychologischen Geschehens erklären. Zwischen Biologie und Psychologie steht die Geschichte des lebenden Wesens, sei es Pflanze oder Tier, als das komplexe Produkt der Interaktion zwischen einem Embryo und der Gesamtheit späterer Ereignisse. Das Psychologische allein durch die Biologie interpretieren zu wollen, hieße, den Einfluß der Umwelt zu leugnen. Alles in uns ist das gemeinsame Ergebnis dessen, was uns unsere Erzeuger hinterlassen haben, und dessen, was uns die Welt, die uns umgibt, anbietet und aufzwingt. Die jüngste Embryonenforschung bestätigt dies – das bei der Geburt bereits ausgebildete Auge kann nämlich nur funktionieren, wenn es durch Blickübungen vollendet wird, durch das Leucht-Pingpong zwischen dem Sein und den Gegenständen. Wir wußten, daß die Funktion das Organ schafft; fügen wir nun hinzu, daß das Funktionieren es zum Leben erweckt und bewahrt.

Die Lust

Im Gefolge des Bedürfnisses findet sich fast immer die Lust. Süchtige, Raucher, Trinker, Drogenabhängige, Parteigänger, Gläubige könnten es uns lehren, würden wir ihnen nur mehr Gehör schenken. Sie zeigen uns den im Grunde *positiven Charakter* der Abhängigkeit auf. Sie widerlegen das einseitig düstere und schuldbehaftete Bild, das man sich gemeinhin von ihr macht. Es existiert eine Verbindung zwischen Bedürfnis und Lust. Es liegt auf der Hand: Wenn das Bedürfnis nicht befriedigt wird, stellt sich Unbehagen und alsbald Leiden ein. Wird es hingegen befriedigt, bringt dies Befriedigung. Sicher hat man die euphorisierende Wirkung dieses oder jenes Produktes, dieser oder jener Situation heraufbeschworen. *Es ist jedoch darauf hinzuweisen, daß Lust die Regel darstellt, daß sie bei den meisten Formen von Beschaffung begierig und unmittelbar nachgesucht wird.* Die Befriedigung ist nicht äußerlich und auch nicht der Beschaffung aufgepfropft, sie ist Teil derselben. Es bedürfte genauerer Analysen der Lust, die seltsamerweise dünn gesät sind, obwohl die Lust einen solch wichtigen Stellenwert im Verhalten eines jeden einnimmt. Leicht lassen sich die mehr oder weniger anfallsweise auftretende punktuelle Lust und die Euphorie voneinander unterscheiden. Abhängige begnügen sich nicht immer mit »euphorisierender Wirkung«, häufig brauchen sie ein spontanes und konzentriertes Hochgefühl. Die Diskretion der Psychiater und Anthropologen scheint mir überdies bedeutsam. Die Lust hat hier keinen guten Ruf, Gruppen mißtrauen ihr und dulden sie nur in sozialisierter Form, d. h. unter ihrer Kontrolle.

Kurz, die Gültigkeit eines Instruments liegt in seiner Wirksamkeit und seinem Mehrfachnutzen, stärker noch als in seiner augenfälligen Kohärenz. Wenn die Schemata der Abhängigkeit derartig wirkungsvoll sind, dann sollte man sie auch in einer weiter gefaßten Perspektive testen können. Bislang haben wir uns praktisch auf menschliche Verhaltensweisen beschränkt. Es wäre ein leichtes, zu beweisen, daß sich diese Schemata im Verhalten von Tieren wiederfinden lassen, vielleicht auch in der Pflanzenwelt, trotz ihrer trügerischen Unbeweglichkeit. Die Halter von Haustieren und Bewohner von Bauernhöfen wissen darüber häufig mehr als Fachleute. Für sie *ist das Vorhandensein von Abhängigkeit und Beschaffung in der Tierwelt sonnenklar; nicht weniger offensichtlich ist das Abhängigkeits-Beschaffungs-Verhältnis zwischen Mensch und Tier*. Fragen Sie doch einmal einen Hunde- oder Katzenhalter oder den Besitzer eines Ochsen oder Vogels – er wird unermüdlich davon erzählen. Noch weiß man nichts Ernsthaftes über die Pflanzen, von einigen zaghaften Versuchen abgesehen. Verlassen wir dennoch das Reich der Tiere und Pflanzen und kehren zum Menschen zurück ...

Werkinterpretation

Wenn Abhängigkeit eine Konstante im menschlichen Verhalten darstellt, dann dürfte sie sich auch in einer seiner lebendigsten Ausdrucksformen wiederfinden lassen – in Werken der Kunst. Es genügt, zeitgenössische oder ältere Werke im Licht des Phänomens Abhängigkeit zu betrachten, um zu erkennen, wie sie sich in ganz besonderer Weise erhellen. In keiner Weise will ich mir anmaßen zu behaupten, daß dieses Raster die Werke erschöpfend behandelt, denn diese lassen sich wie alle menschliche Realität niemals erschöpfend behandeln. Es geht schlicht um einen anderen Gesichtspunkt, der eine wichtige Dimension der menschlichen Realität zum Vorschein bringt. Liest man *Othello* noch einmal mit dem Abhängigkeits-Beschaffungs-Raster im Hinterkopf, dann läßt sich dort weitaus mehr als Liebesleidenschaft und Eifersucht entdekken. Othello ist ein Schwarzer, der zu den höchsten Ehren in Venedig aufsteigt und dessen Vermählung mit einer blonden aristokratischen Weißen allumfassendes Symbol und Gewähr dieser Ehre und dieser Legitimität ist. Desdemonas Verrat bedeutete dann nicht bloß das Ende einer ehelichen Liebe, sondern den Zusammenbruch einer ganzen Persönlichkeit – durch den Verlust von Desdemona ist Othello selbst zerstört.

Doch man darf Kultur nicht allein im Sinne eines Werkes mit ästhetischen Zwecken verstehen. Ich habe die Definition der Kultur weiter gefaßt: Sie stellt die mehr oder minder kohärente Gesamtheit der Reaktionen einer Gruppe auf ihre Existenzbedingungen dar, so daß die »materiellen« Bedürfnisse, die Art des Kochens oder des Entbindens zum Beispiel, ebenfalls Teil der Kultur wären. Religion und Kunst sind kulturelle Reaktionen. Die Kunst ist als Versuch, existentiellen Problemen mit den Mitteln der Fiktion zu begegnen und damit als ähnlich wie Religion oder kollektive Geschichte zu betrachten, um festzustellen, wie stark die an Schulen und Universitäten unterrichtete Geschichte rekonstruiert und je nach Wunsch eines Volkes bestärkend oder mitreißend ist. Ein und dasselbe Ereignis, an dem zwei Völker beteiligt waren, wird auf zwei unterschiedliche Arten wiedergegeben. Allein die Untersuchung der deutsch-französischen Beziehungen liefert uns dafür reichhaltige Beispiele. Die Geschichte als Wissenschaft stellt häufig eine Dublette der realen Geschichte dar und ist, wie Kunst oder Religion, ein Mittel gegen die Härten der kollektiven Existenz.

Religionen sind der Versuch, dem Elend der Menschheit entgegenzutreten – Leiden, Krankheit, Tod, Trennung, Einsamkeit. Die Religionen reagieren darauf mit ihren speziellen Mitteln, mit Emotionen wie in der Kunst, aber auch mit dem Glauben, der ihnen eigen ist. Sie bieten eine imaginäre Welt an, in der das Elend des Menschen als Folge seiner Grenzen und Anfälligkeiten mit Hilfe der Hoffnung und der Vorstellung von Ewigkeit und Unendlichkeit gemildert wird. Der Krankheit, der Zerstörung und dem Tod setzen sie Gesundheit und ewiges Leben entgegen. Sie überwinden Trennung durch die Vereinigung nach dem Tod. Während die

Kunst eine Art Spiel, einen vorübergehenden Trost für die Zeit einer Aufführung, einer Lektüre, eines Konzertes bietet, drängt einem die Religion durch den Glauben die Vorstellung auf, daß das Heil tatsächlich, dauerhaft und endgültig sei. Ein Sakrileg scheint nur deswegen so erschreckend und skandalös, weil es diese Zuflucht in Frage stellt und weil es den Gläubiger selbst in Gefahr bringt.

Die Definition von Abhängigkeit

Ein gutes Modell, das ordentlich funktioniert und ausreichend kohärent und extensiv angelegt ist, muß in eine Definition münden. Wenn die Philosophie auch das Bestreben ist, der Wahrheit oder, wie es heißt, dem Wesen des Seins wesentlich näher zu kommen, sodann diese essentielle Wahrheit so gut es geht zu formulieren, dann wäre die »Definition« die philosophische Übung par excellence. Dazu kommt eine Art Vergnügen, das dieses Bestreben ergänzt und unterstützt, nämlich das, ein Höchstmaß an Sinn in ein Mindestmaß an Worten einzubinden.[3]

Abhängigkeit ist eine mehr oder minder hingenommene, zwanghafte Beziehung zu einem Wesen, einem Objekt, einer Gruppe oder einer Institution, seien sie real oder imaginär, die der Befriedigung eines Bedürfnisses oder eines Begehrens dient.

Diese Definition faßt das Wesentliche dessen zusammen, was ich im Hinblick auf die Abhängigkeit darlegen möchte. Umgekehrt ist es – als Gegenprobe – möglich, in ihr das Wesentliche dessen wiederzufinden, was wir soeben betrachtet haben, indem wir von der Analyse der Einzelbegriffe ausgegangen sind.

Haben wir damit diese philosophische Betrachtung der Abhängigkeit abgeschlossen? Nicht ganz. Alles vorher Beschriebene sind eher epistemologische Überlegungen. Zieht man in Betracht, daß die Philosophie auf viel allgemeinere Fragen wie die Frage nach dem letzten Sinn der Existenz und des Universums und demzufolge auf die würdigsten Verhaltensweisen des Menschen zielt, dann wird deutlich, daß es noch zwei oder drei Punkte abzuhandeln gilt.

Es gibt zwei Arten der Erörterung solcher »letzter Fragen«: Geht es darum, auf einen wie auch immer gearteten Hauptantrieb oder ein letztes Ziel eines jeden Lebens hinzuweisen, dann gestehe ich, daß ich darauf nicht zu antworten vermag. Im übrigen habe ich darauf nirgendwo eine befriedigende Antwort gefunden. Ich will mich auf einen bescheideneren Standpunkt zurückziehen, auf *die Suche nach einem Prinzip der Verständlichkeit, das die größtmögliche Zahl menschlicher Verhaltensweisen berücksichtigt.* Wenn es sich darum handelt, ein einziges und erstes Prinzip herauszustellen, dann bin ich nicht sicher, ob diese Mühe sich lohnt, wenn diese nicht ebenfalls auf eine Art von Wunsch nach einer Beschaffung zurückverweist. Es trifft zu, daß man versucht ist, sich zu fragen, ob eine Erfahrung nicht den allmächtigen Schlüssel zu jedem Verhalten liefert, wenn sie sich uns mit einer unwiderstehlichen Hartnäckigkeit in unserem eigenen Leben und dem anderer aufzwängt. Es bedarf einiger Weisheit, um mit sich selbst ironisch umzugehen und auf diesem so guten Weg innezuhalten.

Es gibt wahrscheinlich kein einzigartiges erklärendes Prinzip, weil sich das Leben nicht auf eine einzige Vorgehensweise oder eine »letzte Analyse« reduzieren läßt. Anders dagegen läßt sich das Schema von Abhängigkeit und Beschaffung leicht und sehr häufig bei Verhaltensweisen von Menschen, Tieren, bei einzelnen und in Gruppen antreffen. Abhängigkeit wäre dabei nur eines der bevorzugten Werkzeuge des Lebens, des Überlebens. Um Hindernisse zu überwinden, verfügt das Leben über zwei Möglichkeiten: Kampf oder Verhandlung, d.h. Herrschaft oder Abhängigkeit – oder beide gleichzeitig. Das bringt uns wieder zu unserem doppelten Duo zurück: Herrschaft–Unterwerfung und/oder Abhängigkeit–Beschaffung. Diese Werkzeuge schließen andere nicht aus. Sollte die Sexualität beispielsweise etwa auch im Dienste des Lebens stehen? Freud hat bis zum Zerwürfnis mit seinen besten Schülern gerungen, um durchzusetzen, daß sie der letzte und ausschließliche Schlüssel zu allem sei, so wie der Marxismus behauptet, daß der Bedarf der Wirtschaft der letzte Antrieb eines jeden individuellen oder kollektiven Verhaltens sei. Abhängigkeit steht vielleicht im Dienste der Sexualität, eingegliedert in eine der möglichen Ausdrucksformen des Lebens. Aber vielleicht steht die Sexualität ihrerseits umgekehrt genauso im Dienste der Abhängigkeit. Vielleicht muß unterschieden werden zwischen der Sexualität im engeren Sinne und dem erotischen Antrieb, dieser weiterreichenden Bewegung, die uns aufeinander zutreibt, wobei die Sexualität nur eine seiner Manifestationen und eines seiner Werkzeuge darstellte. Es reicht, daß die Abhängigkeit eine der möglichen Interpretationsmodelle von Wirklichkeit und nicht das perfekte und universelle Modell darstellt.

Bleibt noch festzuhalten, daß *Abhängigkeit* eine philosophische Frage ist, *insofern, als sie unserer Existenz einen bestimmten Sinn verleiht und sich demzufolge auf unser Verhalten auswirkt.* Sie stellt nicht nur eine zusätzliche Information über uns selbst dar, sondern einen echten Perspektivenwechsel. Wenn wir uns des Mechanismus von Abhängigkeit und Beschaffung bewußt werden, werden wir gleichzeitig zu einer bestimmten Darstellung unserer selbst und zur Veränderung unserer Verhaltensweisen gezwungen. In diesem Sinne kann man eigentlich nicht denken oder sich verhalten, ohne auf die Abhängigkeit Bezug zu nehmen.

Philosophie und Moral

Und schon befinden wir uns mitten in der Moralphilosophie. Bislang haben wir kaum die praktischen Folgen einer Philosophie der Abhängigkeit bedacht. Beschränken wir uns auf ein oder zwei aussagekräftige Beispiele. Das erste ist das der Freiheit oder besser gesagt der Unabhängigkeit, denn, und das sage ich etwas unvermittelt, ich glaube, daß einzig und allein Unabhängigkeit wirklich existiert. Freiheit ist ein Bestreben, ein Wert, eine *ideelle* Konstruktion. Mehr dazu in dem Kapitel, das diesem Thema gewidmet ist.

Die siegreiche europäische Zivilisation hat aus dem Individuum, seiner metaphysischen Freiheit und seinen Einzelfreiheiten ein Primat jedweder allgemeinen, Sozial- und Moralphilosophie gemacht. Und zwar so, daß Selbstbestätigung, sei es durch Konflikt oder Konkurrenz, legitim und lobenswert erscheint. Die Freudsche Lehre verweist hartnäckig auf Konflikte und die Notwendigkeit, als Sieger aus ihnen hervorzugehen, um zu überleben. Allgemeiner gesprochen bedeutet das, daß zwischenmenschliche und soziale Beziehungen die Freiheit behindern. Man kennt die berühmte Formulierung von Sartre: »Die Hölle, das sind die anderen.« Sie wird vielleicht falsch verstanden. Selbst eine Liebesbeziehung wird ebensooft verspottet wie geneidet. Der individuelle Anspruch ist zwar eine der großen Errungenschaften der westlichen Welt, doch läuft er Gefahr, die Duos zu verbergen, in die wir notwendigerweise eingebunden sind und auf die wir nicht verzichten können. Die zahlreichen Duos sind das Konzentrat aller menschlichen Dramen, das komplexe Geflecht unseres Lebens. Wenn Freiheit völlige Unabhängigkeit bedeutet, dann hat sie keinen Sinn, weder in der Physik noch in der Physiologie, noch in der Politik. Sie ist höchstenfalls Richtung und Symbol. Die Wirklichkeit stellt eine mehr oder minder große Unabhängigkeit dar, die mit der Abhängigkeit in einer Wechselbeziehung und nicht im Widerspruch zu ihr steht.

Mit anderen Worten *stellt Abhängigkeit eine Grundlage der zwischenmenschlichen und sozialen Beziehungen dar. Also ist sie etwas Positives, trotz ihrer Schwachpunkte und ihrer Exzesse*. Man kann genausogut argumentieren, daß die wechselseitige Abhängigkeit in der Ehe oder der Staatsbürgerschaft beispielsweise des Menschen nicht weniger würdig sei als die eifersüchtige Bewahrung seiner angeblichen Freiheit. Die praktische Weisheit besteht in einer – allerdings stets heiklen – Versöhnung zweier Bedürfnisse, dem Bedürfnis nach Autonomie, welches sich als Mischung aus Angst vor Herrschaft, vor Unsicherheit, vor dem Tod beschreiben läßt, und dem Bedürfnis nach dem anderen, das Grundlage einer jeden gesellschaftlichen Organisation und einer jeden Moral ist. Diese Versöhnung ist die vertragliche Garantie für unser Überleben.

Gelebte Erfahrung

Ich bin mir der Tatsache bewußt, lediglich einen äußerst unvollständigen Katalog philosophischer Fragen präsentiert zu haben, die durch Abhängigkeit aufgeworfen werden. Und schon gar nicht habe ich alle Lösungen aufgezeigt. Dennoch kann man zumindest folgendes festhalten: *Abhängigkeit ist eine Erfahrung und eine Tatsache, ein Modell oder Schema zur Interpretation von Verhaltensweisen und Werken; letztlich eine Philosophie*. Die Reihenfolge, in der ich diese Merkmale aufzähle, ist selbstverständlich nicht gleichgültig. Abhängigkeit ist eine gelebte Erfahrung, wie man bei sich und seiner Umwelt leicht feststellen kann. Selbstredend kann man sein ganzes Leben leben, ohne sich dessen bewußt zu sein, ohne über die Mechanismen nachzudenken, die das Leben beherrschen, ohne sich für Werke zu interessieren, die so viel von der menschlichen Seele offenbaren, ohne über Bedeutung, Häufigkeit, Vielfalt oder Hartnäckigkeit dieser bevorzugten Beziehungen, unserer

Abhängigkeiten und Beschaffungen sinnieren zu müssen, die ein bestimmtes Bild des menschlichen Wesens und der ihn umgebenden Welt zeichnen, kurz, ohne eine Philosophie zu brauchen. Aber mir scheint es kaum möglich, eine Philosophie ohne Bezug zum Phänomen der Abhängigkeit zu entwerfen.

Anmerkungen

1 Dieses Kapitel war Grundlage für einen Vortrag an der Société française de philosophie am 28. November 1981 in Paris. Häufig bin ich gefragt worden, warum ich nicht statt ›dépendance‹ (Abhängigkeit, Sucht) den aus dem Angelsächsischen entlehnten Begriff ›addiction‹ (Sucht) verwendet hätte. Ich tue das deshalb nicht, weil ›addiction‹ die Dimension der Lust nicht berücksichtigt, die bei den meisten Abhängigkeitsformen anzutreffen ist.

2 Erschienen in A. M., *L'homme dominé*, Gallimard, 1968.

3 Zur Definition der Definition siehe A. M., *A Contre-courants,* Le Nouvel Objet, 1993.

ERSTER TEIL

Kosten und Nutzen von Abhängigkeit

Der Alkoholiker[1]

Ein Beispiel der Abhängigkeit vom Objekt

Der Moralist mag den Konsum von Alkohol als moralisch verwerflich erachten, der Arzt als gesundheitsschädlich, der Psychiater als psychologisch gefährlich, der Sozialforscher als gesellschaftlich wenig empfehlenswert, wobei dies, und das gilt es nicht zu vergessen, alles normative Erwägungen sind, die Bezug nehmen auf eine mehr oder weniger implizite Norm – darauf kommen wir noch zurück. Nun müßten alle diese Leute den Alkoholkonsum aber zunächst als Tatsache betrachten. Alle anderen Erwägungen außer acht lassend, sollten sie dessen Tragweite über Geschichte, Geographie und die verschiedenen Gruppen innerhalb der Gesellschaft hinweg zur Kenntnis nehmen und auswerten. Nun ist Alkoholkonsum historisch seit langem belegt. Alkohol ist mindestens seit dem römischen Altertum präsent. Geographisch gesehen würde eine zeitgenössische Weltkarte, auf der in verschiedenen Farben die Regionen mit Alkoholkonsum verzeichnet wären, großen Aufschluß bringen. Die Verteilung nach sozialen Schichten, Geschlechtern, Altersgruppen ist ebenfalls äußerst gerecht, wenn man das so ausdrücken kann. Getrunken wird in allen Schichten, das ist heute klar. Falsch wäre die Behauptung, die lange Zeit aufrechterhalten wurde, daß der Alkoholismus der

Arbeiterklasse vorbehalten sei. Alkoholismus ist unter Intellektuellen extrem weit verbreitet. Zwar trinken Frauen weniger, aber sie trinken heimlich, was Beobachter in die Irre geleitet hat. Und seit sie wie Männer arbeiten, beginnen sie auch, wie Männer offen zu trinken. Schließlich werden wir immer stärker mit Alkoholismus bei Jugendlichen, ja, sogar bei Kindern konfrontiert. Und auch hier gilt, daß Mädchen im jugendlichen Alter zwar weniger trinken als Jungen, dennoch mit auf der Liste stehen. Kurz gesagt steht das Ausmaß, die außergewöhnliche Bedeutung des Alkoholkonsums außer Frage.

Legitimerweise läßt sich daraus, wie immer in solchen Fällen, ableiten, daß wir einer ziemlich allgemeinen Nachfrage gegenüberstehen. Nun setzt aber eine Nachfrage ein *Bedürfnis* (oder ein Begehren, aber darauf kommen wir noch zu sprechen) voraus. Wie sieht diese Nachfrage aus, und wie sieht das Bedürfnis aus, das sich im Konsum von Alkohol äußert? Eine vernünftige Methode, um auf diese Doppelfrage einzugehen, besteht in einem Doppelansatz. Einerseits gilt es, den Hauptbetroffenen, das heißt den Trinkern, selbst zuzuhören, andererseits muß auch eine *Beschreibung* des Abhängigkeitsverhaltens bei Alkohol entweder auf individueller oder auf kollektiver Ebene erfolgen.

Diese verschiedenen Bestandsaufnahmen sind gleichermaßen aufschlußreich, auch wenn nicht notwendigerweise deckungsgleich, auch wenn sie einander zuweilen widersprechen. Das ist nicht ohne Bedeutung und beweist, daß der Konsum von Alkohol Anlaß für Konflikte ist, die es zu untersuchen gilt. Jedenfalls stehen wir eindeutig vor einem komplexen Gefüge, dessen einzelne Bestandteile berücksichtigt werden müssen.

Die soziale Dimension

Zwar ist das Trinken von Alkohol ein individueller Akt, der aus individuellen Motivationen heraus entsteht und Folgen für den Organismus und die Persönlichkeit des Trinkers hat, es ist aber auch durch seine Häufigkeit, seine relative Institutionalisierung und durch die damit verbundenen kollektiven Vorstellungen ein *gesellschaftliches Faktum.* Alkoholkonsum kann auch dadurch entstehen, daß eine Gruppe jemanden dazu verleitet, und nicht nur durch eine einsame, eigenständige und außerordentliche Entscheidung eines einzelnen Menschen, die zudem auch noch widernatürlich ist. Alkohol ist Teil der Literatur, der Mythologie und sogar der Religion. Eine Stadt ist, zumindest in der christlichen Kultur, mit Schankwirtschaften, Cafés und Restaurants »mit Alkoholausschank« versehen. Die Armee bietet den Einberufenen Wein an, selbst denjenigen, die nicht danach verlangen. Jungvermählte sorgen rasch dafür, sich eine »Bar« einzurichten, laden alsbald zum »Aperitif« ein und feiern alle großen Anlässe in ihrem gemeinsamen Leben mit Alkohol, so wie ihre Eltern, Großeltern und Freunde.

Damit soll gesagt werden, und dies ist unsere zweite Feststellung, daß die Haltung der Gruppe dem Alkohol gegenüber nicht immer negativ ist. Das muß man im Hinterkopf behalten. Ist die Haltung einer Gesellschaft dem Alkohol gegenüber rundum repressiv, so muß man prüfen, ob nicht ein *anderes Objekt der Begierde* existiert, das mehr oder weniger dessen Funktion übernimmt. In islamischen Ländern ist Alkohol verboten, Haschisch wird hingegen allgemein toleriert. Auch die Strenge des Verbots ist im übrigen nicht ohne Bedeutung. Man muß glauben, daß die Versuchung stark genug ist, da doch Mohammed selbst die Mühe auf sich genommen hat, diese im Koran, dem heiligen Buch schlechthin, zu benennen; trotzdem wird dieses Verbot nicht immer befolgt (ganz zu schweigen von den erstaunlichen Dichtern des persischen

Islam, die mit derselben Eloquenz den Wein und die Frauen preisen). Innerhalb ein und derselben Gruppe kann die Haltung zum Alkohol gleichzeitig negativ und positiv sein: »Alkohol tötet«, »Alkohol tut gut«. Der Grund für diese Dualität ist ebenso banal wie offensichtlich, zumindest auf den ersten Blick. Der Genuß von Alkohol ist verurteilenswert, wenn er einen Mißbrauch darstellt. Es ist allerdings weniger einfach zu beschreiben, was Mißbrauch ist. Wann geht Genuß in Mißbrauch über? Diese Unterscheidung setzt in der Tat mehr oder minder implizite Kriterien voraus, also Normen. Grob gesagt *wird das als Genußobjekt betrachtet, was eine Norm einhält*. So daß ein und dasselbe Objekt je nach Gruppennorm buchstäblich Skandale hervorrufen oder auf Anerkennung stoßen kann. Alkoholkonsum, der in moslemischen Ländern als totaler Mißbrauch gilt, hat beim Meßwein in christlichen Ländern sakralen Charakter. Und er wird in einigen kulturellen Systemen stark gefördert, zum Beispiel in dem Teil Amerikas, in dem das Trinken, wie man es im Western sieht, als Zeichen von Männlichkeit gilt.

Daraus folgt schließlich, daß der Genuß alkoholischer Getränke genau wie der Tabakkonsum in dem eher allgemeinen Rahmen des Gebrauchs psychologischer und physiologischer Unterstützungsmittel zu betrachten ist; selbstverständlich jeweils mit spezifischen Merkmalen. Überdies ist festzuhalten, daß es Wechselwirkungen zwischen dem Konsum alkoholischer Getränke und gewissen soziokulturellen Praktiken gibt. Zum Beispiel bei periodisch wiederkehrenden Festriten, bei Zeremonien, beim alltäglichen Ritual des Essens oder in Momenten der Entspannung (»man trinkt ein Gläschen«) sowie bei außergewöhnlichen Ritualen anläßlich der Feier einer bestandenen Prüfung, nach einem Sportwettkampf etc. Als ob der *Genuß von Alkohol ein Element einer Glaubensgemeinschaft* wäre.

Wo und wie findet also der Übergang vom Genuß zum Mißbrauch statt? Wahrscheinlich dort, wo Normen nicht eingehalten werden, also Störungen auftreten. Als Mißbrauch gilt, was eine Normverletzung darstellt. Daraus folgt, daß solche Störungen unterschiedlicher Art sein können – Eßstörungen, physiologische, psychologische, kulturelle oder soziale Störungen. Auf alle Fälle handelt es sich nicht nur um eine Beeinträchtigung der individuellen Gesundheit, also eine physiologische und psychologische Störung. In diesem Bereich obliegt das letzte Wort den Physiologen und Ärzten. Ihre Aufgabe ist es, Tests für die individuellen Resistenzen gegen Alkohol ohne unmittelbare und, wenn möglich, ohne zukünftige Gefährdung zu entwickeln. Denn die Formel eines jeden ist hier etwas komplizierter, als es scheint. Manche trinken über Jahre, ohne daß das zu Schädigungen führt, und brechen eines Tages zusammen oder auch niemals. Es gibt auch familiäre und soziale Beeinträchtigungen wie eine Zersplitterung der Familie, eine Verlangsamung der wirtschaftlichen Aktivität, direkte und indirekte Kosten der Krankheit, Arbeitsunfälle etc. Oder ein moralisches Durcheinander – eine Beeinträchtigung eines bestimmten Bildes vom Menschen und eines bestimmten Wertesystems, in dem die Rollen des Vaters, der Mutter, der Eheleute, des Bürgers zerstört sind. Es liegt auf der Hand, daß der Begriff Mißbrauch relativ ist.

Kann man dennoch einen gemeinsamen Nenner all dieser Störungen ausfindig machen? Man könnte ihn umschreiben mit *»dem Preis, den man zahlen muß«*, auf individueller wie auf kollektiver Ebene. Ganz allgemein gesprochen muß für jede Beschaffung bezahlt werden. Hierin sind die verschiedenen Abhängigkeitsformen von Objekten, die Abhängigkeit von Alkohol, die Spiel- oder Autosucht miteinander vergleichbar. Der Preis kann relativ genau beziffert, ja sogar meßbar sein, aber er kann auch etwas viel Allgemeineres, weniger Greifbares darstellen, wie in der Leidenschaft der Liebesbeziehung oder der elterlichen Liebe. Der Preis kann übertrieben hoch sein[2] oder schwer zu ertragen. In einer raschen Umfrage unter Priestern konnten wir feststellen, daß diese eine hohe Vorstellung von ihren Aufgaben haben, gleichzeitig aber von einem Gefühl der Einsamkeit und des Mangels beherrscht werden, das nur unzureichend durch den Kontakt zu Gläubigen ausgeglichen werden kann. Die Einsamkeit ist der Preis ihrer Berufung. So daß, auch wenn das Objekt der Begierde Befriedigung verschafft, es ebenso Ungeduld, ja sogar Groll gegenüber dem Lieferanten hervorrufen kann.

Die individuelle Dimension

Diese Ambivalenz oder Ambiguität, denn um eine solche handelt es sich, findet sich in den individuellen Verhaltensweisen im Hinblick auf den Alkoholkonsum eindeutig wieder. Es kann nicht die Rede davon sein, hier eine erschöpfende Liste dieser Verhaltensweisen zu erstellen oder eine Liste dessen, was der Abhängige vom Alkoholgenuß erwartet. Alkoholabhängigkeit ist ein weites Feld, und um das Thema gründlich abhandeln zu können, bedürfte es mehr als dieser wenigen Seiten. Man kann allerdings leicht die wesentlichen Linien skizzieren, da es sich um eine so vertraute und alltägliche Tatsache handelt.

Zuallererst *trinkt man, weil man durstig ist:* Alkohol ist zunächst ein Genußmittel, ja sogar ein Nahrungsmittel. Man kann seinen Nährwert beschreiben und quantifizieren. Doch schon tritt die Komplexität zum Vorschein, die Eigenart dieses Genußmittels – es ist ein Nahrungsmittel und doch wieder nicht. In Wirklichkeit trinkt man ja Alkohol nicht, um sich zu ernähren – es ist mehr und es ist weniger als das, genau wie Tabak, für den das noch viel stärker gilt. Es handelt sich, wie man heute sagen würde, um eine Art Antiernährung. Man kann diese ohne Verdauungsprobleme zu sich nehmen, ja sogar, um sich nicht zu ernähren. Alkohol und Tabak ersetzen genau wie Kaugummi die »echte« Nahrung und »führen den Hunger hinters Licht«. Doch sie haben noch andere Tugenden, als nur Nahrung zu sein. Alkohol ist auch Energie, Wärme. »Trinken Sie einen Schluck, das wird Ihnen guttun.« »Das wärmt auf.« Was physiologisch gesehen nicht unbedingt falsch ist. Doch es gibt noch ganz andere solcher Zureden: Alkohol scheint dann ein symbolisches Nahrungsmittel zu sein, das mit Kraft und Macht verbunden wird. Daher rührt auch die Verbindung zur Männlichkeit. Starke Männer sollten Alkohol gut vertragen und diesen gerne trinken. *Im Gegensatz dazu* sollte eine Frau nicht trinken – dies widerspricht dem Bild von Weiblichkeit.

Man trinkt, weil man durstig ist, man trinkt symbolisch, man trinkt auch, weil es angenehm ist: *Alkohol ist ein Objekt der Lust.* Mit großem Erstaunen stelle ich fest, daß in der Debatte über Alkohol, Tabak und ganz allgemein über die verschiedenen Objekte der Begierde die Lust ein wenig außer acht gelassen wird, das hedonistische Element, um den Fachjargon zu benutzen: Die Suche nach der Lust, diesem Geschenk der Natur, ist sicherlich einer der offensichtlichsten Aspekte der meisten tierischen Verhaltensweisen. Es trifft zu, daß diese erste der lebenswichtigen natürlichen und normalen Aktivitäten (essen, trinken, kopulieren, schlafen, Stuhlgang haben, handeln) beim Menschen zum Objekt einer systematischen, ja kunstvollen Suche geworden ist, selbst wenn jüngste Experimente, insbesondere an Ratten, beweisen, daß auch Tiere sich der Lust hingeben, und dies bis zum Schwindel, zuweilen bis zur totalen Erschöpfung. Deswegen versucht die Gruppe vielleicht unter anderem, das Individuum vor dem zügellosen Lustexzeß zu schützen, diesen zu neutralisieren. Wahrscheinlich auch, wenn nicht vor alledem, aufgrund des Willens, sich selbst vor übertriebener Freiheit der Individuen zu schützen, die sonst dem Kollektiv verloren gingen. Doch lassen wir dies beiseite. Der Genuß von Alkohol bringt in jedem Fall neben der banalen Befriedigung des Durstes eine in gewisser Weise uneigennützige Befriedigung des Mundes und des Verdauungsapparates, die auf dem sanften Kitzel der Geschmackspapillen, der Erwärmung der Speiseröhre, der Verblüffung des Magens beruht. Und daher rührt diese beliebig wiederholbare und – zumindest in der Hoffnung des Trinkers – unendliche Wollust.

Ebenso offensichtlich *ist Alkohol ein Unterstützungsmittel.* Von der Liebeseroberung über die Konfrontation mit der Guillotine bis zum Gläschen Schnaps des Soldaten vor dem Angriff oder ganz einfach nur zur Überwindung einer aufregungsbedingten Unpäßlichkeit – dieser Aspekt wurde seit langem erkannt. Die Menschen erwarten vom Alkoholkonsum stets eine psychologische Hilfestellung. Bereits die orale Einnahme wiegt einen in Sicherheit und erinnert an die gelobte Zeit, in der die Brustwarze und später der Schnuller Heilmittel gegen alles Böse war. Da man allerdings nicht die ganze Zeit essen kann, wurden verschiedene Ersatzmittel erfunden, die man kauen, lutschen und mit den Lippen liebkosen kann. Schriftsteller und all jene, die sich allein vor einem Schreib- oder Zeichentisch wiederfinden, kennen diese ganz spezielle Beklommenheit, die man durch Rauchen, Kauen oder Trinken überwinden kann. Auch der Alkoholkonsum gehört zu diesen oralen Hilfsmitteln. Es handelt sich hierbei um eine Einnahme von Nahrungsmitteln ohne die Nachteile (wenn es auch andere gibt) oder die allzu strikte Einschränkung der Sättigung. Alkohol bietet eine leichtere Zuflucht als Nahrung, und er schiebt die Grenzen der Angst ebenso gut weg.

Es ist auch nicht nur ein rein orales Hilfsmittel wie das Kaugummi, denn es ist *eine auf die Psyche einwirkende Unterstützung, die je nach Person, eingenommener Menge, Zeitpunkt, Promillegehalt und Stoffwechselzustand als Aufputsch- oder Beruhigungsmittel, Betäubungsmittel oder Euphorikum wirkt.* Alkohol macht es möglich, »sich Mut anzutrinken«, um besser handeln zu können, aber auch »sich vollaufen zu lassen«, um zeitweilig zu schwierigen Umständen zu entfliehen.

Es ist bekannt, daß übersättigte Tiere zumeist schlafen, so als ob es nach der Anstrengung der Jagd und der Nahrungsaufnahme (eventuell auch nach sexueller Befriedigung) kein anderes mögliches Verhalten gäbe. Die Eroberung des Wachzustandes ist vermutlich eine der Besonderheiten der menschlichen Säugetiere. Nehmen wir einmal an, daß der absolute Triumph des Menschen über die Tiere vielleicht von dieser Fähigkeit herrührt, wach zu bleiben und über das hinaus zu handeln, was der alleinigen Befriedigung der Primärbedürfnisse dient. In jedem Fall müssen Alkohol und Tabak zu den Mitteln dieser Eroberung des Wachzustandes gezählt werden. Alkohol ist ein Nahrungsmittel, das guttut und das andere Vorteile bietet als die Wiederherstellung und Pflege des Körpers: Er fördert ein besseres Funktionieren unserer Fähigkeiten.

Dies erklärt schließlich, daß *Alkohol dazu beitragen kann, Beziehungen zwischen einzelnen Menschen und Gruppen besser herzustellen oder wiederherzustellen.* Alkoholkonsum ist nicht nur ein individueller Akt, er ist häufig Öffnung, Signal, Appell an andere. Er gehört zum Feiern, zum Treffen, zum Austausch, zur Aufforderung und zur Anerkennung. »Man bietet zu trinken an«, um eine Verbindung herzustellen und um diejenigen zu belohnen, die dem zugestimmt haben. Alkoholgenuß ist im Grunde eine Zeremonie oder Teil eines Zeremoniells. Deswegen auch seine *Ritualisierung* – Alkoholgenuß ist Teil eines kollektiven Verhaltens, das seine expliziten oder impliziten Regeln im Hinblick auf eine Gemeinschaft hat. Kurz, Alkohol hat *vielfältige Funktionen.*

Globalität

Wir befinden uns in einer *globalen Beziehung zwischen einer Gesamtpersönlichkeit in einem komplexen Umfeld einerseits* – physiologische und psychologische Gegebenheiten, persönlicher Hintergrund, derzeitige Schwierigkeiten – und einem sozialen, kulturellen und traditionellen Angebot eines relativ wirksamen und mit Bedeutung aufgeladenen Produktes andererseits.

Der schädlichste aller Irrtümer bestünde nun darin, diese Globalität auf die nahezu ausschließliche Betrachtung des Objekts der Begierde, im vorliegenden Fall der Alkohol, zu reduzieren, unabhängig vom jeweiligen Interesse an der Untersuchung der Ursachen und physiologischen Folgen des Alkoholkonsums. Jeder Ansatz im Hinblick auf das Trinken, der diese Globalität zwischen der Persönlichkeit des Trinkers und dem Alkoholkonsum nicht mit einbezieht, bliebe abstrakt, unzureichend und letztlich trügerisch. Es wäre in jedem Fall methodisch unüberlegt, nicht zu untersuchen, ob das Verlangen nach Alkohol nicht eine Reaktion auf dieses komplexe Ganze darstellt.

Das Duo

Man muß also als erstes festhalten, daß *Alkoholabhängigkeit eine Beziehung ist, wie übrigens alle anderen Formen von Abhängigkeit*. Hier besteht eine Abhängigkeit vom Objekt Alkohol und über das Objekt hinaus eine Beziehung, die Aufschluß gibt über all das, was das Objekt für den Abhängigen bedeutet. Daraus ergibt sich auch die Notwendigkeit, mit Hilfe des Trinkers selbst dieses Bündel von Bedeutungen zu erforschen. Das führt uns im allgemeinen zu einem Mangel und zu einem oder mehreren fehlenden Duos. *Mangel ist der Mangel an etwas, der häufig zurückzuführen ist auf das Fehlen einer oder mehrerer Personen*, die nicht mehr da, als Erinnerung allerdings gegenwärtig sind. So wirft einen die Einsamkeit nicht nur auf sich selbst zurück, sondern auch auf andere, die einem so erbarmungslos fehlen. Das Gefühl der Einsamkeit mit dem damit einhergehenden Leiden beweist die Existenz eines Duos.

Abhängigkeit ist also allgemein eine *trinitarische Beziehung* zwischen einem Abhängigen, einem Lieferanten und einem Objekt der Begierde. Wenn ein Faktor entfällt, dann zumeist, weil er von der

Bedeutung eines anderen in den Schatten gestellt wird. Alkoholabhängigkeit ist ein frappierendes Beispiel dafür, daß das Objekt der Begierde das gesamte Bewußtsein des Abhängigen besetzen kann.

Die Eigenart

Dennoch ist die Alkohol-Reaktion auch eine *charakteristische* Reaktion. Der Alkoholabhängige hat nicht einfach nur Durst, sondern es dürstet ihn nach Alkohol. Deswegen scheint es, als wolle man sich über einen Trinker lustig machen, wenn man ihm Limonade oder Fruchtsaft anbietet. Man kann auch einem echten Raucher kaum anbieten, Lakritzstangen zu lutschen statt zu rauchen, ja, nicht einmal, eine Zigarette einer anderen Marke zu nehmen. Das hieße, die besondere Komplexität der Tabak- oder Alkoholabhängigkeit und die besondere Wirksamkeit des Verhaltens eines Alkoholikers als vernachlässigbar erachten. *Damit es eine Abhängigkeit gibt, bedarf es einer relativ stabilen, zwanghaften und spezifischen Beziehung.* Wie soll man wissen, ob eine solche Beziehung existiert? Das einfachste wäre, so scheint es, den Trinker selbst zu fragen. Kann er auf Alkohol verzichten? Derjenige, der behauptet, er könne aufhören zu trinken oder zu rauchen, sobald er dies beschließe, ist wahrscheinlich nicht abhängig. Allerdings handelt es sich hier nur um subjektive Angaben, und Trinker neigen aufgrund des Mißkredits, in dem Alkoholkonsum steht, zur Verharmlosung ihres Konsums und bemühen sich eher, den Eindruck zu vermitteln, sie hätten ihn unter Kontrolle. Will man jedoch tatsächlich etwas über Alkoholabhängigkeit erfahren, dann gilt es, objektive Tests zu verwenden. Über die Schädigung der Leber sind wir zwar bestens unterrichtet, aber leider wissen wir nichts Vergleichbares über das zentrale Nervensystem. Ich überlasse die Ausführung dieser Aspekte meinen Kollegen, die Experten auf den Gebieten der

Biochemie und der Neurologie sind. Halten wir lediglich fest, daß es unter dem Gesichtspunkt der Eigenart stets den individuellen Faktor eines jeden einzelnen Trinkers zu beachten gilt, der gleichzeitig subjektiv und objektiv ist.

Der Preis der Alkoholabhängigkeit

Vor dem Hintergrund dieser Überlegungen wenden wir uns dem klar umrissenen und in der Hauptsache pragmatischen Problem zu: *Was ist zu tun*, wenn Alkoholgenuß zu Alkoholmißbrauch wird?

Es liegt auf der Hand, daß Alkoholkonsum zwar ein relativ banales, althergebrachtes und in zahlreichen Kulturen und bei sehr vielen Menschen in unterschiedlichsten sozialen Schichten weit verbreitetes Phänomen ist, selbst der nicht exzessive Alkoholmißbrauch hingegen häufig zur Katastrophe führt – die Begierde kommt teuer zu stehen.

Natürlich muß man für alles bezahlen, und alles hat seinen Preis, doch der Preis für Alkoholabhängigkeit kann hoch sein, wenn auch je nach Person mehr oder weniger. So wie Alkoholkonsum eine komplexe Reaktion auf eine komplexe Situation darstellt, so kann auch der Preis, der für diese Reaktion bezahlt werden muß, seinerseits zu einer neuen Schwierigkeit werden, auf die man zwangsläufig reagieren muß. Es ist hier nicht meine Absicht, eine erneute Beschreibung solcher psychologischer, physiologischer und sozialer Probleme vorzunehmen. Es ist bezeichnend, wie vielschichtig und komplex solche Störungen sind. Was soll man tun angesichts von Alkoholmißbrauch? Es ist ebenso bemerkenswert wie suggestiv im Hinblick auf die Komplexität des Problems, daß es zahlreiche Antworten auf diese Frage gibt, und zwar individuelle und gesellschaftliche, differenzierte und herkömmliche Antworten, und natürlich auch gute und weniger gute.

Repression

Die erste Lösung, die einem in den Sinn kommt, lautet Repression. Man geht im großen und ganzen davon aus – was ja bei übermäßigem Konsum nicht falsch ist, auch wenn dieser Begriff kein statischer ist –, daß Alkohol, Tabak, Glücksspiel oder Motorradfahren die Ausgangspunkte für Verhaltensstörungen sein können. Die praktische Schlußfolgerung: Wenn man Alkohol, Tabak, Motorräder und Kasinos verbietet, gibt es diese Verhaltensstörungen nicht mehr. Da eine Gefahr existiert, muß die Ursache der Gefahr gebannt werden. Doch Repression beruht auf einem Mißverständnis. Lassen wir die oftmals zweifelhaften Motivationen dieser Sittenrichter einmal außen vor: Angst vor gesellschaftlichen Unruhen, Furcht vor psychischen Störungen, deren aufregende Voraussetzungen man bei sich selbst erahnt, ein mehr oder weniger bewußtes und schuldhaftes Verlangen, sich selbst dieser Sache hinzugeben, wie zum Beispiel bei einer übertriebenen Verurteilung der Sexualität. Dadurch wird der Kampf gegen den Alkohol oder gegen das Rauchen schnell zu einem Kampf gegen den Trinker oder den Raucher selbst. Nun scheint es aber, als seien Alkohol oder Zigaretten selbst zumeist eine Reaktion auf schon bestehende Schwierigkeiten. Die Menschen *haben* bereits Probleme und suchen etwas, was ihnen dabei helfen kann, diese zu lösen. Diese *Unterstützungsmittel*, die zur Bekämpfung von Schwierigkeiten benutzt werden, können, auch in geringen Mengen, zu weiteren Schwierigkeiten führen. Nun sind diese Mittel allerdings, und das gilt es zu betonen, häufig sozial anerkannt, sie werden angeboten oder ihr Konsum sogar gefördert. Alkohol ist ebensowenig wie Tabak, das Auto oder das Glücksspiel ein Objekt heimlicher Verführung. Der Staat toleriert diese Verführung (Werbung) und belegt den Handel mit diesen Mitteln mit Steuern. Darüber hinaus genießen sie zumindest eine gewisse kulturelle, ja sogar moralische oder religiöse Akzeptanz.

Das wirkliche Problem ist das von Ursache und Natur solcher Schwierigkeiten am Anfang der Kette. In der Begrifflichkeit der Beschaffung lautet die Frage: *Welcher Mangel besteht hier, der behoben werden soll?* Und erst dann: *Was ist zu tun, wenn sich eine dauerhaft stabile physiologische, psychologische und soziale Bindung zwischen dem Alkohol oder einem beliebigen anderen Objekt der Begierde und dem Abhängigen gebildet hat?* Wenn der Abhängige an den Punkt gelangt, wo er alles versucht, um sich dieses und kein anderes Objekt zu beschaffen, und dabei auch kriminelles Handeln, ja sogar den Tod in Kauf nimmt.

Ritualisierung

Die meisten gesellschaftlichen Gruppen, die ihren Mitgliedern den Alkoholkonsum erlauben, haben ihn mehr oder weniger deutlich als Problem erkannt und versucht, darauf zu reagieren. Auch wenn auf Repression verzichtet wird, weil diese als unwirksam oder schädlich empfunden wird, so will man doch die soziale Kontrolle über die Auswirkungen des Alkohols behalten. Ritualisierung entspricht dieser Zielsetzung. Sie stellt eine gewisse kollektive, aber entdramatisierte, das heißt geordnete und in das Gruppenleben zum Beispiel in Form von Zeremonien eingebunde Form der Herrschaft dar. Ich will hier kurz erläutern, was ich an anderer Stelle ausgeführt habe. Die totale Verurteilung von Unterstützungsmitteln beruht im wesentlichen auf der Aufbauschung einer ihrer Aspekte, nämlich der Unruhe oder Unordnung, die sie hervorrufen oder hervorrufen können. Allerdings wird Unruhe ganz gegen den Anschein nicht in jedem Falle als das absolute Übel angesehen; so wird es von der Gruppe selbst nicht erlebt. Ganz lapidar könnte man sagen, daß eine Gesellschaft zum Leben Ordnung braucht und Unruhe zum Überleben.

Zweifellos kann eine Gesellschaft nicht ohne von der Gesamtheit ihrer Mitglieder gemeinschaftlich akzeptierte Regeln funktionieren. Und so ist jede Gesellschaft mehr oder minder repressiv angelegt, insbesondere im Hinblick auf diejenigen, die sich diesen Regeln verweigern oder nicht beugen können. So gibt es eine biologische Ordnung, die häufig ein Synonym für Gesundheit ist, eine moralische Ordnung, die aus allgemein akzeptierten Regeln für das Verhalten anderen gegenüber besteht, eine Rechts- und institutionelle Ordnung, die die Gesamtheit der festgelegten Regeln ausmacht, eine religiöse Ordnung oder Gesamtheit von Glaubensrichtungen und religiösen Praktiken in bezug auf eine Gottheit. Es ist allerdings nicht notwendig, diese Analyse weit voranzutreiben, um festzustellen, daß solche Ordnungen in gewisser Weise relativ und veränderlich sind, je nach Bedürfnis der sozialen Gruppen, Völker und Generationen *(andere Zeiten, andere Sitten)*. Ordnung und Unordnung ergänzen einander also, ja, sie müssen sich sogar in bezug auf das jeweils andere verändern, damit die Gruppen überleben können. Denn wenn Unordnung schädlich sein kann, so gilt das auch für eine unumstößliche Ordnung. Übermäßige Unordnung tötet, aber übermäßige Ordnung nimmt die Luft zum Atmen.

Es geht hier nicht um ein psychologisches oder moralisches Glaubensbekenntnis. Die gesellschaftlichen Gruppen selbst haben diese Dialektik zwischen Ordnung und Unordnung intuitiv begriffen und Verfahren zur kontrollierten Unordnung entwickelt. Was ist denn beispielsweise Karneval anderes als eine vorübergehende Lockerung der moralischen oder gesellschaftlichen Regeln? Auch manche Sportveranstaltungen wie Stierkämpfe oder Boxwettkämpfe sind Sozialdramen, bei denen Gewalt, Brutalität und im äußersten Falle der Tod der Protagonisten für eine begrenzte Zeit zugelassen werden. Auf individueller und interindividueller Ebene muß die Übereinstimmung mit anderen zuweilen über wechselnde gesellschaftliche Konventionen erreicht werden. Kreativität muß sich häufig mit einer konventionellen Denkweise auseinandersetzen, die von den Institutionen gewahrt wird. Die Beziehungen der Menschen bestehen aus engen Bindungen, die den Kontakt zu anderen regulieren und normieren, die es allerdings zu umgehen gilt, wenn sie sich in zu starre Grenzen verwandeln. Diese Dialektik findet sich bei den meisten Regelüberschreitungen: Die Regelüberschreitung, die Sünde des Gläubigen oder der Widerspruchsgeist des Jugendlichen, bedeutet gleichzeitig eine Auflösung von Bindungen und neue oder veränderte Bindungen.

Mit anderen Worten: *Ritualisierung setzt sowohl Ordnung als auch Unordnung voraus, und beide sind Teil unseres Lebens.* Sie ist das Bestreben, die Unordnung anzuerkennen und zu beherrschen. Die potentielle Gefahr, die der Alkohol darstellt, erläutert seine Ritualisierung. Man trinkt nicht allein, man trinkt zu bestimmten Uhrzeiten, unter bestimmten Bedingungen. Diese Ritualisierung bedeutet, daß der Alkohol nicht wirklich abgelehnt, sondern innerhalb bestimmter Grenzen konsumiert und geduldet wird. Und vielleicht ist das einsame und grenzenlose Alkoholtrinken deshalb zur Gefahr geworden, weil die Ritualisierung in den Großstädten so stark abgenommen hat.

»Die Medizinisierung«

Gerade auch diese Komplexität und Ambivalenz des Alkoholkonsums weisen darauf hin, daß man ihn nicht nur unter medizinischen Gesichtspunkten betrachten kann, wenn das bedeutet, daß man in dem Alkoholabhängigen einen Kranken sieht und in dem Arzt den, der die Medikamente verschreibt. Denjenigen, die Alkoholkonsum als Krankheit betrachten, sei nochmals gesagt, daß Alkohol auch immer zu Recht oder zu Unrecht als Heilmittel betrachtet wurde und immer noch wird. In der öffentlichen Meinung wird Alkohol ebenso als Plage wie – im weiteren wie im engeren Sinne – als sinnvolles Mittel gegen Kälte, körperliche Schwäche, vorübergehendes Unwohlsein oder gegen die großen und kleinen

Probleme des Lebens eingestuft. Alkohol wird darüber hinaus – das sei noch einmal betont – als ein *angenehmes Heilmittel* angesehen. Er ist kein bitterer oder ekelerregender Trank, den man widerwillig hinunterwürgt und dabei schummelt oder so schnell wie möglich damit aufhört. Was noch besser, oder auch schlimmer, ist – er ist ein angenehmes und bequemes Heilmittel, das sich leicht besorgen läßt. Eine Kneipe, einen Laden oder einen großen Supermarkt gibt es immer, wo man uns frei (ohne Rezept!) und in beliebiger Menge mit der Absegnung der Behörden beliefert.

Einige Alkoholismusforscher würden an dieser Stelle wohl eine Unterscheidung treffen. Nicht der Alkoholkonsum sollte als Krankheit angesehen werden, sondern die Abhängigkeit im eigentlichen Sinne, das heißt die Zwangsbeziehung. Ich glaube allerdings nicht, daß die Gleichung Abhängigkeit – Krankheit in dieser Form akzeptabler wäre. Das Leben ist mit zwanghaften Beziehungen und inneren Zwängen derartig gespickt, daß wir dann alle von zahlreichen Krankheiten befallen wären. »Abhängigkeit ist keine Krankheit, sonst wäre alle Welt krank« – das habe ich an anderer Stelle geschrieben; auch die Maßlosigkeit ist nicht krankhaft, denn wie die Unordnung ist auch die Maßlosigkeit relativ und von Mensch zu Mensch verschieden. Und es kann sich dabei um spontane Maßlosigkeit handeln oder um solche, die sich nach langer Zeit entlädt. Die Unterscheidung ist nicht hinsichtlich der Abhängigkeit zu treffen, sondern hinsichtlich der körperlichen, geistigen oder beziehungsmäßigen Schädigung, die sie hervorrufen kann. *Abhängigkeit ist keine Krankheit, wenn sie auch Auslöser einer Krankheit sein kann.*[3]

Und letztlich wird der Therapeut auch mit der Schädlichkeit konfrontiert. Die Leute kommen nicht zu ihm, solange sie nicht durch Alkoholgenuß krank oder beeinträchtigt sind – was die Haltung des Arztes dennoch beeinflußt, weil er nur kranke Trinker sieht. Er behandelt ja nicht den Trinker, sondern den aufgrund von Alkoholkonsum Erkrankten. Der Trinker kommt nicht zu ihm, weil er trinkt, sondern weil das Trinken für ihn schädlich geworden ist – entweder für ihn selbst, für seine Beziehungen zu seinen Angehörigen oder für sein Umfeld. Selbstverständlich zielen diese Bemerkungen in keiner Weise darauf ab, die Rolle des Arztes oder seiner Rezepte einschränken zu wollen, vielmehr sollen sie in einen größeren Kontext gestellt werden. Das Ziel besteht im Gegenteil darin, der therapeutischen Beziehung ihre hochwirksame Rolle wiederzugeben.

Es steht auch völlig außer Zweifel, daß der Allgemeinmediziner oder Neurologe häufig mit Notfällen konfrontiert wird und sich fragen muß, was er angesichts des speziellen Falles des Patienten, der in seine Praxis kommt, tun soll. Was soll er ihm verschreiben? Die Dringlichkeit gebietet es, zunächst einmal auf die eine oder andere Weise mit der Abhängigkeit zu brechen oder ihr entgegenzuwirken. Wenn ein Patient zittrige Hände hat, wird er versuchen, dieses Zittern zu unterbinden, das seinerseits Ursache für Angstgefühle und Beklemmung ist. Vor der Entscheidung, einen Arzt aufzusuchen, trinkt der Patient, um diese Beklemmung und diese Angst zu bekämpfen, doch dadurch nährt er seine Abhängigkeit. Ein verschriebenes Medikament, das ihm Ersatz für den Alkohol böte, wäre äußerst willkommen. Und daher rührt auch das große Interesse an der Erforschung von Ersatzprodukten. Würde sich eine Behandlung allerdings auf diese unmittelbare Hilfe beschränken, so müßten Arzt und Patient alsbald feststellen, daß sie die Lösung des Problems nur verschieben. Gewiß gilt es, die Alkoholabhängigkeit auf klinischer und physiologischer Ebene zu überwinden, doch man muß auch wissen, daß man damit wahrscheinlich die Ursachen, die diese Abhängigkeit begründet haben, unangetastet läßt. Und damit verfällt der Patient bald wieder in dieselbe Abhängigkeit (man denke nur an die unzähligen Male, die ein reuiger Trinker oder Raucher »der Versuchung nachgibt«), oder er sucht im günstigsten Falle nach einem anderen – hoffentlich weniger schädlichen oder im schlimmsten Falle schädlicheren –

Objekt der Begierde und gibt sich damit einer für ihn und andere noch kostspieligeren Störung hin.

Unkenntnis über die eigene Person

Die Ideallösung bestünde selbstredend in der persönlichen Beherrschung unserer Abhängigkeiten. Jeder könnte dann nach Belieben, also entsprechend seinen Bedürfnissen und Fähigkeiten, die Menge an Alkohol, Tabak oder Kaffee zu sich nehmen, die er ohne Schaden konsumieren darf. Das heißt, im Grunde könnte er damit den Preis einschätzen, den er dafür zu zahlen hätte. *Die Beherrschung der Abhängigkeit bedeutet die Beherrschung des Preises dieser Abhängigkeit.* In dieser Hinsicht könnte man sagen, daß es zwischen dem Konsum weicher und dem Konsum harter Drogen keinen Wesensunterschied, sondern einen Preisunterschied gibt – *harte Drogen sind Objekte der Begierde, deren Preis sich als übermäßig hoch erweist.*

Leider bleibt diese Ideallösung ein Ideal, und das aus zwei Gründen. Der erste ist, daß der Preis um so überzogener ausfällt, als er nicht kontrolliert werden kann. Nur allzu häufig entgleiten uns unsere Abhängigkeiten, insbesondere dann, wenn es sich um die dramatischsten Fälle wie bei harten Drogen handelt. Die Tragik des Opiums beruht nicht so sehr darauf, daß die Substanz hochgiftig ist, sondern auf der Unfähigkeit des Opiumsüchtigen, seinen Konsum zu kontrollieren. Dazu müßte der Mensch klüger und beherrschter sein, als er es ist.

Der zweite Grund ist, daß es uns an Informationen über uns selbst mangelt. Auch mit dem besten Willen bekommen wir uns größtenteils selbst nicht zu fassen. Deswegen ist wohl oder übel externe Hilfe in Betracht zu ziehen. Doch welche? Und welchen Sinn hätte das?

Entzug und Ersatzmittel

Im dramatischsten Falle, und wenn alles andere ausgeschlossen scheint, kann ein Entzug, sofern er möglich ist, als beste Lösung angesehen werden. Wenngleich einige, glücklicherweise selten gewordene, praktische Ärzte ohne zu Zögern einen kalten Entzug durchführen, *sollte ein Entzug nicht mit Repression verwechselt werden.* Der Entzug muß ein angestrebter und eventuell erfolgreicher Bruch mit der Sucht in Absprache mit dem Abhängigen und mit seiner aktiven Mitarbeit sein. Trotzdem ist ein Entzug nicht immer möglich: Er kann seinerseits zu solchen Störungen führen, daß man sich fragen muß, ob man nicht vom Regen in die Traufe gerät. Und insbesondere dann, wenn die Abhängigkeit eine allumfassende Beziehung ist, wie wir darzulegen versucht haben, liegt es auf der Hand, daß das brutale oder einvernehmliche Verbot eines solchen Objekts der Begierde den Zustand der Abhängigkeit nicht beendet.

Demzufolge gilt es, mit der Hilfe des Patienten ein neues Objekt der Begierde auszumachen, das das vorherige ersetzen könnte, ohne jedoch dessen schädliche Nachteile aufzuweisen. *Damit geht es um ein Ersatzmittel, dessen Preis nicht so hoch ist.* Dieser Ersatz kann ein Objekt sein, ein Wesen – eine Einzelperson oder Gruppe – oder eine Tätigkeit. Es ist nicht unbedingt eine leichte Aufgabe, ein solches Ersatzmittel zu finden. Ich habe mich über die lustig gemacht, die einem Gintrinker Limonade anbieten. Wir stoßen wieder auf das Phänomen der spezifischen Eigenart. Trotzdem gibt es einen Weg, die Natur dieser Eigenart zu ergründen: Man muß die Erwartung und den Mangel analysieren. Wir können mit Hilfe des Trinkers versuchen, eine Beschreibung dessen vorzunehmen, was er vom Alkohol erwartet. Anhand dessen können wir das Profil des Objekts oder des abwesenden Lieferanten skizzieren. An dieser Stelle wollen wir das nicht versuchen, denn dazu müßte man die Analyse zahlreicher Berichte von Alkoholikern oder ehemaligen Alkoholikern heranziehen. Man wird dabei vielleicht herausfinden, daß es bei diesem vielzitierten Mangel gar kein großes Geheimnis zu lüften gibt. Das Unglück des Trinkers verweist auf ein zerstörtes oder erhofftes Duo. Der gesunde Menschenverstand hat recht, wenn er eine neue Liebe als Mittel zur Bekämpfung des Kummers um eine verlorene Liebe anpreist. Ich bin in gleicher Weise davon überzeugt, daß eine *kollektive* Verantwortung häufig wirksam ist. Genau das versuchen die Betreuungs- und Rehabilitationsgruppen. Zuweilen wird hier der Einwand laut, daß die Abhängigkeit von Objekten nichts mit der Abhängigkeit von Personen zu tun habe. Ich glaube im Gegenteil, daß der Mechanismus im großen und ganzen derselbe ist. Ich habe zwar darauf bestanden, daß eine spezifische Reaktion auf Alkohol existiert, doch will ich dies nicht absolut setzen. Wenn Alkohol ein so spezifisches Objekt der Begierde wäre, daß er sich durch nichts ersetzen ließe, dann wäre nichts zu machen. Dann wäre jede Hilfe, sogar jeder Betreuungsversuch oder Versuch der Kontrolle von Alkohol- oder Tabakabhängigkeit illusorisch. Die Erfahrung beweist aber glücklicherweise das Gegenteil. Ersatzmittel gibt es viele und in zwei Formen: entweder als Produkt oder in Form eines anderen – individuellen oder kollektiven – Wesens. Es gilt also folgendes: *Wenn die Abhängigkeit von einem Objekt die Abhängigkeit von einem verlorenen Wesen ersetzt, kann man davon ausgehen, daß ein neues Wesen sogar das Ersatzobjekt ersetzen kann.* Aufgrund dieser relativen Flexibilität der menschlichen Psyche können wir also trotz der Komplexität und Schwierigkeit des Problems recht optimistisch bleiben.

Der Patient und sein Arzt

Die therapeutische Beschaffung

Was die außerordentliche Dramatisierung einer therapeutischen Beziehung ausmacht, ist offensichtlich das, was auf dem Spiel steht. Ganz gleich, ob die Krankheit eine leichte oder schwere ist, es ist immer die gleiche alte Angst, die zutage tritt – das mögliche Scheitern des Therapeuten, wenn er unserem Leiden nicht auf den Grund zu gehen vermag. Es geht um nichts Geringeres als darum, sich vor totaler Zerstörung zu schützen: vor dem Tod. Daher rührt auch die übersteigerte, argwöhnische, besorgte und deutende Aufmerksamkeit, die der Person des Arztes, seinen Gesten, seinen Worten entgegengebracht wird. Was hat er genau gesagt? Was wollte er damit sagen? Man verübelt es ihm, wenn er zuviel sagt und wenn er nicht genug sagt. Er läßt einen zu lange im Wartezimmer warten, er kommt nicht schnell genug, wenn man ihn anruft. Ist das ein Indiz einer schuldhaften und gefährlichen Verweigerung oder einer beruhigenden Ernsthaftigkeit? Er ist zu gierig – ein bekanntermaßen kritischer Punkt in der therapeutischen Beziehung. Heutzutage sind die Auswirkungen auf die Geldbörse des Patienten allerdings dank der öffentlichen Pflegeeinrichtungen nicht gravierender als die durch Klempner oder Elektriker verursachten. Dennoch prangert man Ärzte besonders gerne an – was bei Molière und anderen Schriftstellern Widerhall fand. Wer wüßte nicht eine Geschichte über die Dummheit, Verantwortungslosigkeit, Ignoranz oder Geldgier eines Arztes zu erzählen? Wobei hinzugefügt werden muß, daß dasselbe auch für Aussagen über seine Hingabe, die unvergleichliche Wissenschaft sowie für die Tatsache gilt, daß man blindes Vertrauen in ihn setzt.[4]

In eklatanter Weise läßt sich in der therapeutischen Beziehung die Ambivalenz aller Abhängigkeits-Beschaffungs-Muster wiederfinden. Über Honorare des Arztes zu diskutieren bedeutet: »Wie kann er mit gemeinem Geld etwas ermessen, was für mich so wichtig ist? Wie kann er meine Angst derartig auf die leichte Schulter nehmen? Sollte er nicht diese Behandlung durchführen – kostenlos –, um meine Sorgen zu zerstreuen?« Hier stoßen wir auf eine kindliche Forderung: für etwas, das man uns gibt, nicht bezahlen wollen, denn das wäre dann ein absoluter Liebesbeweis. Der Groll, der kleine Bruder der Frustration und der Angst, ist in dieser Erwartungshaltung schon im Keim vorhanden. Zuweilen wird er zum Haß, ja sogar zur tödlichen Gewalt, wenn sich das tatsächliche oder imaginäre Fehlverhalten des Arztes bestätigt und sich der Abhängige mit seinem einsamen Leiden unwiderruflich allein gelassen fühlt. In der Geschichte der Medizin fehlt es weder an tätlichen Übergriffen noch an Ermordungen von Ärzten, vor allem in der Psychiatrie. Heutzutage versucht man, die Autorität der Ärzte zu kontrollieren, indem man ihr medizinisches Wissen relativiert und die Krankheit so weit als möglich institutionalisiert. Alles, was zu einem klaren Blick beitragen, den Charakter des Menschen festigen und seine Autonomie stärken kann, ist ein Fortschritt. Allerdings fällt es schwer, sich vorzustellen, wie man die therapeutische Beziehung völlig umgestalten könnte, da sie vom Wissen/der Macht des Arztes abhängt, aber auch von den Forderungen des Patienten. Die Macht des Arztes beruht auf der Schwäche des Patienten. Und es ist noch nicht einmal sicher, ob die Autorität des Arztes nicht von den meisten Patienten sogar erwünscht ist. Wie dem auch sei, ein solcher Groll ist nicht einfach eine Reaktion auf Herrschaft. Im übrigen läßt sich leicht erkennen, daß es zwei Arten von Groll gibt, die häufig im Erlebten verwechselt werden. Einer hat seinen Ursprung tatsächlich in der Herrschaft, der andere in der Abhängigkeit. Der erste ist die Reaktion auf einen Angriff, den letztlich ja jede Herrschaft darstellt, der zweite ist Enttäuschung, Frustration oder die Befürchtung einer Frustration, die Demütigung aufgrund einer Schwäche.

Deswegen ist ein Bruch mit der Abhängigkeit auch so gefährlich. Es ist bekannt, daß die Sterblichkeitsrate bei chronisch Kranken deutlich höher liegt, wenn der behandelnde Arzt in den Urlaub fährt, ganz gleich, wie kompetent sein Stellvertreter ist. Das Kapitel über den *Bruch mit der Abhängigkeit* ist eines der erstaunlichsten überhaupt. Es handelt von Mangelerscheinungen bei weichen Drogen – Tabak, Alkohol, Kaffee – über Liebeskummer oder Trauer bis hin zu kollektiven Brüchen auf der Ebene ganzer Gruppen. Wir befinden uns hier auf den Gebieten der Soziologie und der Geschichte, wo der symbolische Aspekt wichtig wird.

»Ich brauche dich«

Welche Rolle nimmt der echte Arzt und welche der ideale Arzt in der therapeutischen Beziehung ein? Welche Rolle nimmt die physische und soziale Person des Behandelnden ein und welche die Vorstellung, die man sich macht, noch bevor man die Praxis betreten hat? In das Bild des aktuellen Therapeuten mischen sich zahlreiche Stereotypen; das mythische des Zauberers – Heiler, Besitzer magischer Kräfte, großer Kenner nützlicher Liebestränke und Riten – und das des modernen Gelehrten, des Ingenieurs mit effizienten Techniken, desjenigen, der Medikamente verschreibt. Ein Bild überlagert das andere, die beiden setzen sich trotz der Unterschiede hinsichtlich der historischen Epochen zusammen. So gibt es in der Abhängigkeit des Sohns von seinem Vater, des Jüngeren vom Älteren, des Lehrlings vom Meister und – allgemeiner – des Ärmsten vom Prächtigsten *eine Abhängigkeit von einem Modell ebenso wie von einer realen Person.* Und – darauf kommen wir später noch einmal zurück – daher stammen auch die unvermeidlichen Zweifel und Zweideutigkeiten einer jeden Abhängigkeit, die unweigerlich zu Enttäuschung und Groll führen: Welche Rolle nun spielt das Reale und welche die Idealkonstruktion im Liebesverhalten? Man findet es früher oder später zum Zeitpunkt der Gegenprobe heraus, wenn die Abhängigkeit aufhört oder nachläßt. »Wie konnte ich ihn (oder sie) nur so sehen?« In *Eine Liebe von Swann* beschreibt Marcel Proust dieses Hin und Her der Liebe sehr genau. Wenn es dem Verliebten wie Schuppen von den Augen fällt, versteht er nicht mehr, wie ihm geschehen ist, denn der ideelle Teil hat sich verflüchtigt. Die Mutter und die Liebende machen weiterhin sorgfältig die Kleider, das Bett, den Tisch für das tote Kind oder den verschwundenen Liebhaber zurecht, die ehemalige Quelle mütterlicher oder leidenschaftlicher Befriedigung. Das Verhalten mancher Eltern, die ein Kind verloren haben, ist bekannt – sie erziehen das nächste Kind mit einer besessenen Treue dem verstorbenen gegenüber nach dessen Vorbild, die dazu führen kann, daß ein Sohn als Tochter behandelt wird und umgekehrt. Das unglückliche jüngere Kind paßt sich letztlich dem Modell an, das ihm übergestülpt wird, wenngleich es zuweilen über seinen eigenen Charakter ins Grübeln gerät. Eltern und Kinder sind also auf ein Wesen angewiesen, das fortan als Ideal gilt. Die allgemeine Physiognomie des Abhängigen hängt gewiß von derjenigen seines Lieferanten ab – wie der Vater, so der Sohn. Aber auch: wie der Sohn, so der Vater, ja, sogar wie der Ehemann, so die Ehefrau und umgekehrt. Die Art und Weise, in der sich der Lieferant selbst auf die Beschaffung einläßt und in der er seinen fordernden Partner mit Gunst, Ärger oder Empörung betrachtet, die Art und Weise, wie er auf dessen Ansinnen eingeht, wirkt sich auf den Abhängigen aus.

Im Gegenzug dazu ist das Verhalten des Lieferanten nicht unabhängig von dem des Abhängigen. Jedes Kind ist bekanntermaßen das Kind einer bestimmten Mutter, aber jedes Kind hinterläßt auch die Spuren der Geburt bei einer bestimmten Mutter. Hat die Gefühlsbetontheit oder die Gefühlskälte einer Mutter Einfluß auf die Entwicklung ihres Kindes, so sind dessen Charakter, dessen Lebenstauglichkeit oder dessen Schwierigkeiten auch nicht ohne Folgen für das Schicksal der Mutter. »Wenn ich einen meiner Kollegen vertrete«, so vertraut mir ein Arzt an, »kann ich sein Profil anhand seiner Patienten skizzieren.« Jeder Arzt sammelt um sich herum die Kranken, die zu ihm passen, so wie er zu ihnen paßt. Ein ängstlicher Mensch wird sich keinen übertrieben gelassenen Arzt aussuchen, sondern einen Gesprächspartner, der sich durch Intuition oder aufgrund seiner Erfahrung seiner Besorgnisse in kompetenter Weise annehmen kann. Eine gewisse persönliche Angst des Therapeuten ist keine schlechte Ausgangslage, um ängstliche Patienten zu betreuen, denen ein bestimmtes Dramatisieren ihres Falles den Eindruck vermittelt, ernstgenommen zu werden.

Kurz, auch hier finden wir wieder ein Duo.

Man könnte hier die Beschaffung als eine Spielart der Abhängigkeit betrachten. In seinem Film *Rotbart* zeigt der große japanische Filmemacher Kurosawa, wie seine Protagonisten, vor allem Ärzte, ihre Daseinsberechtigung in der Beschaffung finden. Ihre Aufopferung ist nur der offenkundige Teil einer viel komplexeren Beschäftigung, die ihnen Selbstachtung und inneren Frieden bringt. Es ist die Wechselwirkung, die Hartnäckigkeit, Kontinuität und Stabilität des menschlichen Duos erklärt. Der Satz der Liebenden »Ich brauche dich« ist nicht nur ein Eingeständnis der Schutzbedürftigkeit, sondern bestätigt den anderen, indem er ihn seiner Wichtigkeit versichert. Er bedeutet auch: »Das Interesse, das ich von dir verlange, ist der Garant für das, das ich dir entgegenbringe, du kannst dich auf mich verlassen, weil ich dich brauche.« Die implizite Maxime engagierter Menschen lautet: »Ich brauche, daß man mich braucht.« Das ist keine bösartige Berechnung – es handelt sich um aufrichtige Lieferanten, die an ihrer Selbstlosigkeit interessiert sind. Und auch hier gilt – warum nicht? Warum soll man nicht zugeben, daß auch der Arzt auf der Suche nach Anerkennung, Prestige, das heißt nach einer anderen Form der Sicherheit – vielleicht war er ja ein ängstliches Kind –, oder sogar nach Geld ist, das eines der Zeichen für Erfolg und Macht darstellt?

Dimensionen der therapeutischen Beziehung

Das Duo Arzt–Patient fördert den offensichtlichsten Aspekt der therapeutischen Beziehung zutage, deren bemerkenswerte Veranschaulichung die Übertragungsbeziehung in der Psychoanalyse ist. Man begreift immer mehr, wie stark der Arzt *ebenfalls* in diese Beziehung involviert ist, die nicht nur therapeutischer Natur, sondern im wahrsten Sinne eine Beziehung von Mensch zu Mensch, von Unbewußtem zu Unbewußtem ist. Wie stark diese Wechselwirkung darüber hinaus mehrdeutig, akzeptiert, erwünscht, aber auch schwierig zu bewältigen, bewegt und ständig in Frage gestellt ist. Doch die Abhängigkeit beschränkt sich nicht auf dieses Duo. Sie ist, wie wir gesagt haben, eher eine trinitarische Beziehung zwischen zwei Partnern und einem Objekt. Wir haben nacheinander *den Abhängigen*, das heißt denjenigen, der eine Ware erwartet, *den Lieferanten*, das heißt denjenigen, der ihm diese liefert, und *das Objekt der Begierde*, die begehrte Ware, genannt. Und es wird auch stets lehrreich sein, sich die drei oben formulierten Fragen zu stellen: Wer ist abhängig, von wem ist der es und wovon?

Das Objekt der Begierde kann sehr prägnant sein und sich in Form eines pharmazeutischen Arsenals darbieten. Ein Patient ist auch abhängig von der Einnahme der Medikamente, die seinen Tagesablauf bestimmen. Man kann allerdings vorbringen, daß das

Medikament nicht unabhängig ist von der Person des Arztes, den es in dessen Abwesenheit ablöst. Und so kommen wir wieder auf das Duo zurück, das in jeder Abhängigkeits-Beschaffungs-Beziehung von grundlegender Bedeutung ist. Es ist auch wahrscheinlich, daß psychologische und physiologische Abhängigkeit in einem Medikament eng miteinander verbunden sind. Man kennt die erstaunliche Wirkung von Placebos nur zu gut – diese wäre weniger erstaunlich, wenn man sie mit der Abhängigkeit vom Therapeuten in Verbindung brächte. Zu einem umfassenderen Verständnis der therapeutischen Beziehung muß man auch die Abhängigkeit von anderen Pflegepersonen wie Krankenpflegern, Krankenschwestern und Stationshilfen sowie die institutionelle Abhängigkeit betrachten. Der Patient wird »versorgt«, und dies wörtlich und symbolisch. Er wird ernährt, untergebracht und gründlich durchgewaschen, wenn man das so formulieren kann. Und dies in einer Art und Weise, die nicht immer unproblematisch ist, da sie eine Regression nach sich zieht, eine Infantilisierung des Patienten. Kurz: Die wichtigsten Aspekte der therapeutischen Beziehung sind zwischenmenschliche Beziehung, Beschaffung-Heilmittel, institutionelle Beschaffung.

Dabei genügt es nicht, sich mit der offiziell anerkannten therapeutischen Beziehung zu beschäftigen. Man muß folgende ungewöhnliche, oft weitreichende Grauzone berücksichtigen: die Quacksalber mit ihren mehr oder weniger empirischen, mehr oder weniger rationalen Praktiken, die es im Laufe der Geschichte immer gegeben hat und die auch heute noch in ihrer Zahl den legalen Ärzten nicht nachstehen. Wie sollte man nicht glauben, daß der offiziell von der Kirche gebilligte Exorzismus auf dem Land und in der Stadt auf die natürlichste Weise der Welt weiterhin praktiziert wird? Es handelt sich ja hierbei um eine komplexe Sache, die durch zahlreiche Bedürfnisse hervorgerufen wird: Milderung physischer und psychischer Leiden, Heilung oder Vorbeugung von Krankheiten, das heißt Schutz der körperlichen und geistigen Integrität,

Kampf gegen die alles beherrschende Angst, die Angst vor dem Nichts – dem Tod.

Pathologie der Beziehung

Trotz dieser Ausführungen gilt, *Abhängigkeit ist keine Krankheit*, sonst wären alle krank. Allerdings existiert eine Pathologie der Abhängigkeit. Entweder durch Übermaß oder Mangel – man ist zu stark abhängig oder nicht genug. So sehr abhängig zu sein, daß man nicht mehr ohne den Lieferanten leben kann – den man damit gleichzeitig am Leben hindert. Wie das kleine Menschenkind bei seinem Eintritt ins Leben oder der Gelähmte, die an Hunger, Durst oder ihrer mißlichen Lage sterben würden, ganz abgesehen von tätlichen Übergriffen, wenn sie sich selbst überlassen blieben. Wir stehen zuweilen mit Sicherheit an der Grenze zum Psychiatrischen. Meist handelt es sich jedoch glücklicherweise eher um Phobien als um wirkliche Unmöglichkeiten. Man glaubt, man könne nie mehr in einen Zug steigen und sich von Menschen oder Orten entfernen, die einem Sicherheit geben, und dann findet man durch Erfahrung heraus, daß »einem der Himmel doch nicht auf den Kopf gefallen ist«. Während man abwartet und diesen Schritt niemals wagt, fühlt man sich gefangen in einem Netz aus imaginären Tauen, die einen umschließen, als wären sie aus Metall. Die Bangigkeit kann die elementarsten Bedürfnisse betreffen – die Angst, nicht mehr atmen, keine Nahrung mehr zu sich nehmen zu können usw., was keine echten Fehlfunktionen sind, sondern das Zutagetreten unterschwelliger Ängste. Eine übermäßige Abhängigkeit kann sich in psychosomatischen Symptomen äußern, die dann sowohl den Somatologen als auch den Psychologen angehen. Man kann auch im Gegenteil so wenig abhängig sein, daß man die anderen nicht mehr braucht, daß man aus Gleichgültigkeit oder aus Angst ihre Gesellschaft flieht und auf einen anderen Typus der

Pathologie zusteuert – das Aufgeben oder die Zerstörung sämtlicher emotionaler und sozialer Beziehungen mit allen Konsequenzen für die betreffende Person und ihre Umwelt, im äußersten Falle bis hin zum Tod des sozialen Wesens. Merkwürdigerweise kommt man über einen Umweg zum ersten Typus der Störung: Die übermäßige und die nicht vorhandene Abhängigkeit führen beide zur Notwendigkeit, von anderen versorgt zu werden. Die nicht vorhandene Abhängigkeit ist in den meisten Fällen eine Illusion. Wer glaubt, von niemandem abhängig zu sein, leugnet schlicht seine Abhängigkeit und wird trotzdem von allen unterstützt und umsorgt. Er ist darauf um so mehr angewiesen, da es sich um ein trügerisches Benehmen handelt, denn die, die behaupten, ohne alle anderen auszukommen, nehmen die Dienste aller in Anspruch.

Die Pathologie der Abhängigkeit ist also stets eine Pathologie der Beziehung. Die Krankheiten der Abhängigkeit sind Krankheiten der Autonomie oder, im Gegenteil, Krankheiten der Trennung. Wir kennen deren Entstehung beim Kind, insbesondere seit den hervorragenden Arbeiten von Spitz, die von anderen ergänzt und ausdifferenziert wurden. Alles spielt sich so ab, als ob die Trennung von den Eltern eine echte funktionelle Störung verursachte, die, wenn sie anhält – und diese Dauer läßt sich übrigens berechnen –, eine echte Vergiftung verursacht, die Auswirkungen auf das gesamte Erwachsenenleben haben kann. *Andere zu brauchen, ein Bedürfnis, das in der Kindheit beginnt, begleitet uns von der Geburt bis zum Tod.*

Muß man also eine Wahl treffen? Auf den ersten Blick ist es wohl besser – wenn man es kann –, sehr unabhängig zu sein als sehr abhängig. Doch das ist nicht sicher. Ein Mangel an Autonomie stellt sicherlich eine Einschränkung, eine Behinderung und letztlich eine mehr oder minder große Zerstörung eines Teils der Persönlichkeit dar; doch ein Übermaß an Autonomie ist nur dem Anschein nach die totale Freiheit. Letztlich bedeutet auch das ein Aufgeben, eine

Verstümmelung und auf Dauer einen Zerfall. Gesundheit, Weisheit, relative Normalität, all das findet sich wohl zwischen den beiden Extremen: abhängig sein, aber nicht übermäßig, um sich aus der Affäre ziehen zu können, falls notwendig. Damit auch das Umgekehrte möglich ist, denn das soziale Zusammenspiel beruht auf Gegenseitigkeit. Der übermäßig Abhängige denkt kaum daran zu geben; und eine einseitige Beschaffung ist immer von Schwächung bedroht: Eine ausschließliche Abhängigkeit läuft Gefahr, sich selbst zu gefährden.

Kurz: Wenn man Abhängigkeiten nicht unterbinden kann, so kann man sie doch in den Griff bekommen. Wie? Es läuft darauf hinaus zu fragen: Wie kann man die Kosten senken? Dafür sind nicht unbegrenzt Lösungen vorhanden. Man muß entweder auf die Abhängigkeit selbst oder auf die Beschaffung einwirken. Entweder das Begehren in bezug auf dieses oder jenes Objekt bremsen oder das Produkt oder den Lieferanten wechseln. Das heißt, entweder seinen Konsum reduzieren oder *Ersatzmittel* suchen.

Ein Allheilmittel?

Machen wir uns keine übertriebenen Hoffnungen – ein Wunderheilmittel gibt es nicht. Es wäre töricht zu glauben, daß man eines Tages jeden Tribut, jeden Schaden oder jede emotionale Beeinträchtigung unterbinden könnte. Das wäre fast widersprüchlich, eigentlich eine reine Beschaffung. Wir stoßen wieder auf den goldenen Traum des Abhängigen: die absolute Gabe, die von einem völlig selbstlosen Lieferanten verabreicht wird, dem Helden der Liebe, der Mutter-Geliebten, dem Vater-Geliebten ohne Gegenleistung, das heißt ohne irgendeinen Nachteil, so wie die Gottheit reine Liebesgeschenke verteilt ... träumen wird man dürfen.

Gewiß, wenn man für jede Situation ein Produkt entwickeln könnte, das die üblichen Folgen nicht nach sich zieht – wie wunderbar! Welch ein Gewinn! Warum sollte es neben Nahrung in Tablettenform nicht auch eine Pille zur Stillung von Liebeshunger geben, die ohne Abhängigkeit und ohne Kummer wirkt? Warum sollte man nicht im gleichen Atemzug eine Art »Allheilmittel« einführen, das die Quacksalber ohnehin immer wieder den halb skeptischen, halb gläubigen Schaulustigen anbieten? Ein Romanautor war es, Aldous Huxley, der diesen Wunsch in seinem berühmten Roman *Schöne neue Welt* ausgesprochen hat. Diese Welt wäre schön, weil die Menschen endlich über ein Mittel für und gegen alles verfügen würden, das alle Arten von Sorgen zerstreuen könnte. Ist eine solche Entdeckung wirklich wünschenswert? Was würde aus der Menschheit werden, die fortan von einem Allzweckprodukt abhängig wäre, in dem sie eine endgültige Gelassenheit fände? Das ist das ganze Problem mit der Angst – ein wenig, viel, überhaupt nicht? Zuviel Angst macht lebensunfähig, aber ist es erwiesen, daß das völlige Fehlen von Angst für den einzelnen Menschen und für die Gattung förderlich ist? Für schöpferische Menschen zum Beispiel oder einfach nur zur Erhaltung des Schwungs, der nach vorne treibt, der aus dem Menschen das dominierende Wesen auf der Erde und vielleicht im bewohnten Universum gemacht hat? Dann lieber jene immer fragmentarische und wechselhafte Entwicklung, die ohne Unterlaß verbessert wird und ohne Unterlaß unzureichend ist und von den Forschern seit einigen Jahren insbesondere so unermüdlich verfolgt wird.

Es liegt auf der Hand, daß jede Droge so wirkt, daß sie eine physiologische Störung hervorruft und damit eine andere bekämpft. Doch ihre Wirksamkeit läuft immer Gefahr, furchterregend zu werden, wenn sie nicht ihrerseits kontrolliert wird. Durch seine unmittelbaren und weitreichenden Auswirkungen kann dieses Hin und Her, wenn es zunächst harmlos und anfänglich sogar heilsam ist, schädlich werden. Selbst eine Liebkosung erzeugt langfristig Reizungen und dann Verletzungen. Es müßte gelingen, Drogen-Heilmittel zu entwickeln, die so harmlos wie möglich sind, und dennoch müßte man lernen, sobald es geht, ohne sie auszukommen.

Ob das alles ist? Geht man davon aus, daß das amtliche Arzneibuch einen Großteil der Beschaffung abgelöst hat, stellt sich die Frage, ob das Problem damit gelöst ist. Nicht ganz. Denn es bleibt die positive Lust, die nicht allein aus der Beendigung des Schmerzes entsteht. Die, die man obendrein bekommt. Nahrung in Tablettenform ersetzt nicht die Lust am Essen. Die Sublimierung zugunsten einer wichtigen Sache ersetzt nicht das köstliche Gefühl der Liebe. Neben Lust und Befriedigung steht auch Lust und Wollust. Warum also sollte man auf letztere verzichten? Im Namen welcher Askese sollte man Glückszustände verbieten, die die Grenzen sprengen, in fröhlicher Aufregung, in plötzlichen Ausbrüchen, bis hin zu paradiesischen Steigerungen? Es gibt immer Menschen, die sich von köstlichem Herzschmerz verleiten lassen, vom Reiz und dem Schwindel der Lust, auch wenn der Preis dafür ihre Mittel übersteigt!

Der ideale Ersatzstoff müßte eigentlich das Äquivalent des Objekts der Begierde sein, aber besser noch, weil er Eigenschaften, vorzugsweise in vielfacher Form, aufweisen müßte, ohne Nachteile zu haben. Aber gibt es das nicht nur in unserer Phantasie?

Die Macht des Arztes und die Erwartung des Patienten

Heutzutage werden insbesondere von der Jugend vielfach Einflußbereiche beanstandet – dazu gehören auch die Anschuldigungen Ärzten gegenüber, aus der instabilen Situation ihrer Patienten, aus der mit der Krankheit verbundenen Verunsicherung und der damit einhergehenden Angst »Nutzen zu ziehen« und psychologische oder sogar materielle Vorteile daraus zu schöpfen. Und das, um dem Patienten ohne Widerrede einen Standpunkt aufoktroyieren zu können, der zuweilen diskussionswürdig wäre, im Namen eines Wissens, das sie, zumindest vordergründig, mit einer entmutigenden Sicherheit präsentieren. Schlimmer noch, um sich als kleine Despoten aufzuführen, die weder die gebotene Höflichkeit walten lassen, noch im Gespräch Offenheit an den Tag legen, dem Patienten gegenüber aber, dem sie eigentlich helfen sollen, eine souveräne Mißachtung zeigen. Ganz zu schweigen vom irritierenden Problem der Kosten für die ärztliche Leistung, die häufig als viel zu hoch angesehen werden. Also kurz gesagt, dogmatisches Denken, autoritäres Verhalten und Geldgier. Wie ist es tatsächlich darum bestellt?

Sicherlich gibt es gewisse individuelle Fehler. Und die kleinen Versuchungen des Menschen in Arztgestalt mögen sich zuweilen in unter anderen Umständen nur schwer akzeptablem Ton und Stil niederschlagen, unter denen der Patient weit weniger bereit wäre, in seiner Hoffnung auf Rettung alles zu ertragen. Niemand bezweifelt, daß solche Verhaltensweisen existieren, und zwar nicht nur gegenüber Patienten, sondern auch gegenüber dem Krankenhauspersonal, das sich im übrigen auch darüber beklagt. Es reicht schon aus, sich in bestimmten Krankenhausabteilungen aufgehalten zu haben, um die außerordentliche Vernachlässigung, der man ausgesetzt ist, am eigenen Leib zu erfahren; selbst auf der Intensivstation mit oft unerträglichen Qualen, stundenlang ohne Ansprechperson oder lediglich mit einem Studenten an der Seite, der ironisch oder erschreckt ist und nach dem Zufallsprinzip seine neu erlangten Kenntnisse erprobt, während man auf den Spezialisten wartet, der letztlich zu einer Uhrzeit erscheint, die weit hinter dem angekündigten Termin liegt. Es gibt bekanntermaßen vieles zu sagen über das Verhalten einiger Ärzte und des Krankenhauspersonals, das sich über die Ärzte beschwert, sich aber dennoch wie diese aufführt, als ob es deren Schatten sei, schließlich ebenso über den gesamten Aufbau der Verwaltung dieser Einrichtungen, zumindest im Hinblick auf diesen besonderen Aspekt. Eigentlich müßte der Patient im Mittelpunkt des ganzen Apparates stehen und nicht umgekehrt: ein fast unscheinbarer, vernachlässigbarer Teil, für den sich der Apparat nur einen Augenblick lang interessiert, um seine eigene Funktionsfähigkeit zu überprüfen.

Belassen wir es dabei. Ungeachtet dieser Auswüchse und Fehler aufgrund individueller Faktoren sowie der Temperamente der »kleinen Chefs«, die man in jeder Berufsgruppe antreffen kann und die einen unschönen Aspekt der menschlichen Natur offenbaren, bleibt die Frage: Was hat es mit diesen Beziehungen auf sich?

Wir haben betont, daß eine Therapie im wesentlichen eine *Beziehung* ist, genauer gesagt, ein Duo. Diese Feststellung scheint eine Binsenweisheit zu sein. Doch der Nachdruck macht deutlich, daß man hier nicht immer klarsieht und nicht immer alle Schlußfolgerungen und Konsequenzen daraus zieht. Die therapeutische

Beziehung ist ein Duo, nicht nur ein einfaches, gelegentliches Miteinander. An anderer Stelle habe ich ausführlich dargelegt, was ich unter dem Begriff Duo verstehe. Rufen wir uns in Erinnerung, daß es sich um die Formen menschlichen Umgangs handelt, bei dem zwei Partner so stark beteiligt sind, daß sie *beide* verwandelt werden. Sicherlich in unterschiedlichem Ausmaß und in unterschiedlicher Art und Weise, aber doch so stark, daß ihre Daseinsart, ihre Denkweise, ihre Affektivität und ihre Verhaltensweisen den Stempel dieser speziellen Beziehung tragen.

Das bedeutet auch, daß es sich um eine *globale Beziehung* handelt, die sich trotz des Anscheins zuweilen nicht auf eine einfache Geste beschränkt und insbesondere in ihrer Ausrichtung vom Arzt hin zum Patienten nicht eindeutig ist. Ein Beispiel: Das Verschreiben eines Mittels, Medikament genannt, das das Gespräch zwischen Arzt und Patient beendet. Es bedeutet schließlich, daß zum Verständnis dieser Beziehung gleichzeitig die Rolle des einen und des anderen Partners zu erfassen ist, jeweils in ihrer eigenen Komplexität und vor allem in den Beziehungen, die sie zur Rolle des anderen unterhält.

Welche Rolle nimmt nun jeder Partner in der Abhängigkeits-Beschaffungs-Beziehung ein, die diese therapeutische Verbindung darstellt? Anders ausgedrückt: Was *erwartet* der Patient vom Arzt? Welches sind die *Antworten*, die der Arzt gibt oder nicht gibt? Welche Auswirkungen ergeben sich aus diesem Austausch für den einen und den anderen Partner? Und abschließend: Welche eventuellen Perversionen ergeben sich aus dieser Beziehung? Und welche Mittel oder Korrekturmöglichkeiten kann man bei dem umstrittenen Verhalten, das man die Macht des Arztes nennt, anwenden?

Die Erwartung des Patienten

Ich möchte hier keine detaillierte Beschreibung dieser Erwartung vornehmen. Es sei lediglich an ihre Bedeutung erinnert, ihr Ausmaß, ihre Intensität und den allgemeinen Charakter dieser Erfahrung. Früher oder später werden wir mit Leiden, Krankheit und Tod konfrontiert. Wir alle sind demnach potentielle Patienten, Könige oder Clochards, auch die Ärzte selbst. Jules Romain hat es so beschrieben, indem er es einer seiner Figuren, dem falschen Arzt Knock, in den Mund gelegt hat: »Ein gesunder Mensch ist ein Kranker, der sich selbst nicht kennt.« Das ist zwar eine scherzhafte Bemerkung, die aber leicht abgewandelt im Kern etwas Wahres aufweist: Jeder gesunde Mensch ist ein zukünftig Kranker. Früher oder später wird jeder mit Krankheit konfrontiert, seiner eigenen oder der eines Angehörigen, und damit mit Leiden, einem vorübergehenden oder bleibenden Gebrechen, mit der drohenden teilweisen oder völligen Vernichtung.

All dies wissen wir. Wir haben so häufig Erfahrungen mit Schmerz gemacht, daß manche Philosophen glauben, er sei dem Menschen vertrauter als Glück – was in der Tat zu diskutieren wäre. Vielleicht ist es vernünftiger zu glauben, daß der Wechsel von Zufriedenheit und Unzufriedenheit die Grundlage der Existenz eines Wesens ausmacht. Das Alter ist nur eines der Gesichter der Zerstörung. Es ist, wie sie, unwiderruflich, unweigerlich, uns allen gemein und darüber hinaus offensichtlich. Wenn man zuhört, was die Alten erzählen – sie reden nur von ihren Zipperlein. Sie wissen, daß ihre Vernichtung im Gange ist und daß sie nur mit ihnen ein Ende findet. Und wir wissen alle, daß wir unweigerlich zu Greisen werden, die dem Tod geweiht sind, und das gilt auch für unsere Zivilisation, die den Jugendkult preist. Der Tod ist da und fordert unaufhörlich unsere Aufmerksamkeit, selbst wenn wir ihn nicht sehen wollen, selbst wenn fast alle Kulturen außergewöhnliche Maschinen des Vergessens entwickelt haben, die den Tod wegschieben und damit die Angst vor dem Nichts vertreiben sollen – siehe Kunst, Religion, die Verbreitung von rettenden Werten, ideellen Maschinen. Wir wissen alle, daß wir sterben müssen. Professor Jean Bernard stellte fest, daß krebskranke Kinder eine besondere Schwermut an den Tag legen, denn sie spüren intuitiv, daß ihr Ende naht. Auch Tiere haben wahrscheinlich diese Vorahnung des Todes. Es ist äußerst bemerkenswert, daß sich diese drei Motive, diese drei grundlegenden Erwartungen der therapeutischen Abhängigkeit in der religiösen Abhängigkeit wiederfinden. Man erwartet vom Arzt wie auch vom Geistlichen eine Gabe gegen das Leiden, die Vernichtung und den Tod.

So zeichnen sich die Bestandteile der Erwartung des Patienten und auch des Nichtpatienten dem Arzt gegenüber ab. Ich meine diese spontane, wenig vernunftgeprägte Erwartung: das Einfordern eines absoluten *Wissens*, einer totalen *Effizienz* und einer perfekten *Selbstlosigkeit.* Der Patient hofft, daß der Arzt alles weiß, zumindest über seine derzeitige Krankheit, und daß er es ohne Gedächtnislücken oder Mangel an Aufmerksamkeit präsent hat; daß er also wahrhaftig allwissend ist, zumindest was den für ihn wichtigen Verlauf und den Augenblick angeht. Dieses absolute Wissen, so hofft er, wird sich in grenzenloser Effizienz niederschlagen. Was sonst würde ihm eine abstrakte Wissenschaft nützen, selbst wenn sie die umfangreichste der Welt wäre. Schließlich bedeutet die Selbstlosigkeit des Arztes unbegrenzte Liebe, da ja ohne Gegenleistung: kostenlos bedeutet Liebesbeweis. Der Patient erhofft sich all das, ohne wirklich daran zu glauben, hofft aber trotzdem. So als ob seine Quasi-Überzeugung, indem sie sich vor die Wissenschaft, das Handeln und Wohlwollen des Arztes schiebt, helfen könnte, diese Wirklichkeit werden zu lassen. Beim Patienten besteht der Ansatz, an das zu glauben, was man landläufig Zauberei nennt, wo der Wunsch die Macht hat, die Wahrheit und die Realität zu bezwingen.

Die Versuchungen des Therapeuten

Wie sollte man also nicht auch die Versuchungen des Therapeuten verstehen? Ohne dabei ausschließen zu wollen, daß jemand Geschmack an der Macht findet. Es ist die Suggestion des Patienten, die Reaktion auf seine mitleiderregende Bereitwilligkeit, auf seine etwas verrückte Erwartung, die dazu führt, daß der Arzt sich befugt glaubt, den Zorro zu spielen: Der Arzt kommt, der Arzt ist gekommen, der Arzt wird wiederkommen, um nach Ihnen zu sehen. *Gerade die fordernde Zerbrechlichkeit des Patienten unterstützt die echte oder gespielte Erhabenheit des Arztes.*

Es geht nunmehr darum zu erfahren, wie weit dieser, wenn auch eingeredete, Ehrgeiz geht. Es muß eingeräumt werden, daß er recht weit gehen kann. Jeder hat als Erinnerung aus dem Fernsehen, dem Kino oder aus Büchern das Bild eines Arztes im Kopf, der so selbstsicher ist wie ein Gott und doch manchmal über ein beliebiges Thema ganz offensichtlich nicht mehr weiß als der Mann auf der Straße. Man muß zu seiner Entlastung allerdings anführen, daß das Jahrhundert ihn dorthin treibt – wir leben in einem Jahrhundert der medizinischen Betreuung und der medizinischen Kontrolle sowie der Vermarktung durch die Medien. Die schwindende Macht der Priester läßt ein Vakuum zurück, das durch andere Wundertäter, die der Mensch nach wie vor braucht, ausgefüllt werden muß. Der zwar relative, aber doch von allen anerkannte Sieg der Wissenschaft, insbesondere der Biologie, der für den einzelnen Menschen so wichtig ist, scheint den Wissenschaftlern diesen halbleeren Platz zuzuweisen. Der Arzt ist zwar kein Gelehrter der Biologie, aber er ist deren Fürsprecher, effizienter Mediator, Priester und Diener. Für den lebenden und leidenden Menschen ist er letztlich unmittelbarer nützlich als der wirkliche Wissenschaftler, der abgeschieden in seinem Labor arbeitet. Jedenfalls sieht man überall Ärzte, bittet sie um Beaufsichtigung, Rat oder sogar Intervention bei den meisten menschlichen Unternehmungen – in der Fabrik, der Universität oder auf dem Sportplatz. Die Tour de France ist in vieler Hinsicht eine medizinische Angelegenheit. Was nicht unbedingt schlecht sein muß – überall dort, wo Menschen in Bewegung sind, wo nicht nur Unfälle geschehen können, sondern wo eine Verbesserung der Lebensbedingungen wünschenswert ist, ist es nicht schlecht, Menschen von gewisser Bedeutung einen Therapeuten zur Seite zu stellen. Die Gefahr besteht jedoch darin, daß sich solche Ratschläge und potentielle Hilfe in echte soziale Kontrolle verwandelt, die Menschen übertragen wird, die das Prestige des Wissens genießen und über die mehr oder weniger magische Macht verfügen, Medikamente verschreiben zu können, seien diese nun heilsam oder furchterregend. All diese Wesenszüge sehen wir in der Figur des Psychiaters vereint, der zugleich als Therapeut und Hüter der sozialen Ordnung gilt, der befugt ist, sogar gegen den Patienten vorzugehen, und deshalb als Person angesehen wird, die zum Schlimmsten fähig ist, nämlich zum Einsperren ins Krankenhaus, welches eine Nachbildung des Gefängnisses darstellt. Der Psychiater ist daher selbst in einer sadistischen Weise abhängig und hat seine eigenen Schwierigkeiten. Es ist leider festzustellen, daß das nicht immer Phantasiegebilde sind. Der politische Einsatz von psychiatrischen Krankenhäusern, ja sogar von Medikamenten in gewissen Ländern ist bekannt. Ein erschreckender Bericht von Amnesty International hat das Ausmaß der aktiven Komplizenschaft des Ärztestandes bei Folterungen enthüllt.

Wie sollte der Arzt, wenn er nicht stets edel, Herr seiner selbst und ein glühender Humanist ist, dem widerstehen? Die Vermarktung der Medizin bestätigt ihn in seiner Rolle, vergrößert das Ausmaß seiner Macht, bestärkt ihn in diesem Glauben, sollte er daran Zweifel haben, und – warum soll man das nicht eingestehen – verleiht ihm materielle Vorteile und unleugbares Prestige. Kurz: die Versuchungen und Verführungen der Herrschaft mit ihren diversen Vorteilen.

Die Bürde des Mannes in Weiß

Allerdings hat alles seinen Preis. Kipling sprach von der »Bürde des weißen Mannes«, und in gleicher Weise kann man von der *Bürde des Therapeuten* sprechen. Der Arzt fühlt sich geschmeichelt, wiegt sich in Sicherheit und gewinnt angesichts der großen Nachfrage an Bedeutung, aber häufig wird er auch von ihr überwältigt. Und zwar nicht nur von der körperlichen Belastung, die angesichts der derzeitigen Organisation der Medizin oft beträchtlich ist. Jeder, der auch nur vorübergehend in der Umgebung eines Arztes – insbesondere eines praktischen Arztes – gelebt hat, kennt diesen Eiertanz: zur Essenszeit oder anläßlich eines ursprünglich als Abend unter Freunden geplanten Treffens, wenn das Telefon klingelt und immer wieder klingelt, wenn ein Patient beruhigt, ein anderer beraten werden muß und manchmal Frau, Kinder und Freunde zurückgelassen werden müssen, um schließlich nur schnell einen Mantel überzuwerfen und loszurennen! Natürlich findet der Arzt noch seinen Gefallen daran, sieht seine Wichtigkeit sowohl in den Augen derjenigen bestätigt, die er so überstürzt zurückgelassen hat, als auch vor sich selbst. Das ist die uneingeschränkte Bestätigung dafür, daß man ihn braucht, ganz zu schweigen von seinen Honoraren. Doch zuweilen macht er sich schon Gedanken über die Strapazen, über die ermüdende Nichtigkeit eines solchen Lebens. »Das Schlimmste in diesem Beruf«, so sagte mir ein befreundeter Arzt, »sind die Treppen.«

Die körperliche Belastung ist dagegen unter Umständen nicht das schlimmste. Das könnte man noch am besten wegstecken, wenn man es wirklich will. Die Ärzte machen sich im übrigen immer stärker darüber Gedanken und schließen sich in Gruppen zusammen, lösen sich gegenseitig ab und lassen die Patienten eher zu sich kommen, als zu ihnen zu eilen. Zuweilen unter Inkaufnahme des Risikos, daß ein scheußlicher Irrtum geschieht oder sich eine Katastrophe ereignet. Noch viel mehr zehrt die psychologische Belastung an den Nerven des Therapeuten. Wenn der Patient wüßte, statt auf sich selbst bezogen zu bleiben, wie stark er den Arzt belastet und wie schwer dieser manchmal eine solch allumfassende Verantwortung ertragen kann! Die Macht des Arztes ist schwer zu ertragen, weil man ihrer würdig sein oder erscheinen muß, weil der Patient diese Stärke erwartet, diese Ruhe, dieses Wissen seines Therapeuten. Der Arzt Lucien Israël, der das Verhältnis zwischen Arzt und Patient beschrieben hat, vertritt die Auffassung, daß bestimmte ärztliche Fehler auf der Furcht des Arztes selbst vor der Krankheit, zum Beispiel vor Krebs, beruhen. Er erkennt das ganze Ausmaß der Krankheit nicht, weil er ebensoviel Angst vor ihr hat wie sein Patient und weil ihm nicht recht wohl dabei ist, sich auf diese Beziehung einzulassen. Das ist auch eine mögliche Erklärung für den schroffen, ironischen oder sogar verächtlichen Ton mancher praktizierender Ärzte, der die aus Angst entstandene Aggressivität widerspiegelt, die Angst, nicht richtig auf das reagieren zu können, was die Patienten von ihnen verlangen, die Angst, von dieser ungeheuerlichen Forderung überrollt zu werden. Man verlangt von ihnen ein allumfassendes Wissen, von dem sie nur zu gut wissen, daß sie es nicht haben, und ein unendliches Wohlwollen, das nur Göttern eigen ist. Man erinnert sich an die Figur in *Die Unterrichtsstunde* von Ionesco, einen Professor, der zum Schluß seine Schülerin ersticht: Er konnte diese Beziehung nicht mehr ertragen. Ich habe Ärzte kennengelernt, die den ganzen Tag über aufmerksam und wohlwollend waren, die allerdings nach der Arbeit ihrer Frau, ihren Kindern und ihren Freunden gegenüber in erstaunlicher Weise sarkastisch, fast bösartig wurden: Auch ihre Aggressivität mußte sich schließlich bei irgend jemandem entladen.

Die Enttäuschung des Patienten

Dieser echte Groll des Therapeuten ist jedoch nichts angesichts des Grolls des Patienten. Es ist zu betonen, daß dieser eine viel größere Fallhöhe aufweist – auf seine verzweifelte, glühende Erwartung reagiert man nur bedingt, fragmentarisch, provisorisch, und eine andere Reaktion ist auch nicht möglich: *Die medizinische Beschaffung ist immer zu einem relativen Scheitern verurteilt.* Jeder Sieg der Medizin ist vorläufig, weil der Verfall ihn letztlich zunichte macht. Der Arzt verzögert lediglich den Termin und markiert den Weg. Das Scheitern des Arztes ist das Scheitern des Lebens.

Das ist jedoch die Sprache der Erfahrung und der Vernunft. Der Patient weiß entgegen aller Anzeichen ebenso gut wie der Arzt, daß die Hilfe des Arztes nur bedingt sein kann; doch er glaubt es nicht wirklich oder will es nicht wirklich glauben. Ich habe die ärztliche Beschaffung weiter oben mit der religiösen Beschaffung verglichen. Nehmen wir an, daß der Patient weiß, daß es keine allumfassende Beschaffung gibt, aber nicht umhin kann, daran zu glauben. Der Gläubige glaubt, daß eine solche Beschaffung existiert, ohne es ausdrücklich zu wissen. Der Patient verhält sich, spricht, fragt, als ob der Arzt ihm in jeder Hinsicht und endgültig helfen könnte. Er wird vor seinem Arzt zum Kind, wie übrigens auch vor seiner eigenen Krankheit: Er nährt seine eigenen Illusionen. So daß jedenfalls *der Abstand zwischen einer solchen Forderung und der Unbeständigkeit der Reaktion unvermeidlich ist.* Das Duo Patient–Arzt besteht notwendigerweise aus Unzufriedenheit, Frustration und dem Gefühl der Verlassenheit.

Von der Unzufriedenheit zur Ungeduld und dann zum Groll ist der Weg nicht weit. Und die Verbindung vom Groll zur Auflehnung, zur Aggressivität ist ebenso offenkundig. Ich habe bereits auf diese auffällige und bisweilen explosive Mischung aus Gefühl und Aufregung hingewiesen, die die Patienten ihren Ärzten entgegenbringen. Dem ist selbstredend noch die Auflehnung hinzuzufügen, die aus dem Gefühl der Dominanz, das heißt aus der eigentlichen Macht des Arztes, entsteht. Aber es ist offensichtlich, daß Groll, Auflehnung und zuweilen Gewalt seitens der Patienten eine Mischung bilden, die stärker aus der Ohnmacht des Arztes angesichts der ängstlichen Erwartung des Patienten als aus herrischem ärztlichem Fehlverhalten resultiert. Auch hier findet sich wieder eine Kombination aus Anerkennung und Groll, wie im übrigen bei jeder Abhängigkeit.

Akzeptierte Bescheidenheit

Der Arzt kann den Fehlern, um nicht zu sagen Übergriffen der ärztlichen Macht, nicht allein abhelfen. In der therapeutischen Beziehung kann man, wie in der Ehe, eine Verbesserung des Duos durch Zusammenarbeit der beiden Parteien erreichen. Auf seiten des Arztes gilt es zu verstehen, daß in dieser Sache ein schwerwiegendes Mißverständnis besteht, das ihm nichts nützt. Eine Veränderung seiner Beziehung zum Patienten wird wahrscheinlich für ihn und für den Patienten von Vorteil sein. Es scheint so, als würde ihm die Macht über den Abhängigen vom Abhängigen selbst angeboten und unaufhörlich gestärkt. Was der Patient jedoch will, ist eine weitreichende und wirksame Beschaffung und keine Macht, die sich gegen ihn richtet. Der Patient erwartet eine Beschaffung und bekommt häufig die Dominanz gleich mitgeliefert. Im übrigen beruht die Legitimität des Therapeuten auf der *tatsächlichen* Beschaffung, die er zu leisten vermag; daran wird sie gemessen und nicht an der Unterwerfung des Patienten! Vor allem darf der Arzt dieser schmeichelhaften Macht – die ihm allerdings häufig eingeräumt wird – nicht nachgeben und dabei Gefahr laufen, die Vorteile einer exakteren Einschätzung seiner Möglichkeiten zu übersehen. Dabei würde er einen Teil seiner Intelligenz, wenn nicht sogar seiner moralischen Haltung, einbüßen. Zweifellos würde letztlich eine, auch nur partielle, Übernahme von Eigenverantwortung durch den Patienten die Belastung und damit vielleicht auch das Engagement des Therapeuten verringern – jenes erwünschte und gefürchtete Engagement. Kurz: Er sollte *den wechselseitigen Charakter der therapeutischen Beziehung* anerkennen.

Die Wechselseitigkeit mag überraschen in einer Situation, in der beide Gesprächspartner nicht gleichberechtigt sind, in der einer der Auffordernde und der andere der Lieferant ist. Und dennoch handelt es sich um eine leicht feststellbare Tatsache, sobald man die herkömmliche Verstellung des Arztes durchschaut. Der Therapeut muß begreifen, daß auch er in eine wechselseitige Situation eingebunden ist und nicht in eine eingleisige Bewegung hin zu seinem Patienten, die ihn unberührt lassen würde. Er muß auch entdecken und zugeben, daß, obwohl es auf den ersten Blick nicht so aussieht, der Patient von ihm eine komplexe, allumfassende Beziehung erwartet, in der er so weit betroffen, eingebunden und engagiert ist, daß er zum Partner wird – das heißt jemand, der eine Rolle in einem Ganzen spielt und nicht nur einfach ein Medikament verschreibt, was eines Tages auch eine Maschine tun könnte. *Die Wechselseitigkeit ist also ein Aspekt der Globalität der therapeutischen Beziehung.*

Die Wechselseitigkeit ist sogar im einfachsten, praktischsten Sinne zu verstehen: Ein Arzt existiert nur durch seine Patienten. Ein Arzt ohne Patienten ist wie ein Professor ohne Studenten. Ist er überhaupt noch Arzt? Ein Arzt an sich existiert ebensowenig wie ein Professor an sich oder wie Eltern ohne Kinder. Im Laufe der Zeit hört selbst der mit den meisten Diplomen der Welt ausgestattete Arzt auf, Arzt zu sein, wenn er niemanden mehr behandelt. Sein Kapital verkümmert, er verliert die Geschicklichkeit, und auch wenn er es noch so sehr will, kann er nicht mehr als Arzt handeln. Er kann sich noch so daran klammern, es aller Welt verkünden, man kann ihn sogar noch als solchen ansehen. Er wäre wie ein ehemaliger Priester, den man weiterhin als Priester betrachtet –

er hat eine mythische Aura. Dasselbe gilt auch auf theoretischer Ebene; der Arzt muß sich daran erinnern, daß er kein Gelehrter, sondern ein Praktiker ist. Darin liegt nichts Abwertendes, es bedeutet, daß er sich nicht vorrangig mit reinem Wissen beschäftigt, das erwartet man nicht von ihm. Reine Mediziner gibt es ebensowenig wie reine Medizin. Wenn man bei individuellen und sozialen Störungen nicht übertrieben viele Medikamente verabreicht, heißt dies nicht, die Rolle des Arztes herabzusetzen, sondern, paradoxerweise, sie höher zu bewerten oder zumindest genauer zu beschreiben. Denn die Rolle eines Arztes wird nicht durch die Krankheit definiert, sondern durch die umfassende Beziehung zu seinen Patienten. Nicht mehr und nicht weniger.

Nicht übertrieben viele Medikamente verabreichen bedeutet auch, daß eine Definition von Krankheit nicht so offensichtlich ist, wie es den Anschein hat. Die Geschichte der Krankheit unterstreicht das. Ein Arzt darf sich nicht von Moralisten, Soziologen und schon gar nicht von Politikern eine Definition von Krankheit aufzwingen lassen, da diese andere Absichten wie die Einhaltung von Regeln oder Belange des kollektiven Lebens haben. Für den Arzt sind es weder Sittenwidrigkeit noch die Notwendigkeiten des politischen Handelns, die sein »Verständnis von Krankheit« oder sein Handeln diktieren dürfen. Er muß sich im wesentlichen auf das Leiden des Ratsuchenden konzentrieren, die Diagnose und Prognose möglicher physiologischer und psychologischer Störungen sowie auf die Hilfe, die er diesen entgegensetzen kann.

Das verlangt allerdings eine gewisse Bescheidenheit seitens des Arztes. Erst die Erwartung des Patienten macht ihn unbescheiden, wird er protestieren. Doch es sei wiederholt, diese Erwartung ist maßlos hinsichtlich dessen, was der Arzt tatsächlich bewirken kann. Diese maßlose Erwartung könnte den Arzt ebenso traurig wie selbstironisch oder auch eingebildet werden lassen. Die leidlich unwissenden und ineffizienten Ärzte Molières sahen sich der gleichen ängstlichen Forderung der Patienten ihres Zeitalters ausgesetzt. Zur Zeit meiner Jugend in den brütend heißen Sommern meines Heimatlandes stieß der Typhus, dieses wie Minotaurus schöne junge Menschen verschlingende Monster, auch nur auf ohnmächtige Ärzte, die Aspirin und zerstoßenes Eis verschrieben. Diese hoffnungslosen Bekämpfer tödlichen Fiebers vor der Zeit der Antibiotika genossen denselben Respekt wie die Molièreschen Ärzte für ihre angebliche Wissenschaft oder die besten zeitgenössischen Spezialisten ... oder einige Knochenklempner bei uns auf dem Lande.

Ein erwachsener Patient

Seitens des Patienten sind eigentlich dieselben Schritte notwendig: *Gegenseitigkeit* kommt an erster Stelle. Wenn ihm diese absurd erscheint, wenn er nicht wagt, sie in Betracht zu ziehen, wenn er zuviel Angst davor hat, um so schlimmer. Dann muß er sich auf die Figur des traditionellen Arztes beschränken, den Hexenmeister und Wunderheiler, der mysteriöse Erzeugnisse verschreibt, den autoritären, keine Widerrede duldenden Vaterersatz. Viele wünschen sich im Grunde ihres Herzens nichts anderes. Wenn man allerdings will, daß die therapeutische Beziehung keine repressive ist, dann muß diese auf Gegenseitigkeit begründet sein und, zumindest im vorliegenden Falle, auf der *Zusammenarbeit des Patienten mit seinem Therapeuten.*

Das setzt natürlich eine aktive Rolle und keine nur mehr schlichte ergebene, kindliche Erwartungshaltung voraus. Der Patient darf den Arzt nicht für einen Gott und schon gar nicht für einen Zauberer halten, und der Arzt darf nicht vorgeben, das eine oder das andere zu sein. Er darf weder solchen Versuchungen nachgeben noch der falschen Bequemlichkeit magischer Allüren erliegen, selbst wenn er diese im Grunde seines Herzens erhofft. Er weiß genau, daß er nicht mit allen Mächten ausgestattet und auch nicht Besitzer unbestrittener Liebestränke ist. In der Natur verfällt alles, alles stumpft ab, auch die Schärfe der Sinne und das ordentliche Funktionieren der Organe, und am Ende steht immer der Tod. Der Arzt hilft zu leben, das heißt, er hilft auch zu sterben. Mehr kann er nicht tun. Doch ist das schon gar nicht schlecht, sowohl für ihn als auch für den Patienten, wenn er die unvermeidlichen physischen und psychologischen Unannehmlichkeiten eines solch langsamen Abgleitens zum Tode hin, das das Leben darstellt, mildern kann.

Sowohl Patient als auch Arzt müssen also die menschliche Schwäche des Arztes selbst akzeptieren. Der Patient wirft dem Arzt bisweilen seine mangelnde Sensibilität vor, das heißt seine ungenügende Aufmerksamkeit, die Risiken birgt, und ein geringes emotionales Engagement, das heißt eine unzureichende Unterstützung. Auf den ersten Blick nährt diese mangelnde Sensibilität den Eindruck der Herrschaft des Arztes. Der Patient hat den Eindruck, als vernachlässigenswertes Objekt behandelt zu werden, obgleich er doch »Zuwendung« und Liebe so dringend braucht. Doch er muß begreifen, daß es sich um eine widersprüchliche Forderung handelt, die ein normaler Mensch eigentlich nicht befriedigen kann. Es kann nicht bei ein und demselben Menschen gleichzeitig einen messerscharfen, klaren Geist *und* überschäumende Emotion geben. Die »mangelnde Sensibilität« ist ein Schutzmechanismus des Arztes sich selbst gegenüber. Er muß sich gegen eine emotionale Belagerung wehren, die entkräftend und verwirrend ist. Das entbindet nicht von der Notwendigkeit und der Qualität eines Dialogs. Ein gewisser schützender Abstand des Arztes – ein Eingeständnis menschlicher Schwäche – ist dem Patienten förderlich, der das akzeptieren muß. Die Kälte eines Arztes steht häufig im Einklang mit seiner Effizienz. In einem Wort – der Patient muß erwachsen werden … wenn er kann, so viel er kann. Denn letztlich hat jeder Patient den Arzt, den er sich wünscht, und jeder Arzt die Patienten, die er verdient.

Unsere Brüder, die Tiere[5]

Dominanz und gegenseitige Abhängigkeit

Es läßt sich aufs Geratewohl bei Spaziergängen feststellen, wie notleidende Obdachlose einen Hund mitschleppen, der das Elend seines Herrn teilt. Der Bürgermeister einer großen Stadt beschloß, angesichts der Bürgerproteste wegen des Drecks sowie des Gesundheitszustandes dieser armen Tiere, sie ihren Besitzern vorübergehend wegzunehmen, um sie in städtischer Obhut betreuen zu lassen. Die Obdachlosen konnten die Hunde dann gegen Zahlung von sechshundert Francs wieder abholen. Hoffte er, daß eine solche Summe sie dazu brächte, auf ihre abstoßenden Tiere zu verzichten? Zur großen Überraschung kamen aber alle, um sie abzuholen. Da sie kein Dach über dem Kopf besaßen, so lauteten die Erklärungen, brauchten sie die Hunde zu ihrem Schutz. Doch warum überdies nicht annehmen, daß sie sie einfach liebten und daß sie von den Gefährten ihrer Einsamkeit geliebt wurden?

Das Zusammenleben des Menschen mit bestimmten Tieren, das seit mehreren Jahrtausenden existiert, liefert ein weiteres Beispiel für Beziehungen *zwischen einer gegenseitigen Abhängigkeit und der Dominanz, die sich zuweilen daraus ergibt.* Wir haben die gleiche Physiologie, die gleichen Bedürfnisse und die gleichen Emotionen wie Tiere. Wir teilen uns denselben Lebensraum, wir atmen dieselbe Luft, wir trinken dasselbe Wasser, wie essen die gleichen Produkte aus derselben Erde, sowohl auf dem Land als auch in der Stadt, wo Hunde, Katzen, Vögel, Ratten und Mäuse, Insekten verschiedenster Art, Ameisen, Fliegen, Stechmücken und Spinnen mit uns in Symbiose leben. Eine weitere widersprüchliche und schokkierende Feststellung ist, daß wir von diesen Lebewesen, die stets in unserem Leben präsent und mit ihm verbunden sind, fast nichts wissen, wenn wir nicht gerade diesbezüglich Spezialisten sind. Kaum einmal sehen wir sie an und hören ihre Schmerzens- oder Zufriedenheitsseufzer – wir kommunizieren nicht wirklich mit ihnen.

Nun verfügen wir über keine gemeinsame Sprache, aber es gibt ja auch nonverbale Verständigungsmittel, und wir hätten, seitdem diese enge Nachbarschaft andauert, längst irgendeine Entsprechung zwischen unseren und ihren Sprachen ausfindig machen, ihre unterschiedlichen gestischen und lautlichen Ausdrucksweisen interpretieren können – was vielleicht einigen wenigen mit ihren Haustieren oder ganz besonderen Menschen wie Franz von Assisi gelingt. Kinder, die den Tod eines Kaninchens oder eines Hundes beweinen, beweinen den Schrecken der tierischen Existenz intensiv. Im übrigen kann man auch eine gemeinsame Sprache haben, aber nicht kommunizieren wollen. Die Nationen, die zum Beispiel durch Kolonisation eine Vormachtstellung besitzen, vermeiden es, die Sprache ihrer Untertanen zu lernen. Und wenn sie sie sprechen, dann bekräftigen sie, diese nicht wirklich zu verstehen. So versichern auch viele Männer, die Frauen nicht zu verstehen, mit denen sie dennoch intime Beziehungen pflegen.

Ist es nicht so, daß *wir die Tiere nicht verstehen, weil wir sie nicht verstehen wollen*? Weil wir nicht wissen wollen, was sie uns sagen könnten? Es wird zuweilen behauptet, daß unsere Abneigung Tieren gegenüber eine Projektion der Angst vor unserem eigenen Unbewußten sei. Das mag sein, aber warum projizieren wir uns dann, meist in negativer Weise, auf Tiere? Ein aufmerksames Konsultieren von Tierfabelbüchern und Mythen würde uns vieles über die Ambivalenz unserer Beziehungen zu ihnen lehren. Man würde darin unter anderem die Sehnsucht nach einer unschuldigen Welt erkennen, in der unsere unglücklichen Gefährten friedlich mit uns zusammenleben. Was umgekehrt deutlich zeigt, daß das im Moment nicht zutrifft.

In Erwartung dieses Paradieses auf Erden bleiben unsere Beziehungen zutiefst gestört durch einen schwer lebbaren Widerspruch. Wir brauchen die Tiere, und gerade deswegen setzen wir sie einer schrecklichen Behandlung aus. Wir sind stark von ihnen abhängig, und deshalb beherrschen wir sie bis zur Tötung. Wir reißen die Jungtiere unerbittlich von den Zitzen der Mutter los, ohne auf ihr Klagen zu hören, wir laden ihnen Leder, Eisen und Seile auf, wir bauen am Stadtrand finstere Schlachthäuser, wir untersagen uns die Vorstellung davon, was die abgetrennten Fleischstücke auf der Hackbank des Fleischers bedeuten, wie die Fische leiden, denen man aus Spaß am Angeln das Maul aufreißt, die Schalentiere, die wir lebend herunterschlucken oder die wir ins kochende Wasser werfen. Es ist schon besser, wenn wir nicht mit den Tieren kommunizieren! Es war allzu bequem zu beschließen, daß die Sklaven keine richtigen Menschen, die Kolonisierten »unberechenbar«, die Frauen Hexen oder die Juden Feinde der Menschheit seien. Es ist besser, wenn sie uns anders oder sogar undurchsichtig erscheinen – es tötet sich schwerer, wenn es um seinesgleichen geht. Das berühmte Mysterium der Frauen macht es möglich, die Frauen nicht gleichberechtigt zu integrieren. Die Herrschenden haben die Unterdrückten stets so behandelt. Die Sieger die Besiegten, die zu Arbeitskräften herabgestuft wurden. Das Grauen des Nationalsozialismus bestand u.a. darin, diese Tendenz bis zum Extrem getrieben, jegliches moralische Gesetz abgeschafft zu haben und bis zur Verwendung der Leichen der Opfer gegangen zu sein – ihrer Zähne, um ein paar Gramm Gold daraus zu gewinnen, ihrer Haut, um daraus Lampenschirme zu machen, ihres Körperfetts zur

Herstellung von Seife und Kerzen, das heißt im Grunde, *menschliche Wesen wie Tiere* behandelt zu haben. Denn was tun wir anderes mit Tieren? Wir essen sie, wir verwenden systematisch all ihre Produkte, alle Teile ihres Körpers.

Eine rasche, oberflächliche Untersuchung der tierischen Beschaffung überzeugt uns leicht davon, daß *der Schlüssel zu unseren Beziehungen zu Tieren das Bedürfnis ist, das wir nach ihnen haben.* Nun ist aber diese Beschaffung unglaublich reichhaltig und mannigfaltig.

Nahrungsmittel: – Fleischprodukte (Fleisch, Fisch, Schalentiere). Tierische Erzeugnisse (Milch, Honig, Fette).

Kleidung: – Leder, Wolle, Seide, Horn, Perlmutt.

Hygiene und Gesundheit: – Medikamente, Tierversuche, Vivisektion (Labortiere).

Lastentiere, Transport, Zugtiere: – Einspannen von Pferden und Ochsen, Ackergäule; Becherwerke.

Kosmetik: – Kosmetikprodukte (Öle, Cremes, Parfums). Schmuck (Bernstein, Perlmutt, Horn, Federn).

Freizeit: – Zirkus, Jagd, Angeln, Reiten, Stierkampf, Zoo, Tourismus, Sport und Spiele.

Gefühle: – Haustiere, Übergangsobjekte, Ersatzmittel (Ehegatte, Angehöriger, Kind), positive und negative Projektion. Heilige Tiere, Sündenböcke. Prügelknaben, Ventile zur Kompensation.

Verteidigung: – Bewachung (Hund), Kampf (Pferde, Elefanten). Militärtransport (Pferd, Elefant, Kamel).

Wirtschaft: – Konsum, nationaler und internationaler Handel.

Ökologie: – Natürliches Gleichgewicht, Klimavorhersagen.

Kommunikation und Markierung: – Nachrichten (Brieftauben).

Prestige: – Rassetiere, äußerliche Zeichen für Reichtum und Macht.

Symbolisches und Phantasie: Rituale, religiöse Opfer und weltliche Opfer (Stierkampf), Fabeln, Mythen, Phobien und Projektionen von menschlichen Tugenden und Lastern (»Weisheit« des Elefanten, »Schläue« des Fuchses, »Grausamkeit« des Wolfes etc.).

Diese Liste ist nur eine ungefähre und könnte noch weiter ergänzt werden. Delphine, Insekten und Vögel lehren uns sicherlich vieles über Signale und Kommunikationsmittel. Mit Fug und Recht ist man begeistert angesichts des Einsatzes von Tieren bei Versuchen zur möglichen Eroberung des Weltraums. Doch bereits die Heldentaten des amerikanischen Westens oder die asiatischen und afrikanischen Völkerwanderungen noch weitaus früher waren nur dank der Pferde und Kamele möglich. Die Beschaffung durch Tiere und Pflanzen ist vermutlich unerschöpflich.

Glücklicherweise, sollte man sagen, für die Tiere. Wenn wir sie nicht so dringend bräuchten, hätten wir sie vernichtet. Die Arten, mit denen wir in vitaler Konkurrenz stehen, versuchen wir auszulöschen, nachdem wir sie, wie bei Schlangen, Raubtieren, Quecken oder Brennesseln geschehen, als »unbrauchbar« oder gar »schädlich« abgestempelt haben! Auch hier könnten wir wieder wertvolle Hinweise erhalten, um die Welt des Menschen zu verstehen. Der gleiche ausgrenzende und vernichtende Mechanismus findet sich bei einigen Herrschaftsformen wie dem Kolonialismus, der sich allerdings zwischen der physischen und spirituellen Zerstörung des Kolonisierten und seinem Überleben nicht recht entscheiden kann, wenn letzteres rentabler ist und schlecht bezahlte Arbeitskräfte im Überfluß oder Absatzmärkte für Waren liefert. Die »nicht verwertbaren« oder für die europäischen Expansionspläne gefährlichen Indianer in Amerika wurden fast völlig vernichtet. Der Genozid an den Juden war wahrscheinlich je nach Arbeitskräftebedarf in Deutschland während des Krieges unterschiedlichen Ausprägungen unterworfen.

Die emotionalen, imaginären und moralischen Folgen solcher Beziehungen, in denen der Abhängige-Dominierende sich der Beherrschung des Lieferanten sicher sein muß, dürften nun nicht länger überraschen. Man sieht, wie in unerwarteter Weise hier gerade die Abhängigkeit Dominanz und Vernichtung des Lieferanten nach sich zieht. Menschen werden auf Tiere reduziert, und Tiere auf Fleisch. Bei einigen menschlichen Paaren ist die häusliche Tyrannei des einen Ehegatten gegenüber dem anderen zugleich Ausdruck seiner Abhängigkeit und seiner Dominanz. Doch der Mensch, der so ist, wie er ist, das heißt ein Tier, aber auch ein soziales Wesen, das mehr oder weniger Kultur verinnerlicht hat, überträgt seine zwiespältigen Gefühle und seine Schuld auf die Wirren seines Gewissens. Daher auch die Heiligsprechung bestimmter Tiere: Neben den Kühen, die die indischen Straßen bevölkern, sorgt sich eine ganze Kleinstadt um Ratten, eine andere – Karachi – beherbergt eine Vielzahl heiliger Krokodile. Genauso im alten Ägypten. Als ob manche Völker die Tiere um Verzeihung bitten wollten. Vegetarismus und vegane Lebensweise, also Verbote bestimmter Nahrungsmittel, sowie das *Koschere* bei den Juden und das *Hellal* bei den Moslems oder auch die Fastenzeit der Christen sind zum Teil Ausdruck der Stigmatisierung des Kannibalismus an Tieren, der wahrscheinlich an die Stelle eines kannibalischen Begehrens unter Menschen getreten ist. Wir lieben den, der uns versorgt, aber wir lieben ihn so sehr, daß wir ihn gerne verschlingen würden. Und wenn er sich sträubt, dann grollen wir ihm und versuchen, ihn unter Kontrolle zu bekommen, ja sogar, ihn zu vernichten. Diese kannibalische Liebe findet sich auch bei Eltern-Kind-Beziehungen, in der Ehe und ganz allgemein gegenüber jedem Geber, dem wir ein verwirrendes Gefühl der Ambivalenz entgegenbringen. »Was die Patienten wollen«, so sagte mir ein aufgebrachter Arzt, »ist, den Arzt aufessen!« Diese kannibalische Liebe findet sich außerdem bei zahlreichen religiösen Ritualen: Das Totem wurde verspeist, ebenso wie die Hostie, Ersatz für den christlichen Gott, oder der Meßwein, Ersatz für das Blut Christi. Bei einigen primitiven Völkern endet die Macht, großer Lieferant seiner Untertanen, häufig mit dem Tod des Herrschers, der ebenso symbolisch verschlungen wird. Das Erstaunliche hierbei ist vielleicht die Zustimmung des Herrschers zu seinem Schicksal: *Die Lust an der Macht fällt mit der Lust des Beschaffens zusammen.*

Unsere Beziehung zum Tier ist ein schwindelerregender Abgrund in unserem eigenen Leben. Wird er eines Tages zumindest teilweise zugeschüttet werden? Der Begriff *Ersatzmittel* kann hier eine Antwort anbieten: Pflanzliche Fasern oder Kunststoffasern sind dabei, Pelze zu ersetzen; der Motor ersetzt Zugtiere. Wer weiß, vielleicht betrifft das eines Tages sogar die Nahrung …

* * *

Bislang haben wir lediglich die Beschaffung von Tieren berücksichtigt, das heißt die Abhängigkeit des Menschen vom Tier. Es muß aber auch die entgegengesetzte Richtung untersucht werden, die Abhängigkeit des Tieres vom Menschen und selbstredend die Abhängigkeits-Beschaffungs-Beziehung der Tiere untereinander.

Einige Arten haben die jahrtausendealte Gewohnheit entwikkelt, in Symbiose mit dem Menschen zu leben, und das so weitgehend, daß sie in dessen Abwesenheit verkümmern. Das Beispiel des Hundes, der sich am Grab seines Herrn zum Sterben niederläßt, oder das der ausgesetzten Katze, die es aus kilometerweiter

Entfernung schafft, ihr Zuhause wiederzufinden, scheinen verbürgt zu sein.

Die Abhängigkeitsverbindung zwischen Tieren ist auch offenkundig, zumindest bei Säugetieren, und das aus den gleichen Gründen wie beim Menschen: Mutterbrust und Säugen, dann Erziehung und Schutz, sei es auch nur kurz. Bei den einen wie bei den anderen ist die Anwesenheit der Mutter lebenswichtig. Junge Schimpansen, Dreijahreswaisen, sterben häufig, auch wenn sie von der Schwester adoptiert werden, und zwar nicht an Nahrungsmangel, sondern aufgrund von emotionaler Frustration und Angst. Kinder in Internaten weinen häufig. Dieses Bedürfnis nach mütterlichem Schutz und gegenseitiger Unterstützung erklärt die häufigen Freundespaare, auch bei Tieren (von denen Jane Van Lawick-Goodwall annimmt, daß sie ebenfalls Söhne derselben Mutter sind[6]). Derselbe Affe bleibt bis zum Alter von fünfzehn, sechzehn Jahren bei seiner Mutter, wohingegen er seinen Vater nicht kennt. Bertrand Russell gestand in *Mensch und Welt* sein Erstaunen angesichts der Affen im Zoo ein; sie machten den Eindruck, sich zu langweilen, genau wie die Menschen. Auch wenn wir an unserem Anthropozentrismus festhalten, muß man nicht annehmen, daß sie, die unter dem Fehlen ihrer Artgenossen und dem Entzug ihrer natürlichen Umgebung leiden, ebenso deprimiert sind wie Menschen? Wie soll man sonst bestimmte Verhaltensweisen von Hunden, Katzen und Vögeln im Käfig einordnen? Aber das könnte wieder Gegenstand eines ganzes Buches sein.

Das Alter[7]

Die Auflösung der Beschaffung

Endlich hat sich die Gerontologie in Bewegung gesetzt, und glücklicherweise kommt sie mit großen Schritten voran. Es sind die Zeichen der Zeit und das Ergebnis der Überalterung der europäischen Bevölkerung, die diese besondere Nachfrage geschaffen haben. Was ist ein älterer Mensch? Und wie kann einer gesellschaftlichen Gruppe, die immer größer wird, geholfen werden, besser zu leben? Ich werde es den unzähligen Spezialisten wie Ärzten, Physiologen, Psychologen und Psychiatern überlassen, darauf zu antworten, jeder im Namen seiner Fachrichtung. Ich beschränke mich entsprechend meiner eigenen Forschungen auf die Frage, ob es eine Besonderheit der Abhängigkeit bei älteren Menschen gibt. Mit anderen Worten, ob das Schema von Abhängigkeit und Beschaffung die Haltung, Verhaltensweisen und Lebensbedingungen älterer Menschen in signifikanter Weise verständlich werden läßt.

Um die Besonderheit einer Lebenslage oder eines Ereignisses klar erfassen zu können, bedarf es eines doppelten methodologischen Ansatzes: einerseits muß man sie mit vergleichenden Verfahren und einer Gesamtheit von relativ ähnlichen Situationen in einen eher allgemeinen Mechanismus stellen, andererseits gilt es, das zu beleuchten, was sie von diesem ähnlichen Phänomen unterscheidet. Man wird dann feststellen, daß *das Alter eine Gesamtheit von zusätzlichen, voranschreitenden und vor allem unumkehrbaren Brüchen der Beschaffung darstellt.*

Abhängigkeit ist das Ergebnis eines Bedürfnisses oder eines Begehrens nach jemandem, dem eine mehr oder weniger große Beschaffung entspricht – wobei die Beschaffung das ist, was auf die Erwartung des Abhängigen reagiert. Obgleich die Objekte der Begierde sehr mannigfaltig scheinen und sind – von Tabak oder Alkohol über den Glauben an einen Gott bis hin zum Glauben an Werke –, läßt sich die vernünftige Hypothese aufstellen, *daß die meisten Abhängigkeiten von Objekten in der Tat ein Ersatz für die Abhängigkeit von einem Wesen sind.* Selbst die Abhängigkeit von einem mehr oder weniger ideellen kollektiven Wesen, einer Gruppe, einer Partei, einer Kirche, verweist zurück auf ein Einzelwesen, auch wenn dieses selbst mehr oder weniger ideell ist. Das bestätigt sich in Krisensituationen, zum Beispiel in der Zeit als Heranwachsender, wenn es die Beziehung zu einem »abwesenden Elternteil« ist, die in Gefahr zu geraten scheint. Wie dem auch sei, das *Duo* Abhängiger–Lieferant ist von elementarer Bedeutung und findet sich bei der großen Mehrheit unserer Verhaltensweisen, ja sogar unserer Gedanken. Wir existieren nicht allein, wir ziehen ständig andere in Betracht, bei den meisten unserer Handlungen sogar mehrere. Unser Leben ist somit eine Verkettung von Abhängigkeiten und Beschaffung. Mehr oder weniger befriedigte Abhängigkeiten, deren Beschaffung sich im Laufe der Zeit unvermeidlich auflöst und neuen Formen der Beschaffung Platz machen kann. Diese neuen Formen sind dabei oft mehr oder weniger geeignete Ersatzmittel, aber – wie sagt man doch: Ein Keil treibt den anderen … So sind auch die verschiedenen Lebensalter dadurch gekennzeichnet, daß neue Formen von Beschaffung entstehen und mit früheren mehr oder weniger heftig gebrochen wird. Diese Veränderung ist im allgemeinen schmerzhaft, und die Allgemeinheit legt es im Grunde klug darauf an, solche Übergänge, die für den einzelnen Menschen oft eindrücklich sind, zu markieren, insbesondere durch Initiations- oder Besänftigungszeremonien, »Riten des Übergangs«, fröhliche oder ernste Feierlichkeiten wie Hochzeits- oder Trauerzeremonien.

Man sieht auf Anhieb, daß im Alter die Eigenschaft der *Unumkehrbarkeit* die prägendste ist. Es kann jedem von uns passieren, sich von seinem Partner zu trennen, einen Freund oder Gesprächspartner zu verlieren oder einfach nur die Zugehörigkeit zu wechseln (was aufgrund der fehlenden gewohnheitsmäßigen Fixpunkte im Leben immer schwieriger wird), aber wir hoffen – und meistens gelingt das auch –, statt dessen andere zu finden. Nun wird hier allerdings der Austausch immer schwieriger. Die Kinder des älteren Menschen, die erwachsen geworden sind, sind aus dem Haus. Der verwitwete Greis hat es schwer, eine neue Lebensgefährtin zu finden. Nur selten findet er neue Freunde – statistisch gesehen werden Menschen seines Alters immer spärlicher. Man kann sagen, daß die möglichen Ersatzmittel, auf die eine Veränderung normalerweise stets hinausläuft, rar geworden sind. Die tragische Situation des Greises wird durch eine Art Paradoxon seiner Lebenssituation noch verstärkt: *Zu dem Zeitpunkt, zu dem seine physiologische und psychologische Selbständigkeit nachläßt, verliert er mehr und mehr seine üblichen Beschaffungsmöglichkeiten.* Der Greis ist immer stärker auf die Hilfe anderer angewiesen, zuweilen für die einfachsten Dinge, die doch die dringlichsten sind. Und genau das ist aber der Zeitpunkt, zu dem die anderen sich ihm mehr und mehr entziehen.

Deshalb ist die Besonderheit der Abhängigkeit eines älteren Menschen unbedingt von der des Kindes, Jugendlichen oder Kranken zu unterscheiden. Der Vergleich mit dem Kind kann – wie zuweilen geschehen – nicht lange aufrechterhalten werden. Das Kind und der Jugendliche genießen zwar keine große Selbständigkeit, doch ihr Zustand ist ein provisorischer, der von ihnen auch so empfunden wird. »Wenn ich erst erwachsen bin …«, sagt das Kind im

Brustton der Überzeugung. »Ich werde bald von zu Hause ausziehen!« erklärt der Jugendliche mit provokativem Unterton. Der Greis aber hat keine Zukunft. Seine Tage sind gezählt. Am Ende wartet der Tod, und das weiß er, auch wenn er nicht darüber spricht. Er macht immer weniger Pläne. Der Kranke hofft auf Genesung, und diese tritt auch ein, sofern er nicht chronisch krank ist. Das Alter ist im äußersten Falle eine chronische Krankheit, die sich allerdings stetig verschlimmert, ohne daß die Gesellschaft sie als eine solche betrachtet.

Es zeigt sich überdies, daß die Abhängigkeit alter Menschen nicht nur in körperlicher, sondern auch in psychologischer, kultureller und sozialer Hinsicht besteht. Wenn beispielsweise die lustbetonte Seite des Lebens beim alten Menschen mehr und mehr zu kurz kommt, so liegt das in den meisten Fällen daran, daß die Gesellschaft ihm seine hedonistischen Befriedigungen nicht gönnt, das geht vom Zweifel über die Ironie bis zur Anklage. Ein Greis darf nicht mehr verliebt sein, sonst würde man ihn für »libidinös« halten. Die zunehmende Einsamkeit des alten Menschen macht sein Unglück aus, mehr noch als der Rückgang seiner Freude an Geselligkeit. *Das Alter ist die allmähliche und unwiederbringliche Auflösung der zahlreichen Duos, die ein Leben ausmachen.* Der Ruhestand bedeutet nicht nur wohlverdiente Erholung und mehr Freizeit, er ist auch ein Zeitpunkt zahlreicher Trennungen, die fast immer als belastend erlebt werden. Neben der Tatsache, daß die dauernde und endgültige Freizeit nicht so leicht zu ertragen ist, wie man zu glauben vorgibt, wird man zur Aufgabe der meisten sozialen Rollen gezwungen, wobei die berufliche Rolle mit all ihren Belastungen, aber auch ihren Belohnungen und Ritualen die größte Bedeutung einnimmt. Wir sind gleichzeitig Abhängige, das heißt in Erwartung verschiedener Arten von Beschaffung, und Lieferanten verschiedener Formen von Beschaffung für andere. Wir haben das Bedürfnis, etwas zu empfangen, aber auch das Bedürfnis, etwas zu geben. Der Ruhestand beraubt uns der glücklichen Rolle des

Lieferanten. Hier wird eine der Absurditäten unseres sozialen Systems deutlich, das auf den Beitrag zahlreicher gesunder Männer und Frauen verzichtet, obgleich diese ihn gerne weiterhin leisten würden. Anders ausgedrückt: *Man müßte dafür Sorge tragen, daß ältere Menschen nicht nur die für sie notwendigen Formen von Beschaffung erhalten, sondern auch im Rahmen ihrer Möglichkeiten weiterhin Lieferanten bleiben.*

Das Altersheim: ein Dilemma

Natürlich ist es Aufgabe von Juristen sowie Praktikern der Gesundheitsberufe und Moralisten, die praktischen Schlußfolgerungen zu ziehen, die sich aus dieser Interpretation des Alters im Hinblick auf Abhängigkeit und die allmähliche Zerstörung von Beschaffung ergeben könnten. Man kann nicht hoffen, die nicht wiedergutzumachende Kränkung der Jahre völlig aus der Welt zu schaffen, aber man sollte zumindest für die Reparatur des Gebälks sorgen und nur mit äußerster Umsichtigkeit neu verputzen. Hier wie auch anderswo – wenn wir mit dem aus dem Bauwesen entlehnten Vergleich fortfahren dürfen – gilt, daß ein nicht instand gehaltenes oder auch nur unbewohntes Haus viel schneller verfällt. Speziell für ältere Menschen geeignete körperliche Aktivitäten sind wünschenswert, ebenso wie, trotz aller Vorurteile, eine gewisse Eitelkeit. Es ist nicht nur nicht skandalös, ein gepflegter alter Mensch zu sein, man muß sich ja auch noch damit abfinden, daß andere einen weniger begehren.

Solche Sorgen um Äußerlichkeiten haben außerdem noch den zusätzlichen Vorteil, zu einer neuen Sozialisation alter Menschen beizutragen. Ein Club für Pensionäre ermöglicht es nicht nur, aktiv zu bleiben, sondern *gemeinsam* aktiv zu sein. Im Grunde gilt es, *so weit möglich, Duos wiederherzustellen*, sonst tritt Langeweile und Resignation gegenüber der Langeweile ein, die häufig am

Anfang Depressionen bei älteren Menschen stehen. Mehr als der junge Mensch muß der alte Mensch sich vorstellen, daß er an einem gemeinsamen Werk teilnimmt, welches vor ihm begonnen hat und nach ihm weitergeht. Das wird sein Sterben nicht verhindern, aber es bringt ihm Freude *in der jetzigen Zeit* und hilft ihm zu leben. Das in mehreren Kulturen existierende Bild des alten Gärtners, der sich weigert, etwas zu pflanzen, um zukünftigen Generationen einen Dienst zu erweisen, ist nur zur Hälfte wahr, denn wenn er es täte, hätte er doch einen eigenen psychologischen Nutzen – er beeinflußte *jetzt* die Zukunft.

Deswegen stellen Altersheime ein Dilemma dar. Zwar sind sie aufs sorgfältigste ausgestattet, stehen unter gut durchdachter medizinischer Betreuung und erlauben dadurch eine bequemere physiologische Versorgung älterer Menschen, doch bergen sie das Risiko psychologischer und sozialer Verluste. So kommt es zu Beschaffungskonflikten, welche einander manchmal zuwiderlaufen. So ist zum Beispiel der Wunsch, bei guter Gesundheit zu bleiben, und das Bedürfnis zu rauchen nicht unbedingt miteinander zu vereinbaren, genausowenig wie der Wunsch nach Geselligkeit und der Wunsch, sich zurückzuziehen. Auf jeden Fall gilt es zu vermeiden, Altersheime außerhalb der Stadt anzusiedeln, wie es allzu häufig geschieht, unter dem Vorwand, daß die alten Menschen dort mehr Platz und bessere Luft vorfänden; sie brauchen ganz im Gegenteil sozusagen mehr sozialen Raum und soziale Luft.

Man kann also sagen, daß alte Menschen, was Abhängigkeit anbelangt, andere Menschen stärker brauchen, und das zu einem Zeitpunkt, zu dem ihnen der andere meistens fehlt. Darüber hinaus bietet Abhängigkeit ebenso häufig Gelegenheit zu Unterwerfung wie Beschaffung. Wer gibt, glaubt Rechte zu haben. Das Alter läuft also Gefahr, ein Anreiz zur Dominanz zu sein; der alte Mensch läuft paradoxerweise Gefahr, zu dem Zeitpunkt, zu dem er am meisten Hilfe braucht, viel leichter Ziel krimineller Handlungen zu werden, die angesichts der Einsamkeit und Zerbrechlichkeit älterer Menschen ganz besonders schändlich sind. Auch hier sind die Juristen gefordert. Die Gerontologie muß nicht nur ausgedehnt werden auf eine Geriatrie, sondern auch eine Sozialpolitik mit spezifischer Gesetzgebung einfordern. Aber hier breche ich ab; das ist nicht mehr mein Part.

Eltern und Kinder[8]

Eine wechselseitige Beschaffung

Im Unterschied zum Alter ist diese so wesentliche Beziehung – die man besser als *Eltern-Kind-Beziehung* bezeichnen sollte, wie ich später erläutern werde – von Spezialisten der Psychologie und von Schriftstellern ausführlich beschrieben worden, genauso wie die Liebesbeziehung, der sie stark ähnelt. Ich beschränke mich daher darauf, einige Merkmale hervorzuheben, die mir besonders bedeutsam scheinen und vielleicht wenig wahrgenommen werden:

Daß Kinder ihre Eltern brauchen, ist wohlbekannt. Diese Abhängigkeit läßt sich leicht beschreiben und selbst im Erwachsenenalter eingestehen. Zunächst gibt es die elementaren Bedürfnisse, die fürs Überleben notwendig sind: Nahrung, Sicherheit, Versorgung und Liebe. Dann folgen einige andere Bedürfnisse, zum Beispiel Ausbildung, bei Lichte betrachtet ein lebenswichtiges Bedürfnis, das nicht mit Wissen zu verwechseln ist. Das Vogeljunge, das vor dem Ende seiner Lehrzeit aus dem Nest fällt, ist zum Sterben verurteilt. Noch stärker als bei anderen Arten ist das Kind des Menschen lange Zeit hilflos. Daraus folgt, daß *die Kindheit eines Menschen länger währt als die Schwangerschaft. Die psychische Ausbildung ist bei menschlichen Wesen ebenso wichtig, wenn nicht wichtiger als die biologische.* Man beherrscht die Natur besser, wenn man sie kennt, und noch besser, wenn man sie »gestalten« kann. Erziehung ermöglicht bessere menschliche Kontakte. Ein Säugling muß ernährt werden, um zu überleben, in gewisser Weise in mehrerlei Hinsicht: Anwesenheit, Hilfe und Liebe der Eltern sind unersetzlich für Bildung und Entfaltung des Kindes.

Man begreift, daß die sich daraus ergebenden Verbindungen in mehr oder weniger veränderter Form ein Leben lang bestehen bleiben. Selbst als Erwachsener sehnt man sich nach Liebe – in Form verliebter Erwartung, in Form von Freundschaft, Bewunderung, Achtung –, man möchte also anerkannt, angenommen und beschützt werden. Daher sind manche – wenn nicht mehr oder weniger alle – ständig auf der Suche nach einer Ersatzmutter oder einem Ersatzvater.[9]

Gegenprobe: Der Verlust der Eltern erzeugt häufig eine Verletzung, eine tiefe Narbe, die auch das Alter nicht heilen kann. Beim Kind verläuft eine Trennung von den Eltern selten ohne Drama. Das alljährlich wiederkehrende Spektakel beim Vorschulbeginn nach den Sommerferien bietet das beste Beispiel dafür. Wenn sie einen bestimmten Zeitraum überschreitet, kann eine Trennung sogar zerstörerisch werden. Erinnerungen aus Ferienlagern sind häufig bitter. Die Auflehnung bei Jugendlichen rührt daher, daß sie gleichzeitig den Wunsch nach Freiheit sowie die überaus starken Bindungen zum Elternhaus verspüren. Als Erwachsene registrieren wir amüsiert, gereizt oder ängstlich die Dauerhaftigkeit der Beziehung zu unseren alt gewordenen Eltern. Manche erleben plötzlich hartnäckige Schlafstörungen anläßlich des Todes ihrer Mutter oder ihres Vaters oder haben noch Jahre danach Alpträume. Simone de Beauvoir hat in *Ein sanfter Tod* von ihrer überraschenden Verwirrtheit berichtet – sie, die doch stets so beherrscht war – angesichts des Todeskampfes ihrer Mutter, obgleich diese fortgeschrittenen Alters und krebskrank war. Es ist anzunehmen, daß die zeitgenössischen Ansichten über die Hilflosigkeit des menschlichen Wesens, die Verlassenheit in metaphysischer Hinsicht, nur die

Übertragung dieser kindlichen Angst ist, der elterlichen Anwesenheit beraubt zu sein. Die Sehnsucht, die Hoffnung, diesen Schutz und diese Liebe in vollem Umfang wiederzufinden, durchziehen wie ein integraler Bestandteil die meisten Theologien. Kurz, jemandes Kind zu sein, ist eine Beziehung, die der Zeit trotzt. Der Ruhm Freuds beruht nicht nur darauf, das Unbewußte entdeckt zu haben (er hat es nur nach den Orientalen und einigen anderen wiederentdeckt), sondern auch darauf, dieser ersten, unumgänglichen und später ungeheuer reichhaltigen Beziehung ihre ganze Bedeutung beigemessen zu haben: dem Duo des Kindes mit seiner Mutter und später seinem Vater.

Der Pygmalion-Komplex

Was dagegen nach meinem Dafürhalten weniger wahrgenommen wird, ist die Abhängigkeit der Eltern von ihren Kindern. Trotzdem ist diese nicht weniger offenkundig, auch wenn sie nicht immer eingestanden wird. Wie so häufig hatten Schriftsteller und Künstler diesbezüglich die Intuition, zumindest ebenso stark wie Experten der Psychologie. *Le Champion*, ein melodramatischer Film mit garantierter Wirksamkeit, doch ehrlich wie so viele Melodramen, zeigt einen ehemaligen Boxer, der von seiner Frau verlassen wird und sich der Erziehung seines Sohnes widmet, den er anbetet. Die Liebe wird erwidert, das Kind betet ihn ebenfalls an. Eines Tages sieht die Mutter zufällig ihr Kind wieder, aus dem ein reizender junger Mann von acht Jahren mit blonden Locken, großen blauen Augen, voller Lebensfreude geworden ist. Es ist Liebe auf den ersten Blick – sie versucht verzweifelt, ihn zurückzubekommen. Da sie erneut und reich geheiratet hat, nutzt sie alle Vorteile des Reichtums, Geschenke, Feste und eine Yacht, berühmte Freunde. Der ehemalige Boxer, der inzwischen als Stallknecht arbeitet, kann seinem Kind nicht den gleichen Luxus bieten. Gegen die angsterfüllten Ratschläge seiner Freunde und der Ärzte beschließt er, wieder in den Ring zu steigen, um sich nicht von seinem Jungen trennen zu müssen. Er weiß, daß er damit den Tod riskiert. Und er stirbt tatsächlich – aber erst, nachdem er den Kampf gewonnen und damit, so hofft er, im Geist seines Sohnes das Bild eines Vaters hinterlassen hat, der ein Champion war.

Warum nehmen wir in Kauf, so teuer für diese Beschaffung zu bezahlen? Bis zur Opferung von Annehmlichkeiten, manchmal unter Aufopferung unseres Lebens? Die Berichte über extreme Aufopferungsbereitschaft von Müttern oder Vätern sind nicht nur ein Produkt unserer Phantasie. Bei zahlreichen Tierarten – zum Beispiel beim Lachs – folgt auf die Zeugung der Tod. Und warum wollen wir überhaupt Kinder haben? Selbstredend wurde diese Frage stets mit den großen traditionellen Idealen beantwortet: für das Vaterland, für Gott, aus Respekt vor der Familientradition oder ganz einfach aus Unachtsamkeit, durch einen »Unfall« auf der Suche nach Lust. Was zutreffen mag, wenn auch nur zum Teil. Die Lust ist eine Falle, die uns von der Natur gestellt wird, wenn auch eine reizvolle, aber über die Lust hinaus gibt es ganz offensichtlich auch den verborgenen Appell an den Fortbestand der Art. Alles spielt sich so ab, als ob es überdies tiefer drinnen »ein Bedürfnis nach einem Kind« gäbe, ohne das keiner dieser Gründe ausreichend wäre. Die berühmte, von zeitgenössischen Feministinnen aufgeworfene Diskussion über die Existenz oder vielmehr Nichtexistenz eines Mutterinstinkts wird sich bei der Untersuchung dieser verschiedenen Abhängigkeiten etwas klären. Es handelt sich um ein komplexes Bedürfnis mit vielschichtigen Bestandteilen, von ganz einfachen bis hin zu hochkomplizierten. Die meisten Frauen bekennen beim Umgang mit einem Säugling, wenn sie ihn küssen, ihn an die Brust drücken, eine sinnliche Lust zu empfinden; eine andere, so bekräftigen sie – zu Recht oder zu Unrecht –, als die erotische Lust. Das Stillen entlastet auch die volle Brust. Kühe – und man möge mir diesen Vergleich verzeihen! – beschweren sich durch Muhen, wenn sie nicht gemolken werden. Doch der ideelle und imaginäre Anteil am Kinderwunsch ist sicherlich auch nicht gering, zumindest beim Menschen. Wir wollen auch Kinder, um uns in die Zukunft zu projizieren. Hier stoßen wir zweifelsfrei auf den *Pygmalion-Komplex.*

Welche Eltern kennen nicht die naive Freude angesichts des banalen Kompliments »Es sieht Ihnen ähnlich«? Wir wünschen uns Kinder, die unsere Ebenbilder sind, um so gegen die Zeit und den Tod zu kämpfen. Wir verlangen, daß sie unsere Träume verwirklichen, daß sie unsere Werte verteidigen, auf die wir uns stützen, um zu leben. Die berühmte Debatte über die *Übertragung* kann merklich geklärt werden, wenn man auf diese Angst vor dem totalen Verschwinden Bezug nimmt. Es bedarf einer großen Selbstbeherrschung, um diesem mehr oder weniger gemeinen Wunsch nicht nachzugeben, diesem zwingenden Auftrag an unsere Kinder, der ihnen zuweilen das Leben vergiftet. Wir haben es auch hier, bei jener berühmten Übertragung, mit der Bestätigung unserer Macht zu tun, im positiven wie im negativen Sinne des Wortes. Angesichts des völlig schutzlosen Säuglings fühlen wir uns körperlich und geistig stark und verantwortungsbewußt. Wenn man sich vorstellt, was so ein Säugling empfinden mag, der von diesen Riesen umsorgt wird, die seine Eltern sind! »Man wird nur wirklich erwachsen, wenn man ein Kind hat«, so sagt der Volksmund. Das ist ein Satz mit vielen Bedeutungen, die zweifellos nicht alle positiv sind. Ganz zu schweigen schließlich von wirtschaftlicher Not, von der in unseren Ländern kaum noch die Rede ist: Das Kind ist eine zukünftige »Altersstütze«.

Und deswegen ist man bereit, einen so hohen Preis zu zahlen, um Kinder zu haben: weniger Freiheit, verminderte Kaufkraft, ständige Sorgen, aber eine Investition in die Zukunft (eine Investition, die durch die zunehmende Absicherung in den westlichen Gesellschaften weniger dringlich geworden ist, was vielleicht zum Geburtenrückgang beiträgt). Der Tod eines Kindes ist somit in jeder Hinsicht ein grausamer Verlust. Drohungen gegen die Nachkommenschaft werden beim Menschen wie bei Tieren stets als sehr gravierend empfunden, denn damit werden zu viele Formen der Beschaffung gefährdet oder zerstört. Wer kennt nicht in seinem Umfeld einen unglücklichen, zutiefst betroffenen Elternteil, als sei er selbst durch die Straffälligkeit eines Kindes zerstört worden? Man fürchtet natürlich um das Kind, aber man erkennt sich auch selbst nicht mehr in ihm wieder – hier bricht eine Zukunft zusammen. Kurz, noch einmal, *wir machen Kinder, weil wir sie brauchen.*

Die Eltern-Kind-Beziehung ist gewiß eine der unausrottbaren Formen gegenseitiger Beschaffung: *Die Kinder sind von ihren Eltern abhängig, aber die Eltern sind ebenso von ihren Kindern abhängig.* Ohne Pygmalion würde die Puppe nicht lebendig werden, aber dank der Puppe, die lebendig wird, verwandelt sich Pygmalion in einen Schöpfer.

Das bedeutet keineswegs, daß die beiden Beschaffungsformen, die ineinander verzahnten Erwartungen der einzelnen Partner, nicht jede ihre eigene Besonderheit aufwiesen. Aus diesem Grunde habe ich zu deren Einordnung zwei Substantive gewählt und von der Eltern-Kind-Beziehung statt nur von der Elternbeziehung gesprochen. Daraus ergeben sich auch einige Mißverständnisse unter Eltern und Kindern, die nur schwer zu klären sind. *Die beiden Vektoren haben nicht dieselbe Richtung.* Das bedeutet, das Kind stützt sich auf seine Eltern oder auf ihr Abbild, um voranzukommen. In gewisser Weise muß es sie dazu auf seinem Weg hinter sich lassen. Die Eltern, die immer weniger Zukunft haben, möchten ihre Gegenwart festigen, indem sie sich auf ihre Kinder stützen. Sie würden sie am liebsten in einer beruhigenden Unbeweglichkeit festhalten. Daher rührt zum Beispiel auch das Entsetzen, das Mischehen hervorrufen, die der Gruppe eine unbekannte Zukunft eröffnen.

Ein zweites Drama, das ich an anderer Stelle abgehandelt habe, ist das Verhältnis Dominanz–Unterwerfung, das in der Eltern-

Kind-Beziehung zwangsläufig unumgänglich ist. Man würde viele Eltern in Erstaunen versetzen, wenn man sie an alle Vorteile der Dominanz erinnerte, die sie durch diese Beziehung haben und die den Keim der Unterdrückung in sich trägt. Auch um diese in erster Linie materielle, aber auch moralische Bevormundung zu erschüttern, begeht das Kind Dummheiten, die sich mehr oder weniger verborgen gegen Erwachsene richten. Ein Comic avant la lettre – *Der Struwwelpeter* – hat Ende des 19. Jahrhunderts diese kindlichen Verhaltensweisen in hervorragender Weise veranschaulicht. Wenn es auch hier gestattet ist, eine so elementare Genese anzunehmen, dann wurzelt vielleicht die eine oder andere revolutionäre Doktrin in diesem archaischen Unbehagen, das in uns beharrlich fortbesteht.

Wie dem auch sei, die Eltern-Kind-Beziehung würde immer mit einer größeren Bewußtwerdung beider Partner gewinnen. Die Jugendlichen wären weniger aufsässig, wenn ihre Eltern den anderen Aspekt der elterlichen Beziehung anerkennen würden, das Bedürfnis, das sie selbst nach ihren Kindern haben, sowie die Dominanz, die sie mit zwiespältigem Jubel nicht umhinkönnen auszuüben. Die Studenten, die die Erwartungen, die sie ihren Eltern gegenüber hatten, häufig auf ihre Professoren projizieren und begierig nach einem Vorbild Ausschau halten, wären weniger skeptisch, wenn sie wüßten, wieviel ihnen im Gegenzug ihr Vorbild für sein eigenes Gleichgewicht, für seine eigene Selbstachtung schuldet! Wie sehr braucht ein Professor doch seine Studenten! Die Beschaffung ist nicht nur eine Belastung und Auslöser für Konflikte. Diese so selten fruchtbare Verbindung stellt wahrscheinlich eine unserer zuverlässigsten Quellen für Zufriedenheit dar.

Von den Clans zur Menschheit[10]

Die Abhängigkeit von Gruppen

Kommen Sie bloß nicht auf den Gedanken, sich über einen schwarzen König lustig zu machen, Sie werden postwendend von irgendeinem afrikanischen Intellektuellen, in der Regel einem überzeugten Demokraten, vielleicht mit einer Französin verheiratet und wahrscheinlich in Paris ansässig, einen geharnischten Brief erhalten, in dem Sie als Rassist bezeichnet werden, ganz gleich, wie Ihre feierlich dargelegten Ansichten auch aussehen mögen. Das ist mir passiert. Und je mehr ich versuchte, meine Position zu erklären, indem ich argumentierte, daß ich jede andere Monarchie genauso behandelt hätte und daß ich sie alle für unrechtmäßig halte, auch wenn sie noch so winzig klein und pittoresk wie in Afrika sein mögen, desto tiefer geriet ich in Schwierigkeiten und vergrößerte die Verletzung meines Briefpartners. Ich mußte mich dann, der Auseinandersetzung überdrüssig, bei ihm entschuldigen, was er ausgesprochen widerwillig annahm.

Kommen Sie bloß nicht auf den Gedanken, in Gegenwart eines moslemischen Soziologen die Beschneidung oder gar die Polygamie in Frage zu stellen. Er wird Ihnen sofort mit beißender Ironie erwidern, daß die Männer im Westen genauso handelten, nur in heuchlerischer Weise – oder pendeln sie etwa nicht die meiste Zeit zwischen einer Ehefrau und einer oder sogar mehreren Geliebten hin und her! Entgegnen Sie ihm bloß nicht schüchtern, daß die westliche Frau doch relativ frei sei, da sie selbst ja auch einen Liebhaber haben könne. Ihr Insistieren würde nur beweisen, daß Sie noch immer eine kolonialistische Mentalität haben, die aus Mißachtung und Unverständnis für die legitime Relativität von Sitten und Gebräuchen besteht etc.

Geben Sie sich bloß nicht der Versuchung hin, einen »Judenwitz« oder einen »Belgierwitz« vor einem belgischen Publikum zu erzählen, sofern Sie kein Belgier sind, oder vor einem jüdischen Publikum, wenn Sie kein Jude sind, auch dann nicht, wenn Ihre Frau es ist und Ihre Kinder zur Hälfte jüdisch sind. Sie würden bei den Anwesenden eine gefährliche Kälte heraufbeschören, oder es herrschte endgültig ein eisiges Klima. Verschlimmern Sie Ihre Lage nicht dadurch, daß Sie anmerken, Sie sähen keinen Unterschied zwischen einem Judenwitz, der von einem Nichtjuden erzählt wird, und einem Judenwitz, der von einem Juden erzählt wird. Damit würden Sie mit Sicherheit bekunden, daß Sie nichts von der Seele und der Lage der Juden verstehen. Sie könnten sich noch glücklich schätzen, wenn man Sie nicht verdächtigt, damit den Grund Ihrer Seele offenbart zu haben, die fast immer unter dem Verdacht steht, antisemitisch zu sein, wie das bei allen Nichtjuden der Fall ist.

Tatsache ist, daß all diese Menschen so stark und oft gegen ihren Willen ihrer jeweiligen Gruppe angehören, daß *es ihnen nicht mehr gelingt, zwischen ihrer historischen und demographischen Zugehörigkeit und der bedingungslosen Zustimmung zu all dem, was ihre Sitten, Gebräuche und Werte berührt, zu unterscheiden*. Ihre überspitzte Sensibilität als Minderheit oder Besiegte der Geschichte gestaltet, das war zu ahnen, die Beziehungen zu ihnen zumindest heikel.

Doch sie sind nicht die einzigen. Das ist eine Tatsache: *Menschen, die von ihren Ursprungsgruppen nicht stark abhängig sind,*

sind selten. Die Zugehörigkeit zu einer Gruppe stellt den Soziologen vor ein fürchterliches Problem. Warum sind wir derartig stark unserem Geburtsland verbunden, daß es uns unersetzlicher als eine geliebte Frau erscheint? Warum hoffen wir, möchten wir – zuweilen sogar gegen alle Wahrscheinlichkeit – glauben, daß unsere Vorfahren ruhmreich waren? Daß unser Volk vorbildlich war? Warum erklären wir, daß wir stolz auf dieses Volk sind – oder schämen uns seiner, was eine umgekehrte Art und Weise ist, diese Tugend einzufordern? Was in den meisten Fällen weitgehend illusorisch ist und eine Überbewertung der Vergangenheit sowie eine Verherrlichung darstellt. Warum, wenn nicht, weil wir diesen Stolz *brauchen*, dieses Gefühl, nicht nur unseren unmittelbaren Angehörigen verbunden zu sein, unseren Eltern, unseren Freunden, sondern auch mythischen Wesen; eben weil *uns* diese Darstellung *paßt*. Da unsere Vorfahren groß, erfinderisch, kühn waren, müssen wir etwas von deren Größe und Genie geerbt haben. Als ob wir uns die Medaillen an die Brust hefteten, die unsere Eltern gewonnen haben.

In gewisser Weise sind wir so angelegt. Für ein besseres Verständnis müssen wir auf die allerersten Abhängigkeiten zurückkommen. Die Abhängigkeit von Mutter, Vater, vom engsten Familienkreis – Brüder und Schwestern –, dann von der kleinen Welt der Schule, der Straße, bevor wir zum Volk und zur Nation kommen, ohne dabei die Zwischenstellen wie Kirchen, Gewerkschaften, Vereine etc. zu vergessen. Es bedurfte des nationalen Anspruchs der Moderne, um das Übermaß dieser verschiedenen Abhängigkeiten – verschiedene Regionen, Minderheiten und Sprachgemeinschaften –, die ja immerhin eine Nation bilden, anzufechten oder zu minimieren. Dieser Anspruch und diese Illusion, die aus einer mehr oder weniger freiwilligen Weitsichtigkeit entstanden sind, lassen sich in Frankreich durch die besondere Geschichte der Nation erklären. Die Provinzen, die sich gerade erst vom königlichen Zentralismus befreit hatten, liefen Gefahr, mit der Zersplitterung zu weit zu gehen. Nachdem sie die Provinzen zunächst unterstützt hatte, erschrak die Französische Revolution angesichts ihrer exzessiven Autonomie und bekämpfte sie im Hinblick auf ihr Gedankengut energisch mit Gewalt (Vendée). Doch trotz der jakobinischen Weitsichtigkeit tauchen die stets unterschwellig vorhandenen ethnischen Ansprüche heute wieder in den Regionalismen auf, die widersprüchlicherweise gleichzeitig legitime Manifestation und vergangenheitsbezogene Sehnsucht darstellen.

Wie viele von uns verteidigen allerdings heute die Interessen Europas, wenn diese im Widerspruch zu denen der eigenen Familie oder gar der Nation stehen? Würden wir mit ebensoviel Energie kämpfen, um einen weit entfernten Volksstamm zu retten, wie für einen einzigen unserer unvorsichtigen Bergsteiger? Welcher Europäer interessiert sich denn wirklich für das Schicksal der unterdrückten Tibeter, deren Land von den Chinesen besetzt wurde, oder das der Kurden, deren Gebiet zugunsten ihrer verschiedenen Nachbarn gedrei- oder gevierteilt wurde? Ganz zu schweigen von den Massakern in Schwarzafrika, die weniger Erschütterung hervorrufen als der Absturz eines Flugzeugs unserer Fluggesellschaften. Die menschliche Natur ist noch immer rätselhaft

In meiner lange zurückliegenden Studienzeit, als ich ein junger Doktorand der Soziologie war, wollte auch ich meine Beweise erbringen und erstellte einen verkürzten Test mit zwei Fragen:

– Wenn Sie *wir* sagen, woran denken Sie?

– Wenn Sie mehrere Antworten darauf haben, ordnen Sie diese nach Wichtigkeit in absteigender Reihenfolge an.

Wenn ich mich recht entsinne, waren die Ergebnisse – zumindest statistisch gesehen – unmißverständlich. Die befragten Testpersonen bestätigten fast alle eine *Mehrfachzugehörigkeit*, denn sie bezeichneten sich gleichzeitig als Regionalisten *und* Franzosen, als Franzosen *und* Europäer und – warum nicht – als Weltbürger. Aber nicht weniger deutlich *nahm auch die Bindung von der kleinen Gruppe zur größeren Gruppe, vom Konkreten zum Abstrakten ab.*

Das erschien mir, wie ich zugeben muß, nur natürlich. Ist es nicht normal, daß man das Naheliegende zuerst verteidigt? Fühlt man sich nicht in der vertrautesten Umgebung am wohlsten, unter denen, die dasselbe essen und dieselbe Sprache sprechen? Das ist nicht nur ein Eindruck; von Leuten, die die gleichen materiellen und spirituellen Interessen haben wie wir, haben wir weniger zu befürchten. Im Falle eines Streits gibt es weniger Gewalt untereinander. Die aktuelle Diskussion über die Integration der nichteuropäischen Immigranten in Europa wird verzerrt durch die Unkenntnis solcher besonderen Bindungen an die Ursprungsgruppen. Und diese Bindungen verfestigen sich durch das Schwindelgefühl der Minderheiten angesichts des Abgrunds, den die Mehrheit darstellt. Mit Nachdruck und einem Hauch von Skandal wird immer wieder gesagt: »Sie müssen sich integrieren!« Doch je eindringlicher das mit drohendem Unterton gefordert wird, desto größer wird die Angst bei den Minderheiten, und desto weiter schiebt man ihre Integration hinaus, denn sie fürchten den Bruch mit ihren primären Abhängigkeiten. Es ist wahrscheinlich, daß der Wirbel um die Kopftuch-Affäre die Integration der Moslems gebremst hat, auch wenn man den Argwohn der Lehrer angesichts der islamistischen Provokation nur teilen kann. Alles in allem wäre es das Beste, den Minderheiten Zeit zu lassen.

Darüber hinaus stellt die Abhängigkeit von einer kleinen Gruppe gewiß ein beträchtliches Hemmnis für die Schaffung einer offenen und gerechteren Gesellschaft dar. Während Moral im wesentlichen den mehr oder minder das Prinzip der Gleichheit verfechtenden Versuch einer Verbreitung von Gerechtigkeit darstellt, schließt ethnische Solidarität gemeinschaftlicher oder religiöser Art im allgemeinen eine weiter reichende Solidarität aus. Sie wird damit unrealistisch, denn wir haben alle Mehrfachbindungen. In seinem Tagebuch schrieb Montesquieu den berühmt gewordenen Satz: »Wenn ich etwas wüßte, was mir dienlich und für meine Familie schädlich wäre, würde ich es aus meinem Geist verbannen;

wenn ich etwas wüßte, was meiner Familie dienlich und für mein Vaterland schädlich wäre, dann würde ich versuchen, es zu vergessen; wenn ich etwas wüßte, was meinem Vaterland dienlich und für Europa und die menschliche Gattung schädlich wäre, dann würde ich das als Verbrechen betrachten.« Hierbei handelt es sich um mehr als ein Glaubensbekenntnis, es ist eine weitere Tatsache. Wenn Menschen ihre Bindungen an eine kleine Gruppe brauchen, um leben zu können, dann brauchen sie auch eine breiter angelegte soziale und moralische Ordnung zum Überleben. Die Bindung an etwas, was man gemeinhin Menschlichkeit nennt, und an die gemeinsamen regulierenden Werte, die sich daraus ergeben, ist nicht nur eine schlichte ideologische Position – ohne sie wäre der Krieg zwischen den Stämmen und Nationen dauerhafter. Die Ausweitung unserer Bindungen, zum Beispiel durch Exogamie, Handel oder kulturellen Austausch, ist ein Versuch, die Aggressivität von Individuen und Gruppen zu regulieren.

Leider ist die universelle Ordnung erst im Werden. Ein zusätzlicher Aspekt der jakobinischen Illusion im weitesten Sinne (denn das nationale Modell wurde von der Mehrzahl der modernen Völker angenommen) besteht darin, glauben gemacht zu haben, die nationale Einheit könne tödliche Konflikte unterbinden, indem sie Volksstämme ignorierte. Durch eine List der Geschichte hat die Organisation in Nationen zwar tatsächlich die Konflikte zwischen den ehemaligen Provinzen unterbunden, dafür aber die Gewalttaten zwischen den Nationen vervielfacht. Dies sieht man heute noch im Wiederaufleben des Nationalistischen in Mitteleuropa und anderswo.

In der Tat *hat jede Abhängigkeit von einer Gruppe ihren Preis, ganz gleich, welche affektive oder kulturelle Legitimität diese aufweist.*

Die Welt der Stämme im engeren oder weiteren Sinne ist die Welt der Fanatismen. Die Solidarität ist fatalerweise ausschließlichen Charakters; es werden nicht die Besten beklatscht, sondern die

Besten aus den eigenen Reihen. Dies zeigt sich regelmäßig im allgemein verbreiteten Chauvinismus bei Sportwettkämpfen. Emotion kennt weder Logik noch Moral. Wenn man aber ein Urteil geltend machen will, so muß man relativ gelassen sein. Die zu engen Bindungen zwängen ein, machen dumm und ungerecht. Stämme sind offenbar stärker um ihr Überleben bemüht als um Wahrheit oder Gerechtigkeit; es graut ihnen vor Verrätern: Rassistische und ausländerfeindliche Wahnvorstellungen gedeihen in der Wärme von Clans.

Nur ein gemeinsames Gesetz, nämlich das einer Gruppe, die mit der Gesamtheit aller Menschen übereinstimmen müßte und über den noch so legitimen und pittoresken Sitten und Gebräuchen jedes einzelnen stünde, würde Kriege unwahrscheinlich machen. Ohne eine gemeinsame Gesetzgebung können Konflikte nur mit Gewalt enden, dem absurden »Urteil Gottes«, das heißt, mit dem Sieg des Stärkeren oder Klügsten. Noch immer hoffen wir auf die universelle Weltordnung, die die Philosophen seit je erhoffen.

Montesquieu war Jurist. Er wußte, daß man im Alltagsleben eher verängstigte und gewaltsame Menschen trifft, die sich wie Wölfe oder Schafe in Gruppen zusammenfinden. Aber da er auch Philosoph jener herrlichen Epoche der Aufklärung war, formulierte er einen Wunsch: Über die einzelnen Angehörigen der Stämme hinaus muß das Modell des Menschen in Sichtweite bleiben. Dieses Modell steht jetzt vor uns, nicht in irgendeinem goldenen Zeitalter oder in der Vergangenheit. Vorläufig bestünde die etwas resignierte Weisheit wahrscheinlich in einer relativen Akzeptanz der Zugehörigkeiten eines jeden. Vielleicht wäre es möglich, wenn man *Mehrfachzugehörigkeiten* respektierte, diese zu relativieren und zu lernen, unsere Unterschiedlichkeiten zu tolerieren. Wir müssen akzeptieren, daß wir von mehreren Gruppen abhängig sind, von verschiedenen Ebenen, das heißt anerkennen, daß wir diese verschiedenen Formen von Beschaffung zumindest vorübergehend brauchen. Wahrscheinlich haben wir noch lange Zeit dieses Bedürfnis, einer Schicht, einem oder mehreren kulturellen Systemen, einer Nation, sogar einer geographischen Region anzugehören. Wir haben das Bedürfnis, gleichzeitig aus unserer Region, unserer Nation und Europa, Amerika, Asien oder Afrika zu stammen. Und das, obgleich wir unermüdlich die Unterwerfung aller unter einen gemeinsamen Nenner für die Menschheit sowie ein universelles Recht propagieren müssen, indem wir diesem Recht die Mittel zur Verfügung stellen, sich Respekt zu verschaffen – auch angesichts der drohenden Fortsetzung von Massakern –, denn das ist der einzige Weg zu einer am Ende versöhnten Menschheit.

Anmerkungen

1 Dieses Kapitel wurde durch Studien ergänzt, die dank der Unterstützung des Institut de recherches sur les boissons [Institut für Getränkeforschung] durchgeführt werden konnten.

2 Eine Abhängigkeit ist dann übermäßig, wenn sie zerstörerisch wird – für sich oder andere.

3 Siehe hierzu die Ausführungen von Jean Cocteau in *Opium*.

4 Gibt es einen gewissen Sadismus bei mancher ärztlichen Betreuung? Das würde eine genauere Untersuchung verdienen, gehört aber nicht hierher.

5 Dieses Kapitel ist eine Zusammenfassung meiner Vorlesungen für Studenten der Universität Nanterre im Jahre 1975 sowie verschiedener Vorträge vor den Mitgliedern des Centre de recherches et d'études sur la dépendance (CRED). Es ist hier nicht der Ort, sich zu fragen, ob es einen Ausweg aus dem Unglück des Tieres gibt, noch sich über seine Funktion als notwendiger Beschaffer des Menschen Gedanken zu machen. Man kennt die Kampagnen der Tierschützer gegen den Einsatz von Tieren bei Medikamentenversuchen oder die Greuel der Vivisektion. Es ist klar, daß allein die Entdeckung von angemessenen Substituten ein Ende dieses Dramas herbeiführen könnte. Siehe auch einen kurzen Text mit dem Titel »Le chagrin de la vache«, *Bonheurs,* Arléa, Paris 1992.

6 *Les Chimpanzés et moi*, Stock, 1971.

7 Siehe auch meine kurze Studie zu älteren Menschen in *La Revue du droit sanitaire et social*, Sonderheft zum Thema ältere Menschen, Paris, Juli–

September 1992. A. M., *Ce que je crois*, Grasset, Paris 1985, sowie den kurzen Text »L'âge«, *Bonheurs*, Arléa, Paris 1992.

8 Siehe auch einen Text in der Zeitschrift *Parents*, Paris, April 1980. Zur Übertragung allgemein siehe A. M., *A contre-courants*, Le Nouvel Objet, Paris 1993. Zur Eltern-Kind-Beziehung allgemein siehe A. M., *Bonheurs*, Arléa, Paris 1992.

9 Daher das Unwohlsein, das Mißbehagen, das häufig mit dem Gefühl des Verlassenwerdens einhergeht. Oder das Unwohlsein bei jenen, die ihre wahren Eltern nicht kennen, das Gefühl »niemandes Kind« zu sein, was absurd ist, aber psychisch sehr beunruhigend. Das erklärt auch die Ergiebigkeit des Mythos der Herkunft.

10 Siehe eine Skizze, die in der Zeitschrift *Panoramiques*, Paris, März 1992, unter dem Titel »Les temps des tribus« entwickelt wurde. Eine Zusammenfassung erschien in *Bonheurs*, Arléa, Paris 1993, unter dem Titel »L'homme et ses tribus«. Siehe auch »La loi commune«, erschienen in *La Tribune de Genève* vom 18. September 1992. Ich habe an anderer Stelle den Begriff der *Mehrfachzugehörigkeit* entwickelt, d. h. man kann gleichzeitig an seiner Familie, seiner Sprachgemeinschaft, seinem Volk, seiner Nation, an Europa und der Menschheit festhalten. Die richtige Lösung besteht nicht in einer Verurteilung dieser oder jener Bindung, sondern in einer Hierarchisierung.

ZWEITER TEIL

Erotische Abhängigkeit

Das Band der Ehe

»Szenen einer Ehe«[1] *von Ingmar Bergman*

Bei diesem melancholischen, zuweilen düsteren Film kann der Zuschauer zwischen zwei Interpretationen wählen. Die erste ist linear und von befriedigender Banalität: Es handelt sich um die Geschichte des Scheiterns einer Ehe. Johan und Marianne sind ein einträchtiges Paar aus derselben sozialen Schicht, begütert, mit gleichem intellektuellem Niveau, gebildet, Eltern zweier offensichtlich problemloser Kinder. Allein ihr Sexualleben läßt zu wünschen übrig, wobei die Betonung auf dem rein Sexuellen liegt, denn beiderseitige Zärtlichkeit existiert im Gegensatz dazu ganz offensichtlich. Eines Tages schleudert Johan Marianne ins Gesicht: »Ich hasse dich seit vier Jahren!« Allerdings ist das auf dem Höhepunkt der Krise. Er muß gehen, und man weiß, daß Eheleute in solchen Augenblicken oft übertreiben, damit sie die Kraft finden zu gehen. Außerdem *ist in jeder Abhängigkeit eine gewisse Feindseligkeit verborgen*. Die aggressive Erklärung von Johan ist folgendermaßen zu interpretieren: »Ich bin seit vier Jahren böse auf dich, seit ich Paula kennengelernt habe, meine junge Geliebte, und seit meine Bindung an dich mich daran hindert, meine Leidenschaft zu ihr unbehelligt auszuleben.«

Tatsächlich erliegt Johan eines Tages dem Charme von Paula, einer ganz jungen Frau von dreiundzwanzig Jahren, die im Bett besonders begabt ist. Er kann nicht mehr ohne sie. Nach vier Jahren voller List und heimlichen Treffen beschließt er, offen mit seiner Geliebten zusammenzuleben und seine Frau zu verlassen: Tragödie, Ende des ersten Teils.

Doch Johan wird Paulas bald überdrüssig und möchte zu Marianne zurückkehren. Zu spät. Inzwischen hat diese ein »neues Leben begonnen«. Sie hat andere Männer kennengelernt. In ihrer Verzweiflung, und nachdem sie die Hilfe eines Psychiaters in Anspruch genommen hatte, führte das zu einer vorübergehenden Liaison. Schließlich findet sie einen Mann, der allem Anschein nach vollkommen zu ihr paßt, »einen Meister des Orgasmus«, der ihr ihr Innerstes offenbart. So sehr, daß sie ihn im Gegenzug mit ihren eigenen Fähigkeiten, die lange verborgen waren, in Erstaunen versetzt. Als Ausgleich für ein Leben als lange zurückhaltende, wenn nicht resignierte Ehefrau hat sie sich in ihrem Beruf als Anwältin brillant behauptet. Kurz, sie weigert sich, trotz allen Flehens und Bittens und Wut von Johan, das gemeinsame Leben wiederaufzunehmen. Sie kündigt an, das Scheidungsverfahren zu beschleunigen. Johan gibt auf, es ist zu spät.

Das ist eine gängige Geschichte, sowohl im Leben wie in der Literatur. Ein kurzes Intermezzo eines Ehepartners zerstört das zuvor vereinte Paar, selbst nach einer reuigen Rückkehr. »Du wolltest mich nicht, als ich dich wollte, ich will dich nicht mehr, wenn du mich jetzt wiederhaben willst.« Ach, wenn man nur das mysteriöse und heikle Gleichgewicht eines Paares besser kennen würde! Aber »wir sind nichts weiter als Analphabeten der Liebe«, stellt Professor Johan fest, der Dozent für Physik an der Universität ist. Man bringt uns bei, die Natur zu kennen, aber nicht das Herz des Menschen. »Wenn man nur die Konsequenzen solchen Handelns vorhersehen könnte«, seufzt er. Stimmige, aber banale Überlegungen. Ende des zweiten Teils.

Allerdings gibt es einen dritten, unerwarteten Teil, angesichts dessen der Zuschauer zwischen Lachen und Rührung hin- und hergerissen ist. Die Regungen im Saal sind widersprüchlich. Es wird einem sogar die Zeit ein wenig lang; der Film hätte nach dem zweiten Teil zu Ende sein sollen!

Unsere beiden Helden haben wieder geheiratet – Johan die junge Paula, die ihn erotisch wunschlos glücklich macht, und Marianne ihren unermüdlichen »Meister des Orgasmus«. Warum hat Bergman den Film an diesem Punkt nicht beendet?

Es gibt eine überraschende Wendung: Johan und Marianne treffen sich nun regelmäßig in einem alten Häuschen und kuscheln sich heimlich aneinander, einer im Arm des anderen. Waren wirklich so viele Umwege nötig, so viel Leiden, List und Tücke, um dem anderen ein paar Augenblicke zu stehlen? Wo man doch vorher das ganze Leben zur Verfügung hatte? Das geht so weit, daß sie sich, komisch genug, absprechen und ihre jeweiligen Ehepartner zur gleichen Zeit in den Urlaub schicken! Es macht auf jeden Fall glauben, daß den neuen Exehegatten leidenschaftlich daran gelegen ist, einander wieder zu begegnen. Warum? Was Johan angeht, der sein Verhalten bereut, so will er wieder neu mit seiner Exfrau anbändeln, aber Marianne? Sie hat sich geweigert, weiterhin mit ihrem Mann zusammenzuleben, der sie verhöhnt und verlassen hat. Sie glaubt sogar, etwas Besseres gefunden zu haben. Was suchen sie, jeder für sich, in diesem erbärmlichen Chalet am Wasser, wo sie beschließen, sich zu treffen, ohne dabei die Mittelmäßigkeit ihrer sexuellen Übereinkunft zu erkennen?

Entweder hat der Regisseur seinen Film aus Ungeschicklichkeit unnötigerweise in die Länge gezogen – und damit läge der Zuschauer mit seiner Ungeduld richtig –, oder er hat diesen dritten Akt ausdrücklich gewollt – dann wäre zu untersuchen, wozu er dient. Bergman ist ein zu kluger Künstler, als daß die erste Hypothese haltbar wäre. Ein Zeitzeuge berichtet, daß der Regisseur gegenüber seinen Geldgebern darauf bestanden hat, seine Filmrollen vollständig und ungekürzt aufzubewahren. Von dieser Schwierigkeit müssen wir also ausgehen. Es ist nicht der einzige Fall, in dem eine scheinbare Länge den Schlüssel zu einem Werk darstellt. Ich bin auf dasselbe Problem gestoßen, als ich *Der Diener* von Losey analysiert habe, dessen Ende, das lange hinausgezögert wird, vielen Kritikern unnötig erschien. Doch die letzten Sequenzen des Films verleihen ihm seine Dimension und seinen wahren Sinn – die unerbittliche und endgültige Vernichtung eines Herrn durch seinen Knecht. Genauso liefert der dritte Teil von *Szenen einer Ehe* die Orientierung für den gesamten Film.

Was geschieht zwischen Ehepartnern?

Was ist so Mächtiges zwischen Ehepartnern, daß es allen Prüfungen des gemeinsamen Lebens und manchmal sogar einer Trennung standhält? Bergmans Film versucht, eine Antwort auf diese Frage zu finden. Diejenigen, die bei der letzten Filmsequenz lachen oder sich langweilen, haben wahrscheinlich nicht viel über das Wesen der ehelichen Gemeinschaft nachgedacht. *Ohne diese mysteriöse und hartnäckige Verbindung schiene das Verhalten von Johan und Marianne in der Tat abwegig*. Um diese besser einschätzen zu können, sondert Bergman geduldig all das aus, was sie nicht ist oder was sie nicht ausreichend definiert. Diese systematische, fast didaktische Aufzählung geht nicht ohne ästhetische Einbußen ab. Zwar wurde der Film ursprünglich fürs Fernsehen konzipiert und mußte sich deshalb problemlos unterteilen lassen. Doch eine so minutiöse, besessene Arbeitsweise ist Bergman eigen. Es wird zuviel gesprochen, man sieht nur zwei Hauptdarsteller, die zwar bewundernswert sind, aber kaum agieren. Sie reden, debattieren, diskutieren. Es handelt sich eigentlich mehr um abgefilmtes Theater als um einen Kinofilm. Bergman versucht nicht so sehr, eine Geschichte zu erzählen, er will ein existentielles Problem behandeln, das ihn beunruhigt und das jeden beunruhigen sollte: *Was geschieht zwischen Ehepartnern?*

Das Paar Johan und Marianne hatte »alles, um glücklich zu sein«. Es ist natürlich viel leichter, erfolgreich ein gemeinsames Leben in Wohlstand und Komfort aufzubauen, die die Zugehörigkeit zu einer herrschenden Klasse mit sich bringen, denkt der Zuschauer zunächst mit einiger Ironie. Er stellt aber bald fest, daß dem nicht so ist. Ganz im Gegenteil. In Racines Theater leben Könige und Königinnen, die von den Einschränkungen und Sorgen des Alltags befreit sind, heftige Leidenschaften aus, die durch nichts zu zügeln sind. Johan ist Hochschullehrer in bester Stellung, sie ist Rechtsanwältin. Sie werden beide von ihren jeweiligen Familien unterstützt, sie leben in einem angenehmen Umfeld, besitzen das Auto, das ihrem sozialen Status entspricht. Sie haben zwei Kinder, gemeinsame Freunde, in etwa ähnliche Ansichten. Aber nichts davon ist ausschlaggebend für das Begründen einer Ehe. »Geld macht nicht glücklich«, wenngleich Geldmangel auch schädlich sein kann für ein Paar. Bergman betont das: Ein entsprechendes Pendant – das Paar Peter und Catarina – zerfleischt sich wegen Geldangelegenheiten. Als die Protagonisten beschließen, sich scheiden zu lassen, sieht man deutlich, daß sie die Frage der Güteraufteilung langweilt. Sie streiten sich um eine alte Uhr, ein Geschenk der Großmutter, aber das ist nur ein Alibi, ein Vorwand, um ihren Konflikt zu verlängern und zu veranschaulichen. Zahlreiche Paare, die über ein beträchtliches Einkommen verfügen, reißen einander die Schallplattensammlung oder die Matratze aus den Händen. Peter und Catarina, das Gegenpaar, bedient sich seinerseits der Wohnung, des Wagens, der Wertpapiere in der Schweiz und spielt sich diese wie Bälle in einem Spiel zu, obwohl der Einsatz anderswo liegt, nämlich bei ihnen selbst.

Noch erstaunlicher und bedeutungsvoller ist allerdings die Abwesenheit der Kinder in einem Film, der fast drei Stunden dauert. Die Lektüre des bei Gallimard erschienenen Drehbuchs zeigt, daß Bergman entschieden hat, die Kinder nicht in Erscheinung treten zu lassen, nachdem er dies in Erwägung gezogen hatte. Zu Recht oder zu Unrecht glaubt er, daß ihre Existenz für die eheliche Beziehung nicht weiter entscheidend ist. Kinder können Eltern kurzfristig daran hindern, sich zu trennen; sie können als Waffe dienen; sie ersetzen aber nicht das, was in der Paarbeziehung verlorengegangen ist (oder noch fortbesteht). Marianne vertritt eine Klientin, Frau Jacobi, die sich scheiden lassen will, »weil zwischen ihr und ihrem Mann keine Liebe mehr vorhanden ist«. Ihr Mann streitet das nicht ab, bittet sie aber zu warten, bis die Kinder groß sind. Das ist das Eingeständnis, daß die Kinder nur einen Aufschub darstellen und die Erziehung der Kinder eine Pflicht ist. Danach steht der Trennung dann nichts mehr im Wege.

Und wie ist es um das Recht bestellt? Die weltliche oder religiöse Anerkennung ihrer Ehe? Spielt keine Rolle, denn sie zögern nicht, diese aufzugeben, und vor allem sehen sie sich auch nach der Scheidung weiterhin. Das Recht ist da, um die Dauerhaftigkeit einer Paarbeziehung zu garantieren, aber man kann auch bis an sein Lebensende leidenschaftlich verliebt sein oder verheiratet und einander verabscheuen. *Die rechtliche Beziehung ist wie die religiöse dafür da, die eheliche Bindung zu stützen. Sie garantiert diese und bekräftigt sie, aber sie begründet sie nicht.*

Ein und dieselbe Kultur? Identische soziale Gewohnheiten? Gemeinsame Freunde? Nicht mehr. Es gibt Paare, die sich einig sind, aber fast keine Freunde haben, und zerstrittene Paare inmitten riesiger Freundeskreise. Im übrigen ist Johan eine Art anarchistischer und nonkonformistischer Intellektueller, ein Hochschullehrer mit Rollkragenpullover, der sich weigert, eine Krawatte zu tragen – »Da fühle ich mich wie ein verkleideter Affe!« Marianne, die stets zum sonntäglichen Essen zu ihrer Mutter ging, hat sich in gleicher Weise dagegen aufgelehnt, weil sie die Sonntage lieber mit Johan verbringt.

Zu guter Letzt: Sex. Ein wichtiger, fundamentaler Punkt, so werden einige Zuschauer urteilen. Aber nein, nicht mal das. Tristan und Isolde waren offenbar keusch. So wollte es zumindest der Autor. Nicht daß das Sexuelle in dem Film nicht vorkäme, aber Bergman umreißt dessen Rolle mit großer Sorgfalt: Es nimmt nicht den ganzen Raum ein und stellt auch nicht den Kern des Problems dar. Darüber kann man streiten, Bergman des Puritanismus verdächtigen, aber so ist seine Überzeugung. Die Beweisführung hierfür erfolgt in zwei, wenn nicht drei Schritten. Als das Paar Marianne–Johan wunschlos glücklich war, war ihr Sexualleben eher mittelmäßig. Das ist auch der einzige ernsthafte Vorwurf, den Johan Marianne macht – sie lege hierbei keinen großen Eifer an den Tag. Müdigkeit, späte Stunde usw., sie bedient sich aller üblichen Ausreden, um seine Annäherungsversuche zurückzuweisen. Merkwürdigerweise zeigt sich Marianne in dem Moment, in dem sie beschlossen hat, ihren Mann zu verlassen, endlich aktiv. Sie bittet Johan, mit ihr zu schlafen, sie reizt ihn sogar in seinem Büro und bringt ihn dazu, sich trotz seiner Erkältung auszuziehen. Sie setzt sich sogar auf ihn. Doch der Sinn dieser ungewöhnlichen Aktion ist klar. Genauso wie Kinder kann auch Sex der ehelichen Beziehung dienlich sein, aber er macht sie nicht allein aus. Marianne will Johan auch demonstrieren, daß sie von nun an Herrin ihrer selbst und sexuell nicht von ihrem Ehemann abhängig ist. Die Frauenbewegung sähe das auch nicht anders. Johan beschuldigt Marianne, Sex als Strafmaßnahme einzusetzen. Sie gibt es zu. Woraus man ersieht, daß Sex genau wie Kinder als Waffe oder Alibi eingesetzt werden kann. Aber ganz sicher reicht Sex nicht aus, um eine Paarbeziehung zu begründen.

Der Mangel an berauschender Sexualität genügt nicht, um eine solche Beziehung zu zerstören, und eine stärker präsente Sexualität reicht nicht aus, um sie dauerhaft zu machen. Der Beweis dafür ist, daß Johan bereit ist, zu Marianne zurückzukehren, in dem Wissen, daß er dort kein erotisches Paradies vorfinden wird. Gegenprobe: Marianne läßt sich trotz ihres Meisters des Orgasmus wieder mit Johan ein, ebenso wie umgekehrt Johan mit Marianne trotz seiner wundervollen Sexualität mit Paula. Beim Pendant, dem Paar

Peter und Catarina, ist einer durch Sex an den anderen gekettet, allerdings sind sie überhaupt nicht begeistert davon, sondern fühlen sich gedemütigt. Peter beschuldigt Catarina, nur der Lust wegen bei ihm zu bleiben. Über eine solch puritanische Verurteilung der Sexualität an sich läßt sich streiten, und man mag sie auch ablehnen, aber schließlich reicht ihnen das auch nicht. Sie streben nach etwas anderem, das ihnen fehlt. Sie wollen den Eindruck haben, wirklich ein Paar zu sein. Wie ist das zu verstehen? Ein aktueller, etwas weniger ambitionierter Film erschien unter dem Titel *Verdammt noch mal! Wo bleibt die Zärtlichkeit?* Man kann auch darüber diskutieren, ob Zärtlichkeit ohne eine wenigstens minimale Sexualität existiert. Worin aber besteht diese unerläßliche Zärtlichkeit?

Was verbindet Ehepartner wirklich? Dieser Begriff Ehepartner, ob qua Gesetz ein Paar oder auch nicht, ist klar: Ehepartner sind verbunden (man verzeihe mir diesen Pleonasmus) durch eine spezifische Verbindung, die sich auf keine andere, weder sexuelle noch wirtschaftliche, noch zeugungsgebundene, noch philosophische, noch soziale oder kulturelle Verbindung reduzieren läßt. Sie brauchen einander schlicht und ergreifend, sie haben ein Bedürfnis nacheinander. *Ehegatten bleiben zusammen, weil sie einander brauchen.* Welches Bedürfnis steckt dahinter? Bergman stellt flüchtig fest, eher aus künstlerischer Intuition als aufgrund einer Überlegung, daß die diesbezügliche Analyse vertieft werden müßte. Er versucht das im übrigen am Anfang des Films. Johan und Marianne unterhalten sich über den Beginn ihrer Liebesbeziehung – es war keine Liebe auf den ersten Blick, sie waren aneinander nicht besonders interessiert. Woran man sieht, daß Leidenschaft als überwältigende und unwiderstehliche Offenbarung nicht unbedingt nötig ist. Sie waren Studenten an derselben Universität. Er lebte mit einer Tänzerin zusammen; Marianne heiratete sehr jung, bekam ein Kind, das sie verlor. Ihre Beziehung dümpelte am Tiefpunkt vor sich hin, was häufig vorkommt nach dem Verlust eines

Kindes. Er wurde von seiner Tänzerin verlassen. Sie beschlossen, ihre Einsamkeit gemeinsam zu ertragen, wie man so schön sagt, und entdeckten einander dann allmählich, lernten sich schätzen und wurden glücklich. *Aus einer Situation des Mangels heraus wurden sie jeweils für den anderen zum Ersatz für ein verlorenes Objekt oder eine verlorene Person.* Sie fühlen es, sie wissen es. In der Hütte, dem Treffpunkt ihrer Liebschaft nach der Ehe, sagt sie ihm, daß er ihr jetzt kleiner vorkommt. Er macht sich darüber lustig. Im Saal wird dumm gelacht. Aber ich bin nicht sicher, ob sie von seinem Geschlechtsteil sprechen wollte, oder zumindest nicht nur: Wahrscheinlicher ist, daß er für sie das Kind geworden ist, das sie verloren hat. Als Johan sich verteidigt, sagt er zu ihr: »Ich brauche das Haus, ein geordnetes Leben, ich fühle mich allein.« Und doch lebt er mit Paula zusammen, seiner jungen und ungestümen dreiundzwanzigjährigen Geliebten, was ihm Marianne vorwirft. Was antwortet er darauf? »Die Einsamkeit mit Paula ist schlimmer, als allein zu sein!« Er will damit sagen, daß nicht jeder jeden ersetzen kann. *Die eheliche Verbindung ist eine besondere.* Marianne hat einen Alptraum, aus dem sie schreiend aufwacht. Johan muß sie in seine Arme nehmen und sie trösten. Im Traum sieht sie Johan mit ihren beiden Töchtern eine Straße entlanggehen, während sie am Straßenrand steht. Sie will die Arme nach ihnen ausstrecken, als sie feststellt, daß sie nur Stümpfe hat!

Nach der Trennung gelingt Marianne alles. Sie hat beruflichen Erfolg, drei Mitarbeiterinnen und Erfolg in der Liebe. Sie hat entdeckt, daß sie die Liebe (d. h. Sex) liebt, und hat jemanden, der sie befriedigt. Eine völlige Befreiung ihrer Persönlichkeit findet statt, von nun an macht sie, was sie will, und nicht, was die anderen – Mutter, Vater, Umwelt oder auch ihr Ehemann – wollen. Im Rückblick sehen wir das Porträt einer Frau und ein Abbild der Lebensbedingungen von Frauen. Seit ihrer Kindheit brachte man ihr bei, anderen zu gefallen und für sich zu behalten, was sie sich wirklich wünscht. Und das Schlimmste ist, daß sie glaubte, das zahle sich für sie besonders aus. Sie wurde zur Komplizin ihrer eigenen Unterwerfung, wie das häufig der Fall ist. Von nun an siegt sie über alles und auch über sich selbst. Das glaubte sie zumindest, denn der Sieg hat einen bitteren Beigeschmack. Gerade, als sie glaubt, alles zu besitzen, hat sie den Eindruck, daß ihr das Wesentliche fehlt – Johans Liebe. *Die eheliche Verbindung wird zumindest vorübergehend als unersetzlich erlebt.* Und deswegen kann sie relativ unabhängig von der Sexualität sein, zumindest haben wir keinen Grund, daran zu zweifeln.

Draußen lauert der Abgrund

Nachdem wir festgestellt haben, was die eheliche Bindung alles nicht ausmacht, weder Freundschaft noch Kinder noch materielle Bindung, werden wir nun sehen, daß sie nichts wert ist, wenn sie zerbrochen ist. Frau Jacobi – ein weiteres Pendant und Klientin von Marianne wegen ihrer Scheidung – erklärt ihr, daß sie an der Welt keinen Geschmack mehr fände, daß ihre Sinne abstumpften (dabei streicht sie liebevoll mit der Hand über einen Holztisch). Marianne, von diesen Offenbarungen, die sie auf ihre eigenen Ängste zurückwerfen, schockiert, identifiziert sich sofort mit ihrer Klientin und befragt sie begierig: »Wir sprechen dieselbe Sprache«, sagt sie zu ihr. »Ein Leben ohne Liebe ist unmöglich«, faßt Frau Jacobi zusammen.

Marianne hatte erst spät Erfolg, aber Johan ist immer schon erfolgreich gewesen. An der Universität wurde er schon als Student bewundert, dann als Professor und später als Forscher. Er stand in der Gunst der schönsten jungen Mädchen. Doch Paula offenbart Marianne die Grausamkeit der Jugend, daß Johan hinter der Fassade des männlichen Siegertyps schwach ist. Was stimmt. Bei dem Gedanken, Marianne zu verlieren, die er als erster betrogen hat, gerät er in Panik. Er verabreicht seiner Frau eine enorme Tracht

Prügel. Das ist der Versuch, das Sicherheit bietende Objekt zu zerstören, das sich entzieht oder Angst macht. Othello geht bis ans Ende dieser Vernichtung und tötet Desdemona. Dann bringt er sich um. »Ich werde dich töten! Ich werde dich töten!« schreit Johan Marianne an. Glücklicherweise begnügt er sich mit einem symbolischen Mord, der sich dennoch in dieser wilden Aggression abzeichnet, bis sie blutet. Er schließt mit den Worten: »Ich bin fünfundvierzig Jahre alt und schon ein Leichnam.«

Sollte man glauben, daß die wiedergefundene eheliche Bindung nun alle Farben der Welt wieder zurückbringt, so wie das in der Menge verlorengegangene Kind nichts und niemanden mehr sieht, bis ihm durch das Auftauchen seiner Mutter die Welt wiedergeschenkt wird? Worin besteht das Band der Ehe, das wahrscheinlich reicher, komplexer ist als die meisten anderen, die wir in unserem Leben knüpfen? Es muß doch eingeräumt werden, daß bestimmte Erfahrungen, bestimmte Duos die Welt vermitteln. Nach den Mystikern verspürte der Schriftsteller und Journalist André Fossard intuitiv dieses Gefühl der totalen Verwirrung, der Umkehr von Zeichen, von negativ zu positiv, Gott und seiner Ehefrau gegenüber. Doch Bergmans Analyse endet hier, und er beläßt es dabei.

Alles in allem hat ein Künstler, wenn er ein Problem in geeigneter Weise aufwirft, schon viel erreicht. Für Johan wie auch für Marianne ist die eheliche Bindung wichtiger als alles andere. Johan hätte sich ein Mehr an Sexualität gewünscht, ein Plus, wie man heute sagt. Aber wenn er es nur unter Gefährdung der Ehe bekommen kann, verzichtet er lieber darauf. Er wählt die Sicherheit mit Marianne statt der Lust mit Paula. Denn draußen lauert der Abgrund, die Depression. Hier streift der Film in der Tat die mystische Dimension und knüpft damit an den frühen Bergman an. Doch das nur nebenbei. Das kleine Haus am Wasser, wo ihr Wiedersehen stattfindet, wird ein absolut sicherer Hafen gegen die feindliche Welt. Durch die erneute Verbindung miteinander hat auch jeder wieder zu sich selbst gefunden. Als ihnen einfällt, daß dies der Jahrestag ihrer ersten Begegnung sei, sagt Johan: »Es ist der siebte.« – »Nein«, antwortet Marianne, »es ist der zwanzigste!« Nichts ist seither geschehen, nichts kann ihnen zustoßen. Und genau deshalb ist dieser Film gar nicht so traurig, denn Männer können zwar nicht ohne Frauen leben und Frauen nicht ohne Männer, aber es gibt Männer und Frauen, die einander brauchen.

Der Preis der sexuellen Beschaffung

»Der Nachtportier« von Liliana Cavani

Der Nachtportier ist ein Frauenfilm. Männer, die Frauen verstehen wollen, werden hier gut bedient: Was sie uns hier zu enthüllen beginnen, können wir fast nicht ertragen. Was ist Liliana Cavanis Ziel?

Beseitigen wir zunächst folgende Mißverständnisse: Dies ist weder ein historischer Film über die Konzentrationslager der Nationalsozialisten noch eine Liebesgeschichte zweier Menschen, die alles trennt. Der historische Kontext ermöglicht zwar interessante Einstellungen, Statisten in Uniform, Wagnersche Musik und Tanz, eine fast krimihafte Intrige, kurz, Theater oder »Kino«, wie man so sagt. »Es handelt sich um Literatur ...«, das heißt Zerstreuung für Augen und Phantasie. Allerdings birgt dieses Theater die Gefahr, sich zu verirren. Und genau das ist geschehen. Die Zuschauer entrüsten sich: »Die Nazizeit darf man nicht so darstellen!« In der Tat besteht die Gefahr, daß die Aufmerksamkeit von durchaus erschütternden Leiden massiv abgelenkt wird, die hier allerdings Nebensache sind. Das wirkliche Thema des Films ist ein anderes.

Ein zweites Mißverständnis wäre ebenso schädlich: in *Der Nachtportier* einen Film über die Liebe zu sehen. Max, der Held, sagt zwar zwei- oder dreimal »Ich liebe dich«, aber es handelt sich hierbei eindeutig um etwas anderes als das, was man gemeinhin Liebe nennt – eine Leidenschaft, die die Seele erhebt, die Hingabe an das geliebte Wesen bedeutet; es wäre zudem eine negative, todtraurige, satanische Hymne, die dem anderen Zerstörung und Tod bringt. Was Liebe im edlen Sinne angeht, so gibt es diese hier fast nicht. Einige Spuren vielleicht, doch so vermischt und ungenau, daß es einer ernsthaften Destillation bedürfte, um sie zu isolieren. Es handelt sich hier auch nicht, wie leichten Herzens behauptet wurde, um einen Film über die sexuelle Befreiung, ganz im Gegenteil: *Es geht um Sklaverei durch Sex, die beide Partner ankettet und vernichtet.*

Die letzte Zweideutigkeit, die sich im übrigen aus der vorherigen ergibt, ist schließlich die Krankhaftigkeit des Protagonisten, der Zeit, des gesamten Werks. Für einen Autor ist es immer ein leichtes, Geisteskranke oder schwere Neurotiker darzustellen, da dadurch jedes Verhalten möglich wird, zumindest glaubt er das, wenn auch zu Unrecht, denn selbst der Wahnsinn kennt Logik und Bedeutung. Die Hauptfigur, der Held, so wollte es die Regisseurin, ist ein SS-Mann, das heißt eine übertriebene, wenn nicht krankhafte Figur. Der hervorragende Schauspieler, der ihn verkörpert, Dick Bogarde, spielt ihn am Rande der psychischen Störung. Die Heldin, Lucia, ist eine Überlebende der Todeslager, unwiederbringlich traumatisiert an Leib und Seele. Die Auswahl der beiden ist sehr bequem. Die Gewalt, der Exzeß, die Verirrungen der Geschichte und der Protagonisten sind im voraus bereits legitimiert.

Allerdings haben solch historische Verkleidung und Pathologie durchaus ihren Sinn. Was auch immer man in ästhetischer Hinsicht darüber denken mag, wie schwierig auch die Interpretation und der Erfolg für die Schauspieler hier sein mögen, die Autorin hat es ausdrücklich so gewollt. Liliana Cavani hat aus den Annalen der zeitgenössischen Geschichte geschöpft und daraus eine Grenzsituation und Grenzfiguren entnommen: einen Nazi, ein Vernichtungslager, eine Überlebende des Grauens der Konzentrationslager. Diese apokalyptische Zeit, die Monster, die sie hervorbrachte, erschienen der Autorin zweifellos als die geeignetsten Symbole für das, was sie uns erzählen wollte.

Und deswegen kann man trotz des Bedauerns angesichts der Äußerlichkeiten und dieses Settings, die vom eigentlichen Kern des Problems ablenken, die Entscheidung verstehen. Und noch mehr die Empörung bedauern, die den Start des Films begleitete. Diese bezog sich auf die Anekdote, die Verpackung der Erzählung – skandalöse Liebesgeschichte einer Exdeportierten mit ihrem Exhenker, dem Mann, unter dessen Fuchtel sie stand. Der wahre Skandal, wenn es denn überhaupt einen gibt – denn warum soll man ein Werk verurteilen, das eine zugegebenermaßen seltsame, nicht hinnehmbare Wahrheit offenlegt? –, der wahre Skandal geht über die Affäre zwischen dem Nazi und der Deportierten hinaus. Es handelt sich um ein eher gängiges, deswegen nicht unbedingt beruhigenderes Abenteuer, das im Gegenteil gerade wegen seiner Banalität noch mehr erschreckt.

Worum handelt es sich eigentlich, wenn man einmal die Paroxysmen jener Zeit außen vor läßt? *Eine Frau erzählt die Geschichte ihrer sexuellen Abhängigkeit von einem Mann und umgekehrt die sexuelle Abhängigkeit dieses Mannes von ihr, bis zu ihrem gemeinsamen Tod.* Ein abwechslungsreicher und gegenseitiger Vernichtungsmechanismus, den ich nach Loseys Film *Der Diener*[2] »das Zurückschwingen des Pendels« nennen möchte. Es gibt darüber hinaus weitere gemeinsame Berührungspunkte der beiden Werke, und gerne wüßte man, ob die Regisseurin nicht auch von der herausragenden Analyse des englischen Filmemachers beeindruckt war. Ist es Zufall oder doch Absicht, daß sie denselben Schauspieler, Dick Bogarde, für die Hauptrolle engagiert hat? Daß sie ihn zum Hotelportier gemacht hat, zu einem Butler, der die Gäste in ihrem Zimmer bedient, ihnen beisteht bei ihren nächtlichen Ängsten und sich als unendlich viel wertvoller erweist als ein einfacher

Hausdiener? Man wird an den außergewöhnlich wichtigen Platz erinnert, den der Butler bei Losey einnahm. Hier wird allerdings ein anderer Akzent gesetzt: Das Gewicht liegt stärker – oder genauso stark – auf der Abhängigkeit, nicht auf der Unterwerfung. Und diese Abhängigkeit ist fast ausschließlich sexueller Natur.

* * *

Es ist also ein Frauenfilm, der eine Frauenbotschaft in sich trägt: Die Frauen, die von den Männern aufgrund ihres Geschlechts unterdrückt, manchmal sogar vernichtet werden, können ihrerseits den Mann verführen und zerstören, indem sie sich seines Geschlechts bedienen. Das will Liliana Cavani in diesem Thesenfilm vermitteln, was nicht notwendigerweise ein Fehler oder eine Schwäche ist, wie häufig behauptet wird. Nachdem Lucia die wahrscheinliche sexuelle Abhängigkeit ihres Henkers erraten hat, schickt sie sich an, diese in jeder erdenklichen Weise zu verstärken, bis sie ihn ihrerseits ihr ausgeliefert weiß, bis zur Vernichtung von Max. Sicher, auch sie wird in den Tod getrieben, denn, wir ahnen es schon, *die Verbindung zwischen Frau und Mann ist komplexer als die einer normalen Herrschaft, und man kann sie nicht ohne Verletzung für den einen oder anderen Partner lösen.* Aber der Preis ist unwichtig: Sie wird gerächt. Und ist sie nicht sowieso bereits unter dem Deckmantel der jungen, von einem berühmten Dirigenten vergötterten Frau in ihrem Innern zerstört?

Ein Aspekt wird für den Zuschauer nicht sofort deutlich: Besteht bei der Heldin selbst neben einer im Lager ertragenen abscheulichen sexuellen Tyrannei eine gewisse Verwirrung, eine gewisse Lust, bereits eine gewisse erotische Abhängigkeit? Während ihrer Deportation war sie ein ganz junges Mädchen, deren Herz wahrscheinlich noch nicht für die Liebe erwacht war. Ihrem Henker ausgeliefert, gebrochen durch seine vielfältigen Terrormethoden, wird sie vollkommen passiv und unterwirft sich dem

Ritual. Als er eine einzige Geste der Zuneigung, eine Bewegung der Hand, andeutet, zieht sie ihre zurück. Sie läßt es über sich ergehen, sie willigt in nichts ein. Dennoch tut sie alles, was er von ihr verlangt, auch Fellatio. Sie legt nicht einmal einen besonderen Widerwillen an den Tag, so scheint es, eher eine Art animalisches oder kindliches Erstaunen angesichts der sehr eindeutigen Zärtlichkeiten, die sie wahrscheinlich zum ersten Mal in ihrem Leben empfängt. Als Max dann langsam zwei Finger in ihren Mund steckt und dort die symbolische Rein-Raus-Bewegung vollführt, schaut ihn Lucia–Charlotte Rampling nur mit großen, hellen Augen an. Sie gewöhnt sich nach und nach an diese Welt des erotischen Wahns und Irrsinns und singt zuletzt für ein SS-Publikum, mit einem Käppi auf dem Kopf, mit Militärhosen bekleidet und Hosenträgern über den kleinen nackten Brüsten, die sie zur Begleitung ihres Gesangs mit den Händen knetet. In dieser Nummer à la Marlene Dietrich mit hängendem Kopf, wie ermattet in dieser Säufer- und Raucher-Umgebung, scheint sie gar nicht mehr so unglücklich zu sein. Sie gibt sich sogar kleinen Koketterien gegenüber den SS-Männern hin und setzt sich auf ihren Schoß, um damit den Gesang zu untermalen. Resignation, heimliches Einverständnis mit dem Henker jenseits der Verzweiflung? Hervorzuheben ist allerdings, daß sie genau in diesem Moment in einer Pappschachtel, wie eine Art monströser Orchidee, ein finsteres Geschenk ihres finsteren Liebhabers erhält. Es ist der abgetrennte Kopf eines Gefangenen, der sie belästigt hatte. Das macht sie träumerisch und – ringt ihr fast ein Lächeln ab; es ist das Zeugnis der dankbaren Verbundenheit von Max und gleichzeitig, trotz der Umstände, ist es *das Zeichen ihrer wachsenden Macht als Frau – sie hat, wenn auch von einem Mann, den Tod eines anderen männlichen Wesens bekommen.*

* * *

Aber all das gehört der Vergangenheit an und wird in Rückblenden erzählt. Betrachten wir nun die Gegenwart im Film. Wir sehen Lucia, viel später, frei und reich, also gleich zweimal frei, geschätzter Gast eines großen Hotels in Wien. Was tut sie angesichts der Tatsache, daß sie zufällig ihren ehemaligen Folterknecht und Liebhaber wiedergetroffen hat? Wird sie ihn bei der Polizei anzeigen oder einfach versuchen, ihren Erinnerungen zu entfliehen? Nein, sie wirft sich regelrecht auf ihn und rollt sich mit ihm auf dem Fußboden, während sie kurze Schreie der Angst oder der Lust ausstößt – oder beides? Ist sie so sehr verwirrt, daß sie die Selbstbeherrschung verliert, oder beginnt sie methodisch, ein von langer Hand geplantes Vorhaben umzusetzen? Tatsache ist, daß sie den Mann provoziert, ihn mit Begeisterung liebkost und eine aktive Rolle beim Liebesspiel einnimmt. Wir werden später sehen, daß sie so weit geht, ihrem eigenen Tod zuzustimmen, um – so scheint es – ihren Liebhaber bis zu seinem Dahinscheiden begleiten zu können. Geschieht das, um sicher zu sein, daß er dem Tod nicht entkommt? Oder weil ihr eigenes Leben für sie keine große Bedeutung mehr hat, wie das bei zahlreichen unwiederbringlich durch unüberwindliche Schicksalsschläge zerstörten Persönlichkeiten der Fall ist, und weil sie, in ihrem tiefsten Inneren, endgültig Gefangene dieser wahnhaften Welt ist? Oder ganz einfach, weil sie, nachdem sie die Geheimnisse der Vereinigung der Exnazis entdeckt hat, spürt, daß sie ohnehin verurteilt ist? Jedenfalls läuft alles so ab, als ob sie einer fatalen Verkettung bis zum bitteren Ende gehorchte, aus dem der einzige Ausweg ein zweifacher Selbstmord ist.

Für Max, den Protagonisten, steht das sogar völlig außer Zweifel. Er ist vollkommen unfähig, diesem Mechanismus Einhalt zu gebieten, nachdem er Lucia wiedertrifft. Als ob er, unabhängig von den historischen, sozialen und kulturellen Bedingungen, seiner Sexualität nicht entkommen könnte. Gestern war er Soldat und der Sieger, allmächtig, konfrontiert mit einem armen, in den Wirren des Krieges verlorenen Mädchens. Heute ist er nichts weiter als ein

Hotelportier, konfrontiert mit einer reichen und respektierten Frau, in gesellschaftlicher Hinsicht einschüchternd für den Angestellten, die gefährlich werden könnte. Doch er zögert nicht, er wirft sich in ihre Arme, sobald sie diese öffnet, völlig unbekümmert ob der Folgen, der möglichen Rache seines ehemaligen Opfers, der unerbittlichen Bestrafung seiner Exkameraden, die nicht auf sich warten lassen wird.

Doch räumen wir ein, daß uns das, wenn es sich um einen Mann handelt, nicht über alle Maßen erstaunt. Wir werden recht bald zugeben, daß kulturelle und soziale Gebilde ziemlich schnell brüchig werden, wenn der sexuelle Zwang uns richtig aneinanderkettet. Und darin liegt der echte Skandal des Films, ich meine damit das verborgene Entsetzen, das den Skandal hervorruft. Wir wissen im Grunde unseres Herzens, daß das fast jedem passieren kann. Sexueller Trieb und sich daraus ergebende Abhängigkeit machen unsere so mühselig erworbene Vernunft und Moral zunichte. Doch hier kommt das Schlimmste: Für einen Mann mag es noch durchgehen, aber für eine Frau! Wechseln wir die Perspektive. Machen wir ein gedankliches Experiment: Wenn ein Mann eine ehemalige SS-Offizierin trifft und es dazu kommt, daß er mit ihr schläft, was würde man dann sagen? Würde das genauso große Entrüstung hervorrufen? Viele Leute, selbst Frauen, würden sagen: »Er hat sie rumgekriegt!« oder »Er hat sie besessen!«... Für einen Mann, der es schafft, mit einer Frau zu schlafen, ist das tatsächlich ein Zeichen seiner Herrschaft. Für die Frau, die »sich hingibt«, die »sich gehenläßt«, ist es ein Zeichen ihrer Unterwerfung.

* * *

Für Max war Sexualität jedenfalls immer ein Schwachpunkt – eine folgenlose Schwäche, solange man dominiert. Max ist ein SS-Offizier, nicht von sehr hohem Rang, aber immerhin liegen Welten zwischen einem SS-Mann, wenn auch nur dritten Ranges, und einer Deportierten! Max gehört zur »Herrenrasse«. Er kann seiner Lust ohne Gefahr nachgeben. Außerdem »hat er Phantasie«, wie einer seiner Kameraden sagt. Er erfindet Prozeduren, um von den Gefangenen größeren Lustgewinn zu haben. Zum Beispiel gibt er sich als Arzt aus und erreicht so, daß die Opfer sich ausziehen, damit er sie dann in aller Seelenruhe fotografieren kann. Er kennt auch weniger subtile Spiele: Er blendet die beklagenswerten Kreaturen mit dem Blitz oder der Lampe, so daß sie sich bemühen, ihr Geschlecht und damit das letzte Stück ihrer erbärmlichen Würde mit den Händen zu verbergen. Er läßt vor ihnen endlos den Koitus vollziehen. Mit Revolverschüssen in die Luft zwingt er die, natürlich splitternackte, Protagonistin, wie eine Ratte durchs Zimmer zu rennen, wobei sie nicht mehr daran denkt, ihr Geschlecht oder ihre Brüste zu bedecken. Nach einer solchen Behandlung unterwirft sich Lucia, die völlig gebrochen ist und jegliches Schamgefühl und jeglichen Willen verloren hat, den Forderungen ihres Folterknechts. Es ist eine richtiggehende Dressur zur Befriedigung des Mannes. Von da an leckt die junge Frau, die vielleicht noch Jungfrau ist, das Geschlechtsteil des Mannes ohne Widerwillen oder Protest.

Heute kennen wir die meisten dieser Techniken der Erniedrigung und Vernichtung, die von der Nazi-Maschinerie entwickelt wurden. Allerdings sind die Aussagen von Liliana Cavani nicht ausschließlich historisch zu sehen. Sie versucht nicht, ein besonders blutiges Kapitel aus dem Leben oder dem unglaublichen Gesinnungswandel der deutschen Nation zu rekonstruieren. Jene Vergangenheit, die man loswerden will, die bereits mehr oder weniger verdrängt wurde und den jungen Generationen nahezu unbekannt ist, dient als Veranschaulichung, als Mythos oder Metapher für einen aktuellen und vielleicht in seiner offenkundigen Banalität grausameren Diskurs: *Eine solche Beziehung zwischen Frau und Mann ist, wenn sie von den grauenvollen Gewändern jener Zeit befreit wird, vielleicht eine gängige*. Stellen wir die Frage ganz brutal: Sind wir Männer alle wie Max und die Frauen alle wie Lucia?

Ich überlasse der Autorin die Verantwortung für die Antwort: Ja, so sagt sie unterschwellig. Die terrorisierte, erniedrigte Heldin unterwirft sich allen Launen von Max, dem SS-Schergen. Sie wird zu seinem Objekt. Dieses Mal trifft der Begriff wörtlich zu. Sie wird seine bewegte Puppe. »Das ist meine Puppe«, so wiederholt er, »ich habe meine Puppe wiedergefunden.« Und er behandelt sie auch so, zieht sie an, zieht sie aus, liebkost sie oder weist sie ab, wie es seinen Bedürfnissen entspricht. Aber wie benehmen sich Männer normalerweise Frauen gegenüber? Handeln nur die SS-Männer den Deportierten gegenüber so? Handeln sie nur so, weil sie diese finsteren Jahre erlebt haben, in denen die Beziehungen zwischen Männern und Frauen so stark erschüttert wurden? Neigt der Mann nicht dazu, die Frau fast überall auf der Welt wie eine Hure zu behandeln, die seiner Lust dient und die er verachtet, die man bezahlt und dann schlecht behandelt? Ist das der Hintergrund der weiblichen Lebensumstände, aus der Sicht einer Regisseurin? Gibt es keine Hoffnung, daß die Frau von dieser durch die Bedürfnisse des Mannes aufoktroyierten Sklaverei eines Tages befreit wird? Die Geschichte des Menschen hat nicht mit der Zeit des Nationalsozialismus begonnen und endet nicht damit. Was wird an dem Tag geschehen, an dem die Frauen endlich alle ihre Rechte erobert haben werden?

Das untersucht Liliana Cavani in der zweiten Hälfte ihres Films. Der ist letztlich sogar der Zeitraum, der sie am meisten interessiert, denn der erste Teil wird uns nur in Form von Rückblenden gezeigt. Zwar wird jedes aktuelle Ereignis durch die Vergangenheit erhellt, aber es geht doch im wesentlichen darum, die Gegenwart zu verstehen. In diesem zweiten Teil ist die junge Frau nun frei und reich – wird sie endlich Freiheit und Gleichstellung mit dem Mann genießen können?

Die Antwort lautet erneut nein. Die Aussage bleibt düster, ja, mehr noch: *Der Mann vernichtet die Frau, wenn er über die Macht verfügt, das zu tun, die Frau vernichtet den Mann, sobald sie über dieselbe Macht verfügt.* Und in wessen Namen? Wodurch? *Sie wurde im Namen der sexuellen Lust, die der Mann für sie empfand, tyrannisiert, sie wird nun den Mann mit dem Mittel der Lust tyrannisieren, die er immer für sie empfinden wird.* Der SS-Mann, der das zerbrechliche junge Mädchen vorbehaltlos beherrscht, ist zum Diener geworden. Aus dem jungen Mädchen ist eine Frau geworden, die mit einem berühmten Dirigenten verheiratet ist. Die sozialen Rollen haben sich verkehrt. Sie hat nun die Instrumente der gesellschaftlichen Macht in der Hand: Geld, Ansehen, Befehlsgewalt. Und dennoch schöpft sie nicht, zumindest nicht direkt, aus den vielfältigen Möglichkeiten der Herren in Friedenszeiten: Sie wird eine typisch weibliche Waffe einsetzen, die – so scheint es mir – historische und gesellschaftliche Kategorien transzendiert. Sie benutzt die sexuelle Abhängigkeit des Mannes. Max war dominant und abhängig, doch seine Abhängigkeit brachte ihn nicht in Gefahr, weil er der Herr war (einige Deutsche haben allerdings ihre Anhänglichkeit für einen Ausländer oder eine Ausländerin teuer bezahlen müssen). Von nun an ist er nicht mehr dominant, sondern bleibt abhängig. Und diese Abhängigkeit, die Lucia sich unmittelbar anschickt, wiederzubeleben und auszuschöpfen, wird für ihn zur tödlichen Gefahr.

* * *

Lucia umwirbt Max systematisch genau so, wie er sie umworben hatte. Die Dressur erfolgt nun mit vertauschten Rollen. Natürlich ist das nur möglich, weil Max sexuell bereits sehr fordernd war – die Regisseurin ruft uns das mit einer Reihe geschickter Kontrapunkte in Erinnerung. Es ist kein Zufall, daß er verschiedene Angebote in dieser Richtung erhält – er wird von einer Art Gräfin, ebenfalls einer ehemaligen Nazi-Größe, einem Hotelgast, begehrt. In den Salons desselben Hotels, das als Schlupfwinkel einer Neonazi-

Organisation dient, kümmert er sich um die Proben eines Tänzers, ehemalige *persona non grata* des erloschenen Regimes. Vielleicht gab es zwischen beiden sogar eine homosexuelle Beziehung. Zumindest befindet sich ihre Beziehung an der Grenze der Zweideutigkeit, und offensichtlich wäre der Tänzer glücklich darüber, eine intensivere Intimität wiederherzustellen. Doch fortan verweigert Max alles, was nicht von Lucia kommt. Er ist nicht mehr bereit, die Gräfin mit ihren Ängsten zu trösten. Er schickt ihr lieber einen jungen Mann, der den Kundinnen der großen Hotels hilft, in den Schlaf zu finden. Er weist die Avancen des Tänzers zurück, will nicht länger seine Hand halten, um ihn während einer Spritze in den Hintern zu beruhigen, und weist sein Angebot zurück, sein Privatbutler, sein wahrhaftiger »Diener für alles« zu werden. Da er nicht wirklich von der Gräfin oder dem Tänzer abhängig ist, will er den Preis für die Befriedigung, die er in ihrer Gesellschaft erhielt, nicht länger bezahlen. Von nun an findet er, daß das so wäre, wie »mit einer alten Schachtel zu schlafen« oder dem Künstler »den Arsch abzuwischen«. Mit Lucia ist er zu viel mehr, zum Schlimmsten bereit – sein Leben aufs Spiel zu setzen. Denn mit ihr beginnt es schon, wenn er das Zimmer betritt. Bald wälzen sie sich gemeinsam auf dem Teppich. Die Falle ist zugeschnappt, sie läßt ihre Beute – ihre Opfer – nicht mehr los.

Von diesem Augenblick an erleben wir deutlich *den Weg, den das Pendel beim Zurückschwingen einschlägt*, mit allen Schäden, die in der umgekehrten Richtung verursacht werden. Schlag auf Schlag, Erniedrigung um Erniedrigung, Verletzung um Verletzung, bis zur endgültigen Vernichtung. Normalerweise ist es der SS-Mann, der Mann, der die Initiative, insbesondere die sexuelle, ergreift. Nun ist es die Frau. Als Max seinem früheren Opfer wiederbegegnet und an ihrem Blick ablesen kann, daß sie ihn wiedererkannt hat, stürzt er in ihr Zimmer, dessen Tür er ungeniert mit seinem Hauptschlüssel öffnet – das wird seine letzte Autoritätshandlung sein. Er beschuldigt sie lautstark, sie sei gekommen, um ihn zu denunzieren, und wirft sich auf sie, doch sie verwandelt diesen Elan der Wut in eine Umarmung, drückt ihn an sich und liebkost ihn. Mit dieser Geste zwingt sie ihm das auf, was von nun an ihre Beziehung ausmachen wird: Erotik. Sie behält diese Initiative auch in derselben Art und Weise bis zum Schluß bei. Sie trägt nur ein kurzes Minikleid, wahrscheinlich auch keine Unterhose, und das ist ihre Opfergabe und ihre Waffe, ihre Beschaffung und ihre Abhängigkeit, stets bereit zu dienen. Wenn sie sich lieben, ist sie diejenige, die auf ihm sitzt. Man mag über den symbolischen Wert verschiedener Stellungen beim Koitus streiten, doch will man uns hier eindeutig signalisieren, daß die Frau dominiert.

Von da an läuft alles wie zuvor, und alles ändert seine Richtung. Statt Dominanz nun die Unterwerfung des Mannes, die fest in der erotischen Abhängigkeit verankert ist. Max kleidet Lucia an, zieht ihr die Schuhe an – wie zuvor, aber dieses Mal hat sie sich darum gekümmert, die Dinge bei einem Trödler zu kaufen, ein identisches Kleid wie dasjenige, das sie im Lager getragen hatte. Der gleiche Stoff, die gleiche Farbe, der gleiche Schnitt. Dieses Mal kleidet er kein passives Opfer an, *seine* Puppe, sondern eine Herrin und Geliebte gleichzeitig, die ihn respektlos betrachtet. Es handelt sich in der Tat um den Willen zur Umkehrung der Vergangenheit. Die Rückblenden, die Erinnerungen an die Szenen im Lager, die in die Erzählung eingeschoben werden, lassen diesbezüglich keinen Zweifel aufkommen. Es sind die gleichen Verhaltensweisen des einen und der anderen, allerdings innerhalb einer neuen Beziehung – oder deren Negativabbildung, was auf dasselbe hinausläuft. Max bringt der Protagonistin Kaffee und gibt ihn ihr Löffel für Löffel zu trinken. Rückblende: Er hatte sich geweigert, der Gräfin ein wenig Wasser zu bringen, damit sie ihr Schlafmittel einnehmen kann, und hatte so die Unterwerfung nicht akzeptiert. Der filmisch fast unerträgliche Gipfel: Lucia sitzt auf einer Kloschüssel, und er hilft ihr beim Aufstehen. Rückblende: Der Tänzer hatte ihm mit Bitterkeit in der Stimme gesagt, er erlaube es ihm nicht, »ihm den

Hintern abzuwischen«. Doch die Parallele zu *Der Diener* von Losey erschöpft sich hier. Zumindest ist das nicht mehr das Wesentliche des Films. *Der Kern des Problems ist nicht mehr Unterwerfung, sondern gegenseitige Abhängigkeit und die sich daraus ergebende gegenseitige Unterwerfung, welche der Preis für die gegenseitige Beschaffung ist.* Unbegrenzte Unterwerfung bis zum Tod.

* * *

Um ihre Liebe zu schützen, mieten sie eine Wohnung an, in die sie sich mehr und mehr zurückziehen. Die Zufluchtsstätte verwandelt sich in eine Falle, in einen Bunker, aus dem es bald kein Entkommen mehr gibt, nicht einmal mehr ihr Gesicht am Fenster können sie zeigen. Max' ehemalige Gefährten überwachen den Ort, um auf sie zu schießen. Bereits Gefangene ihrer selbst, werden sie rasch zu Gefangenen der gesamten Umwelt, denn die anderen können eine solch absolute, solch »widernatürliche« – will heißen, gegen die gesellschaftliche Norm gerichtete – Liebe nicht hinnehmen. Der Ehemann läßt seine Frau von der Polizei suchen, und die geheime Organisation belagert sie – die Nazis billigen eine solche Verbindung genausowenig. »Man muß mit seinen Freunden leben können«, erklärt der Nazi-Professor – Max mit seinen Exnazis und Lucia mit den ihrigen. Die Vorhänge sind endgültig zugezogen, die Tür verrammelt. Das genügt nicht. Der Lebensmittelhändler, der bedroht wird, stellt seine Lieferungen ein. Man stellt ihnen den Strom ab. Bald werden sie nichts mehr zu essen haben. Das ist das Ende, und sie wissen es. Lucia, die überzeugt ist, daß es keinen Ausweg und kein Draußen mehr in der Welt der anderen gibt, derjenigen, die eine solche Abhängigkeit nicht zulassen, auch nicht in der Wohnung, beschleunigt das Ende willentlich. Ein Glas Marmelade bleibt noch, aber statt dieses zu rationieren, öffnet sie es und verschlingt den Inhalt gierig. Auch hier Rückblende zum Lager, wo sie vor Hunger umkam und Max ihr von Zeit zu Zeit zu essen gab, so wie man einen Hund oder eine Katze füttert, an denen man hängt. Dieses Mal hat sie ihrer beider Leben in ihrer klebrigen Hand. Er läßt sie gewähren und sieht zu, wie ihre letzte Überlebenschance noch rascher dahinschmilzt. Einen Augenblick lang ergreift er diese Hand, die noch ein Stück Glas festhält, mit dem er ihr offenbar die Gurgel durchschneiden könnte. Doch er ist schon vernichtet, und sie mit ihm. Man denkt an die Szene, in der Max seiner Gefangenen den Kopf des Häftlings, der sie belästigt hatte, als Geschenk überreicht. Die Gräfin, der er später dieses Detail erzählt, sagt ironisch: »Das ist sehr romantisch.« – »Nein«, so präzisiert er, leicht verwirrt, »das ist biblisch.« Eine Anspielung auf Salome offenbar. Doch bei Salome ist es die Frau, die den Kopf des Mannes abschneiden läßt. Indem er sich in diese leidenschaftliche Abhängigkeit begab, hatte Max seinen Kopf bereits ans Messer geliefert.

Ausgehungert wie die Ratten, und nachdem sie den letzten Winkel der Falle abgesucht und festgestellt hatten, daß es keinen Ausweg gibt, weder draußen noch drinnen (kurz bevor sie gehen, überreicht er ihr seine Unterhose; sie weiß, daß das wirklich das Ende bedeutet, und läßt es sich mit einer Art tragischer Böswilligkeit im Blick gefallen), verlassen sie schließlich nachts die Wohnung, und es gelingt ihnen, mit dem Auto zu fliehen. Doch kaum sind sie aus dem Wagen ausgestiegen, um einige Schritte zu gehen, ertönen zwei Schüsse, die aus nächster Nähe von ihren Verfolgern abgefeuert wurden. Letztes Bild: auf einer riesigen Brücke in Wien zwei aneinandergeklammerte Leichen, aufs lächerlichste bekleidet, sie in ihrem Puppenkleid und er in einem sackartigen Pullover – der SS-Mann und seine Geliebte.

* * *

Damit sind im wesentlichen die Beziehungen zwischen Männern und Frauen aus der Sicht einer Frau umrissen. Unterwerfung der Frau, begründet auf ihre sexuelle Abhängigkeit, Unterwerfung des

Mannes, ebenfalls begründet auf seine sexuelle Abhängigkeit. Im Grunde spielen die gesellschaftlichen Bedingungen hierbei keine Rolle. Die Regisseurin erlaubt sich den Luxus, einen Beweis durch Umkehrung anzutreten. Im ersten Teil ist der Protagonist mächtig, die Protagonistin ein Nichts. Im zweiten Teil ist sie reich, vergöttert, respektiert, und er ein erbärmlicher Hotelportier. Was ändert das? Die Hölle des Paares ist dieselbe.

Gibt es keinen anderen Ausweg? Im Kontext dieses Films offenbar nicht – es handelt sich um einen SS-Mann, also einen absolut dominierenden Mann, und um eine Deportierte, also eine völlig dominierte Frau. Die Gewalt ihrer gegenseitigen Lust grenzt an Wahnsinn und führt in den Tod. Ein Autor kann stets legitimerweise sagen: »Ich erzähle nur eine Geschichte, mag jeder davon halten, was er will.« Das stimmt und stimmt nicht, ist aufrichtig und unaufrichtig. Man erzählt eine Geschichte und möchte, daß sie die ganze Menschheit betrifft. Deswegen mag man trotz der Bequemlichkeit für die Regisseurin die Verwendung dieser historisch außergewöhnlichen Zeit und die exzentrische Morbidität des Films bedauern. Ebenso wie den aus der Luft gegriffenen Aspekt des zweiten Teils, in dem das Grauen der Lager abgelöst wird von den Drohungen der Organisation der Exnazis, die die ehemaligen Opfer verfolgt, was wenig glaubhaft ist. Als ob Cavani eine Parteinahme für das Grauen einwandfrei von einem Ende zum anderen aufrechterhalten wollte.

Doch diese doppelten Handlungsstränge von Kriegszeit und Friedenszeit, jene Grenzübergänge, können wir beiseite lassen. Es ist eine Tatsache, daß für Cavani der Kern des Problems unverändert bleibt. So sind die Beziehungen zwischen Männern und Frauen, wenn auch durch Sitten und Gebräuche ein wenig ummäntelt und abgewandelt. Wenn Lucia in der Wohnung bleibt, in der sie sich freiwillig einschließen läßt – in der Ehe? in einer Paarbeziehung? –, dann unterwirft sie sich dem Mann, sie läßt sich unter dem Vorwand, sie vor einer eventuellen Entführung zu schützen, anketten. Darüber lacht der Professor – ein ziemlich lächerlicher Schutz. In Wahrheit ist sie einverstanden damit, bei Max zu bleiben, um mit ihm zu schlafen, zu jeder Tages- und Nachtzeit. Sie billigt es, sich anstatt der Eisenkette Handschellen anlegen zu lassen. Sie lebt außerdem auf dem nackten Fußboden, wie eine Hündin, bewegt sich auf allen vieren fort und versteckt sich unter dem Tisch. Sie wird schließlich daran sterben. Aber wenn sie beschlösse, die Wohnung zu verlassen, würde sie auch sterben: Sie würde von Killern der Organisation umgebracht werden. Die Übertragung in einen weniger tragischen Kontext lautet: Sie wird ohne diese Abhängigkeit der Liebe nicht überleben. Das ist kein Leben.

Hätte sie es fertiggebracht, nicht in diese Wohnung zu gehen, sich Max nicht anzuschließen? Nein, insistiert die Regisseurin, das hätte nichts genützt. Sie hatte ein Gespräch zwischen den Verschwörern belauscht. Diese hatten ihre Existenz erraten und suchten nach ihr, um sie umzubringen. Gewiß konnte nur Max sie denunzieren (zusammen mit einem italienischen Gastwirt, der von Max umgebracht wird). Doch um Max zu entwaffnen, mußte sie sein Begehren nach ihr wiederbeleben, also die Falle in Gang setzen. Dann aber führt die Falle sie beide in den Tod. Sie hätte fliehen können, Max, dem Hotel, der Stadt entfliehen! Aber nein, das konnte sie auch nicht. Sie zögert, versucht es, ändert zum Erstaunen ihres Ehemannes, des Dirigenten, der das alles nicht versteht, mehrfach ihre Meinung. Doch ihre Flucht wäre der Beweis für ihre erotische Verwirrtheit. Sie würde gern fliehen, um den Mördern zu entkommen, aber das hieße auch, vor Max zu fliehen, sich also einzugestehen, daß ihre Leidenschaft immer noch besteht. Da sie fühlt, daß sie bleiben will, müßte sie gehen. Sie geht nicht. Aber ob sie bleibt oder geht, der Beweis ist erbracht: Sie wird vom »Nachtportier« unwiderstehlich angezogen und läßt sich vom Sturm mitreißen (ist der Wärter nicht auch gleichzeitig derjenige, der fesselt und entfesselt?).

Max ergeht es nicht besser. Wenn es nach ihm ginge, hätte Lucia so schnell wie möglich abreisen sollen. Darum wollte er sie auch bitten – er beschuldigt sie, nach Wien gekommen zu sein, um ihn bei der Polizei anzuzeigen. Als Antwort wirft sie sich in seine Arme, und sie lieben sich stürmisch. Ein Grund mehr für sie zu gehen. Er will nicht, daß sie von seinen Freunden umgebracht wird. Er entdeckt erneut, wie durcheinander er ist. Doch seine Verwirrtheit ist zweischneidig; weil er sie liebt, will er, daß sie geht, weil er sie liebt, will er sie bei sich behalten. Er behält sie bei sich, stirbt aber deswegen und sie mit ihm. Er verstärkt die Sicherheitsmaßnahmen und die Dummheiten. Er tötet Mario, den italienischen Gastwirt, der sie hätte erkennen können. Er bleibt häufig seinem Dienst fern, er mietet eine Wohnung an, er läßt sich Vorräte liefern, kurzum, er liefert den Mördern die Beweise, die ihnen fehlten.

Nein, man hätte nichts tun können, als der Fatalität der Lust und des Grauens, die so eng ineinander verschlungen sind, nachzugeben. Max hat Lucia in erotischer Hinsicht erweckt. Indem er sich für einen Arzt ausgab, hat er sie mit einer Watterolle defloriert, er hat ihr die Finger in den Mund gesteckt, während sie angekettet war. Er nahm sie nach seinem Belieben, und ohne daß sie je hätte sich weigern können, doch damit hat er ihr allmählich die Wollust offenbart. Alsbald läßt sie sich liebkosen und erwidert seine Zärtlichkeiten. Und da diese Lust im Grauen geboren und von Knechtschaft begleitet wurde, ruft sie in unauflösbarer Weise das Grauen und die Knechtschaft in Erinnerung. Max wird von nun an Lucia anketten müssen, um Lust zu empfinden, und Lucia läßt sich gern anketten, um die zwiespältige Lust des Lagers vollständig wiederzufinden. Doch für diese erniedrigende Zustimmung läßt die Frau den Mann bezahlen: *Der Preis für die Beschaffung hat zwei Seiten – der Abhängige bezahlt für seine Beschaffung, der Lieferant zahlt für das, was er im Gegenzug den Abhängigen erleiden läßt.*

Auch so stellen sich für die Regisseurin die Beziehungen zwischen Männern und Frauen dar – eine unauflösliche Verbindung von unüberbietbarer Wollust und gegenseitiger Grausamkeit. Es ist Liliana Cavanis Recht, in Liebesbeziehungen ein so großes Unglück zu sehen, das sich mit so großem Glück vermischt. Das eine ist der zwar exorbitante, aber abgesprochene Preis für das andere. Jeder der beiden Partner ist dabei jeweils nacheinander sadistischer und masochistischer Nutznießer. Es ist dem Zuschauer aber auch erlaubt, solch schreckliche Hoffnungslosigkeit anzuzweifeln. *Bringt sexuelle Abhängigkeit, sei sie auch noch so mächtig, stets eine solche gegenseitige Zerstörung hervor?*

Letztlich läßt das Bedürfnis, das der Mann nach der Frau hat und umgekehrt, sie einander dankbar sein. Selbst wenn sie bisweilen daraus Nutzen ziehen – der Mann gemeinhin mehr –, um den anderen zu tyrannisieren, sind sie bereit, dafür zu bezahlen, und sie zahlen dafür in unterschiedlicher Weise. Der Begriff »Preis« ist zwar vieldeutig, aber er hat auch zwei Seiten. Aus der Sicht des Zahlenden ist der Preis negativ, aus der Sicht des Lieferanten ist er positiv. Der Mann oder die Frau liefern Zärtlichkeit, Schutz, Fürsorge, was sehr angenehm ist. Selbst in dem schrecklichen Kontext, den Cavani gewollt hat, rettet Max' sexuelle Abhängigkeit von Lucia die Heldin. Sie wird darüber hinaus von ihm eingekleidet, mehr oder weniger ernährt und gegen das Ansinnen anderer geschützt (siehe die Episode mit dem abgetrennten Kopf). Der Nazi deutet sogar eine Geste echter Zärtlichkeit an. Und das wissen, spüren Frauen, ganz gleich, in welchen Konflikten sie mit ihren Gefährten stehen: Neben ihrem Begehren nach dem Mann empfinden sie für ihn Nachsicht, geheimes Einverständnis, Zärtlichkeit und einen obskuren Schutzinstinkt für das Kind in ihm, und vielleicht für das Kind, das von ihm stammen wird. Zweifellos könnte man der Autorin zum Trotz in dieser unzertrennlichen Intimität, diesem gegenseitigen Bedürfnis, ein Anzeichen für eine Mäßigung in der Zukunft sehen. Da sie ein so starkes Bedürfnis nach einander haben, können sich Mann und Frau einen ständigen Eroberungskrieg liefern, aber auch einen äußerst förderlichen Frieden stiften.

Nehmen wir an, daß es eine Frage der Dosierung und der Aufklärung ist. Cavani hat es vorgezogen, die Finsternis der Liebe zu zeichnen, diese Nacht, in der Max, der Portier, sich verbirgt, nach jener Nacht der Lager, und wo Lucia ihn wiedertrifft, die von den Gespenstern der Vergangenheit verfolgt und getrieben wird. Wir kommen noch einmal auf die Wahl des historischen Kontexts zurück, der alles in allem so zufällig nicht ist. Wir bedauern das ein bißchen. Man könnte den Akzent stärker auf den Tag, das Licht der Leidenschaft legen, das heißt auf die guten Seiten der Abhängigkeit.

Die Bürde des Lieferanten

»Im Reich der Sinne«[3] von Oshima

Neben einer Fülle von Details und permanenten überflüssigen Wiederholungen ist die Geschichte einfach: Eine junge und hübsche Prostituierte, Sada, läßt sich in einer Art japanischem Gasthof – mit Geishas und Sake – nieder, um dort Geld zu verdienen, mit dem sie ihrem ehemaligen Meister die Schulden abbezahlen kann. Sie wird von ihrem neuen Meister, Kishi, einem ausgesprochen schönen Mann, eingeführt und verführt, der ihr eine Intensität der körperlichen Liebe offenbart, die sie bis dahin nicht gekannt hat. Sie bindet sich so leidenschaftlich an ihn und er an sie, daß ihr Leben von da an nichts als eine lange Liebkosung ist, ja, sogar eine fast ununterbrochene Kopulation. Sada, die immer fordernder und unruhiger wird, verbietet Kishi, mit seiner Frau zu schlafen, mit der er diesen täglichen Ritus untadelig absolviert. Kishi verspricht es, ohne es allerdings ganz einzuhalten. Nach mehreren Ermahnungen, begleitet von Todesdrohungen, und auf der anfallartigen Suche nach einem immer gewaltigeren Orgasmus erwürgt Sada schließlich mehr oder weniger mit Kishis Einwilligung ihren Liebhaber. Wonach sie ihn mit dem Küchenmesser kastriert, das sie ihm viele Male unter die Nase gehalten hatte.

Eigentlich handelt es sich um eine neue Version von Othello.

Eine exzessive und folglich ausschließliche Liebe, davon bedroht, das Objekt ihrer Leidenschaft zu verlieren, oder einfach nur wahnsinnig angesichts der Unmöglichkeit, sich dieses völlig anzueignen, endet mit dessen Zerstörung. Allerdings gibt es zwei kleine Unterschiede: Es ist erstens ein weiblicher Othello, was für den Autor des Films eine besondere Bedeutung hat – darauf kommen wir noch zurück. Zweitens: Es ist ein Othello der Sexualität, was die Modernität erhöht, sofern man einräumt, daß die Sexualität in der heutigen Welt eine größere Bedeutung hat. Die Leidenschaft für Sada jedenfalls ist ganz und gar nicht platonisch – das geht so weit, daß man sich fragen kann, ob sie wirklich in Kishi verliebt ist oder in seinen Körper, genauer gesagt, in sein Glied. Die Rohheit unserer Worte ist nur die Übertragung der Rohheit des Films. Rohheit, die übrigens an der Grenze des Erträglichen ist. So endet der Film mit einer Horrorvision: ein Glied und zwei Hoden, jeweils fein säuberlich seziert. Der Text im Abspann des Films kann einen in bezug auf diese Interpretation zögern lassen. Oshima wurde, so heißt es, durch ein Ereignis inspiriert, das sich 1936 in Japan zugetragen hat. Eine Frau spazierte mehrere Tage lang mit dem frisch abgeschnittenen Geschlechtsteil ihres Liebhabers herum. Nach ihrer Verhaftung und Verurteilung genoß sie das faszinierte Mitleid der japanischen Öffentlichkeit, die darin wahrscheinlich die Geschichte einer leidenschaftlichen Liebe sah. Im Film spricht die Heldin zwar am Ende von »nur wir zwei«. Aber man muß auch konstatieren, daß sie da zu einer Leiche spricht. Eine merkwürdige Art, die Intimität eines Liebes-Duos zu erhalten. Handelt es sich tatsächlich um glühende Liebe im Sinne einer bis ins Absolute gesteigerten sentimentalen Leidenschaft oder um wahnsinnig gewordene Sexualität?

Aufgrund dieser Zweideutigkeit wurde *Im Reich der Sinne* bald als ungeheuer metaphysisch und bald als pornographisch eingestuft. Seine Kritiker sahen in ihm natürlich eher Pornographie, die Bewunderer Metaphysik. Pornographie ist etwas Schlechtes,

Metaphysik etwas Gutes. Wenn man also dagegen ist, prangert man die obszöne und abstoßende Zurschaustellung an, wenn man dafür ist, feiert man »eine Zeremonie der Liebe«, ein im wesentlichen symbolisches Werk. In Wahrheit ist das zuviel oder zuwenig – wie so oft bei eigenwilligen Werken ist man in die Extreme gegangen und hat beidesmal eine störende Vielfalt geopfert. Unserer Ansicht nach handelt es sich um eine pornographische Beschreibung, die aber zu einer Reflexion über Verhalten und Situation des Menschen führt. Außerdem, was bedeutet Pornographie, dieses Wort, das eine derartige Verurteilung nach sich zieht, eigentlich? *Graphie* ist ein rundum respektabler Suffix, den man auch in Geographie, Ozeanographie, ja, sogar in Photographie und Kinematographie wiederfindet. Er bezeichnet ein Zeichensystem, Schrift oder Zeichnung. *Porno* ist das eigentlich Schreckliche. Dieses Wort steht für alles, was mit Obszönität und Prostitution verbunden wird. Und zweifellos handelt es sich auch zunächst in diesem Film darum, auch wenn später bzw. implizit die Symbolik die Oberhand gewinnt. Überdies ist die Protagonistin des Filmes, Sada, eine Prostituierte, was die Überschreitung von Tabus erheblich erleichtert. Während einer der ersten Filmsequenzen sieht man Sada, wie sie den Boden putzt und dabei ihren Hintern den Blicken aussetzt. Kishi, der sie dabei beobachtet, ruft aus: »Welch herrlicher Anblick!«, hebt sodann ihren Rock hoch und läßt seine Hand zwischen Sadas nackte Hinterbacken gleiten, um ihr Geschlechtsteil zu berühren. Muß diese Sequenz wirklich symbolisch interpretiert werden? Die Absicht des Regisseurs läßt sich nicht mehr abstreiten – wir sehen unaufhörlich Hintern und Brüste, vor allem Geschlechtsteile, und insbesondere ihr sozusagen dynamisches Aufeinandertreffen, bis zum Überdruß, bis zur Langeweile. Also mit Sicherheit Pornographie, sogar Obszönität, wenn denn dieser Begriff bedeutet, daß man schamlos und ohne Vorbehalte das zeigt, was eigentlich verborgen bleiben sollte: Hier wird nichts verborgen, weder Körper noch deren intimste Regungen.

Wenn man allerdings hinzufügt, daß Pornographie und Obszönität etwas Schmutziges und Abscheuliches sind, dann ist dieser Film weder rein pornographisch noch rein obszön. Das lag sicher nicht in der Absicht des Autors; er wollte uns sogar genau das Gegenteil zeigen: durch die Tugend der beharrlichen Wiederholungen mit minimalen Nuancen. Er wollte uns daran gewöhnen, Sada auf ihrem Liebhaber reitend oder von ihm geritten zu sehen, im Großformat zu sehen, wie ein Glied in eine Vagina oder einen Mund gleitet. Am Ende läßt man sich ablenken oder ist gelangweilt angesichts solcher Szenen, die für uns normalerweise anstößig sind. Es handelt sich um eine Art Umerziehung der herkömmlichen Empfindlichkeit des Zuschauers. Es gibt sogar das Bestreben, Aspekte der Sexualität zu rehabilitieren, die als entwürdigend angesehen werden, ein Bestreben, die üblichen Grenzen des Ekels zu verschieben. Als der Protagonist das Menstruationsblut seiner Geliebten aufleckt oder auf ihr Betreiben hin zustimmt, Pilze zu essen, die sie zuvor in ihre Vagina eingeführt hatte, aber bitte mit Stäbchen, dann ist der Zuschauer zunächst peinlich berührt, aber nach einigem Überlegen wird er sich vielleicht Fragen stellen. Um sich noch ein wenig zu sträuben, wird er sich vielleicht sagen, daß man in Japan in diesen Dingen etwas weniger heikel ist – was uns zweideutig erscheint, ist es dort wahrscheinlich weniger. Baden diese Leute nicht alle nackt, Männer und Frauen zusammen? Aber der Zuschauer ist doch verwirrt. Er spürt auch, daß das exotische Alibi zu bequem ist. Die Grenze zwischen gutem und schlechtem Geschmack variiert zwar je nach geographischen Grenzen, aber sie ist weniger strikt, als es im Inneren ein und derselben Kultur den Anschein hat. Nun gut, man muß einige offenkundige Tatsachen akzeptieren: Würden Sie die Spucke eines geliebten Wesens auflekken? Nein? Und dennoch lecken Sie an seinen Lippen und seinem Mund. Was sonst ist ein Kuß? … Ordnen wir das noch unter dem ein, was wir den *Preis der Abhängigkeit* genannt haben. Übrigens handelt es sich hier um minimale Kosten für große Befriedigung.

Eine permanente, vollkommene Lust, deren Grenzen jenseits des Vorstellbaren liegen.

Der Film hätte hier zu Ende sein können, mit der Entdeckung der perfekten Sexualität oder der leidenschaftlichen Liebe durch eine junge Frau.

Man hätte darin ein optimistisches, insgesamt sehr befreiendes Werk gesehen, wobei noch darüber zu diskutieren gewesen wäre, ob es nötig war, so viel nacktes Fleisch zu zeigen. Wir sagen ja – es war nötig. Das ist die einfache Meinung des Zuschauers, die wir allerdings so verteidigen: Trotz der Längen und des Überdrusses, den sie hervorrufen, *geht es darum, den langsamen Aufbau einer sexuellen Abhängigkeit, genauer gesagt, der einer Frau von einem männlichen Glied zu beschreiben.* Man hätte die erotischen Szenen nicht nur nicht verheimlichen sollen, ganz gleich, ob man diese als Pornographie einstuft oder nicht, sondern man hätte es gar nicht können: Die Sexualität trägt den Film, auch wenn sehr viel um sie herum konstruiert wurde. Der Held ist zwar schön, aber er ist vor allem effizient. Man bewundert, wie er stets bereit ist, stets funktionsfähig, selbst wenn er schläft. Unablässig, Sequenz auf Sequenz müht sich die Protagonistin auf ihm ab. Er lächelt dabei, ja, er raucht sogar, während sie Schreie einer schmerzhaften Wollust ausstößt. Sie ist entzückt, erstaunt, sprachlos angesichts der intakten und unbegrenzten Kraft dieses gehorsamen, immer – auch wenn dessen Besitzer zerstreut ist – erigierten männlichen Organs. Bei Sada besteht im Grunde eine Art Panik, eine Trunkenheit angesichts dieses stetigen Wunders. Zu guter Letzt leiht sie den Mann sogar an andere Frauen aus, um ihn auf die Probe zu stellen. Um zu überprüfen, ob er wirklich eine unerschöpfliche Quelle der Beschaffung ist. Das Geschlechtsteil des Mannes, das sichtbarer und präsenter ist als das der Frau, bringt so den ganzen Film auf den Punkt, wenngleich es auch am Ende abgeschnitten, abgetrennt, neben der Leiche seines Besitzers ruht.

Doch das ist nur der erste Teil des Films. Dieses gefällige Beharren auf der Lust, die beiden Partnern so viel Freude bringt, dient auch dazu, den Aufbau, die allmähliche Festigung des verworrenen Bandes zu beschreiben, das sie aneinander ketten wird. Aus dieser sexuellen Abhängigkeit werden bald – und das zu zeigen, ist der Sinn des zweiten Teils – unvorhersehbare und schreckliche Konsequenzen erwachsen, nämlich ein bizarrer Wahn der Frau und der Tod des Mannes. Die Allgegenwärtigkeit der Sexualität wird zum Fetischismus und zur tödlichen Besessenheit. Und handelt es sich nur um Sada und Kishi, die kleine Prostituierte und den schönen, etwas simplen Mann? Wir verstehen nach der Gewöhnung an die Bilder von Vagina und männlichem Glied über die amüsante Anzüglichkeit oder die Entrüstung hinaus, daß zwischen einer Frau mit einer fordernden Vagina und einem besonders gut ausgestatteten Mann eine exzessive Abhängigkeit entstehen kann. Der Autor suggeriert, daß eine doppelte sexuelle Abhängigkeit das Paar in ein doppeltes Unglück stürzen kann. Die unglücklichen Protagonisten aus *Im Reich der Sinne* – ein exzellenter Filmtitel – werden so in die Katastrophe geführt. Diesen Kurs nimmt der Film, und es könnte auch unserer sein.

Der unzulängliche Mann

Warum? Warum verwandelt sich für den einen wie für den anderen Partner ein solches Glück in Unglück? Allerdings ist bemerkenswert, daß die Symmetrie zwischen Mann und Frau hier aufhört. Die beiden Rollen, die männliche und die weibliche, ergänzen einander und münden in dieselbe Tragödie, allerdings nicht in derselben Art und Weise. Die Bestrafung durch das Schicksal ist nicht identisch für beide – der Mann stirbt daran, die Frau tötet und wird verrückt. Es ist weniger schlimm, kriminell zu sein, als erwürgt und dann kastriert zu werden. Denn in der Abhängigkeitsbeziehung sind die Rollen, wie wir wissen, nicht deckungsgleich. Wie soll man das Verhalten der Partner einschätzen, wo diese doch zunächst völlig erfüllt und dann so unglücklich sind?

Es scheint einfacher, eine Antwort in bezug auf die Frau zu geben. Nachdem sie dank Kishi eine unerhörte Wollust kennengelernt hat, verlangt Sada immer wieder gierig danach. Sie fordert so viel und immer mehr, daß sie alle Grenzen überschreitet und in einen Abgrund stürzt, in den sie ihren unglücklichen Liebhaber mitreißt. Man könnte glauben, daß sie übertreibt, daß ihr Fall krankhaft ist. Sie hat sich selbst im übrigen darüber so sehr gesorgt – so sagt sie, um sich für ihre exzessiven Gelüste zu entschuldigen –, daß sie deswegen ihren Arzt aufsuchte, der sie beruhigte. Nein, sie ist normal. Das will uns Oshima zu verstehen geben. Das ist ein normales Verhalten der Frau: Die Frau ist sexuell gierig.

Der Film bietet eine Erklärung für die Beziehungen zwischen den Geschlechtern: Im großen und ganzen gibt der Mann, und die Frau empfängt. Die Frau fordert, und der Mann liefert. Zumindest behauptet das der Autor, und zugegebenermaßen denken auch viele Männer so. In dieser Hinsicht ist *Im Reich der Sinne* ein typischer Männerfilm, im Gegensatz zu *Der Nachtportier*, der ein Frauenfilm ist. Er bringt nicht unbedingt die Wahrheit über die Frauen zum Ausdruck, sondern eine männliche Sichtweise auf die Frau und auf die Beziehung des Mannes zur Frau, wie er sie erlebt. Das ist auch ein Grund dafür, daß es keine Symmetrie zwischen den Partnern in diesem Film gibt. Hier ist nicht der Ort, um eine solche Auslegung der Paarbeziehung zu erörtern. In jedem Fall ergibt sich daraus eine Anklage einer Frau, eine Klage und eine Befürchtung, die Angst, das beunruhigende Verlangen der Partnerin nicht zu stillen. Wenn man es darüber hinaus noch mit einer besonders anspruchsvollen Frau wie Sada zu tun hat, muß der Mann besonders begabt sein, was Kishi auch ist. Das Drama nimmt dennoch seinen Lauf und endet in einer Tragödie. Man muß also glauben, daß die Kluft unüberbrückbar ist. Mit mittelmäßigen Helden, die weniger begabt als Sada und Kishi sind, wäre das Verlangen geringer und die Reaktion darauf ebenfalls, aber die Kluft bestünde ebenso. Der Mann bleibt stets dahinter zurück, unzulänglich und schuldig. Und vielleicht gelangen wir hier zu einem weiter reichenden und symbolischeren Phänomen als dem Orgasmus – gibt es eine Möglichkeit, Harmonie und Gleichgewicht in der Liebe zwischen Mann und Frau zu erzielen? *Und über die Liebe hinaus, über die Beziehung zwischen Mann und Frau hinaus, kann man sich eine allgemeinere Frage stellen: Kann Beschaffung jemals vollkommen auf Abhängigkeit reagieren? Kann ein Lieferant die Erwartung eines Abhängigen jemals erfüllen?*

In diesem Film lautet die Antwort jedenfalls nein. Ein Vergleich zwischen den männlichen und weiblichen Figuren ist erhellend: Die Frauen sind immer zur körperlichen Liebe bereit und können dabei Lust empfinden. Bei Männern ist das schwieriger, wenn nicht gar unmöglich. Selbst unser Protagonist gibt sich schließlich geschlagen, man weiß, auf welch entsetzliche Weise. Der Film beginnt mit einer Sequenz, in der ein alter Mann die kleine Prostituierte anfleht, in das Liebesspiel mit ihm einzuwilligen. Als sie zustimmt, erweist er sich dessen als unfähig. Sie sagt ihm dann mit einer unbewußten Grausamkeit, daß er sie nicht interessiere; und damit im Grunde, daß er seine Aufgabe als Mann nicht erfüllen kann. Dann bekommt Sada einen regelrechten hysterischen Anfall, wobei sie – schon jetzt – eine der Frauen mit einem Messer bedroht, bereits eine Vorahnung auf die Gewalttätigkeiten, zu denen ihre letzte Enttäuschung mit ihrem Liebhaber sie treiben wird. Eine weitere Figur, ein Gastwirt, dem Sada anbietet, sie im Austausch für Alkohol zu nehmen, gibt zu, daß sein Glied seit langer Zeit nur noch zum Urinieren taugt. Geht es überhaupt in Wahrheit darum, sie zu nehmen? Sie hebt ihre Röcke hoch und bietet ihre Vagina feil, wie man Geld anbietet. Der Alte wollte, aber er konnte nicht. Der Gastwirt will nicht mehr, weil er nicht mehr kann. Dem Schulleiter, der Sada das bißchen Geld gibt, das dem Paar das Überleben ermöglicht, gelingt es nicht, ihr Lust zu bereiten.

Merkwürdigerweise würde man selbst bei dieser Sequenz sagen, daß der Zweck des Treffens darin besteht, daß Sada Lust empfindet. Es gelingt ihr erst, als sie sich den Körper von Kishi vorstellt und nachdem sie beharrlich von ihrem Gelegenheitsliebhaber verlangt hat, sie zu schlagen, zu kneifen. Als sie den Schulleiter bittet, mit ihr wegzugehen, ist das der einzige Augenblick, in dem sie versucht, sich zu befreien und den Bann zu brechen. Er lehnt es ab, aus gesellschaftlichen Gründen. Er hat zuviel Angst davor, mit einer Prostituierten gesehen zu werden. Jämmerliche Gründe, die den Mann lächerlich machen, während die Frau, die jung und schön ist, sich ihm von ganzem Herzen anbietet. Was schließlich die Hauptfigur angeht, ihn, der kann, der immer potent ist – weswegen sie sich an ihn bindet –, so sieht es so aus, als ob das Problem des Orgasmus für ihn keinerlei Bedeutung hätte. Am Anfang versucht Sada sehr wohl, Kishi Lust empfinden zu lassen, aber Kishi scheint gar kein besonderes Verlangen danach zu haben. Als ob seine Funktion hauptsächlich darin bestünde, einer jungen Frau den Orgasmus zu schenken, als ob das an erster Stelle stünde. Kurzum, die Lust des Mannes ist immer problematisch, nicht existent oder diffus.

Die Frauen sind im Gegensatz dazu alle in der Lage, körperlich zu lieben. Sie wollen es, und sie können es. Und jeder Partner, jedes Objekt ist ihnen recht, selbst die homosexuelle Liebe, die in der allerersten Sequenz angedeutet wird. Das ist wunderbar. Die Frau des Protagonisten bietet sich jeden gottgemachten Morgen den Liebkosungen ihres Mannes dar und erhält, was sie sucht – ein Schwindelgefühl, das ihr ein Stöhnen entlockt, das die kleinen Dienerinnen, die sich hinter den japanischen Papierwänden verstekken, fasziniert. Als Sada spielerisch einer alten Geisha vorschlägt, mit Kishi zu schlafen, muß der zunächst zurückhaltende Held mit Entzücken feststellen, daß sie alsbald bereit und feucht wie ein junges Ding ist – sie wird ohnmächtig vor Glück.

Die kleinen Dienerinnen entjungfern eine der ihren mit einem künstlichen Phallus, weil Sexualität die große Sache der Frauen ist.

Es gibt denn auch keine einzige, die beim freiwilligen oder zuweilen erzwungenen Liebesakt nicht vor Wollust stöhnt – wie jene dicke Frau, Eigentümerin des Hauses, in dem das Paar Zuflucht sucht, die Kishi mit Gewalt besteigt, um sie Höflichkeit zu lehren. Kurz, es gibt nie Hemmungen seitens der Frauen, keine Langeweile, keine unterschwellige Weigerung, keine mechanische Unfähigkeit, keine vorzeitige Ejakulation.

Aber, *wenn die Frau immer für die Liebe bereit, in ständiger Erwartung ist, dann stellt sie auch eine permanente Forderung gegenüber einem Partner dar, der notwendigerweise unzulänglich ist,* weil seine Kräfte zwangsläufig nachlassen. Dieses Mißverhältnis, dieser klaffende Graben, kann trotz aller zarten Brücken, die der Mann baut, unmöglich beseitigt werden. Eines Tages wird der Mann unvermeidlicherweise hineinfallen. Denn es kommt der Tag, an dem er weniger festen Schrittes geht, sei es aufgrund von Streit, Müdigkeit oder Unfähigkeit. An jenem Tag wird das Drama seinen Lauf nehmen, und das am stärksten gepeinigte Opfer wird der schwächste Partner, hier der Mann, sein, ganz ohne Zweifel. In jedem Fall *ist die Partie zwischen einem Abhängigen, der stets dieselbe Forderung äußert, und einem Lieferanten, der ihm nicht immer ebenbürtig ist,* und offenkundig das Niveau nicht halten kann, *unausgewogen.* Dem das vielleicht zeitweise gelang wie durch ein Wunder, wie Kishi, der aber letztlich doch unvermeidlicherweise von diesem Gipfel stürzt, weil man nicht immer an der Spitze bleiben kann. Und eines Tages erscheint das Verlangen der Frau, selbst wenn es nicht größer geworden ist, dem Mann exorbitant, er kann nicht mehr. Für die Frau bleibt das Verlangen legitim, weil es ja in ihrer Natur liegt. Der Konflikt zwischen dem unvermeidlichen Scheitern des Mannes und der unvermeidlichen Befriedigung der Frau ist damit unausweichlich. Wobei deren Nichtbefriedigung nur noch zum weiteren Wachsen und Ansteigen des Verlangens führt und sich schließlich in Gewalt verwandelt. Die Gewalt der Frau wird ihrer Erwartung und ihrer Enttäuschung entsprechen.

Das Gesetz des Alles oder Nichts

Nun besitzen wir die Antwort auf jene Frage, auf die wir bereits bei Shakespeares *Othello* gestoßen sind und die dieses Mal die sexuelle Ebene betrifft: Warum vernichtet Sada Kishi? Warum reduziert sie denjenigen, der ihr solche Freuden verschafft, auf ein Nichts? Nun, die Antwort liegt im selben Paradoxon, das bis zur Grenzlinie getrieben wird: Sie zerstört ihn eben wegen der Gewalt des Begehrens, das sie für ihn empfindet. Sie tötet ihn, weil sie mit diesem Tod mehr und mehr Lustgewinn erreichen will. Die Dinge werden hier gleichsam schlicht beschrieben – sie erwürgt ihn, weil er so unvorsichtig war (geschah es wirklich aus Unvorsichtigkeit?), ihr einzureden, daß Gehenkte noch zu einem Orgasmus fähig seien und daß ihr Glied stärker erregt sei als sonst. Und deswegen drückt sie ihm nach und nach, während sie auf ihm reitet, mit einer Schnur den Hals zu.

Der Mann war bereits auf sein Geschlechtsteil reduziert, auf ein Instrument, das Lust bereitet. Wenn sein Tod dazu beiträgt, diese Lust noch zu steigern, dann wird er dafür mit dem Leben bezahlen. Als Toter nützt er zwar nichts mehr, die junge Frau ist wahnsinnig, aber *dieses ist ein Wahn, der auf dem Gesetz Alles oder Nichts beruht, der – das haben wir viele Male gesehen – Abhängigkeitsbeziehungen regiert.* Die Angst des Abhängigen ist so groß, daß er alles fordert, und sie wird unerträglich, sobald dieses Alles begonnen hat. Sada erlaubte ihrem Liebhaber nicht mehr, sich auch nur einen Fußbreit zu entfernen. Sie verfolgte ihn nicht, sie klebte förmlich an ihm. Beim Gehen hält sie ihre Hand in seinen Hosenschlitz und läßt das Glied ihres Geliebten nur los, damit er urinieren kann. Denn, so bemerkt er scherzhaft, anders wäre es ja nicht möglich. Wenn er seine Frau besuchen muß, postiert sie sich hinter der Tür und vermindert damit die Entfernung auf das Nötigste. Diese Verringerung der Distanz, des Sicherheitsradius, ist ebenfalls symbolisch, sogar rückblickend. Als sie das Haus verlassen muß, erteilt sie ihm den Befehl, dort zu bleiben, und beschlagnahmt seine Kleider, um sicherzugehen, daß er nicht weggeht. Als sie hinterher erfährt, daß er es doch getan hat, regt sie sich – rückblickend – fürchterlich auf (»ich wäre fast verrückt geworden!«), und das allein bei dem Gedanken, daß er ihr hätte fehlen können, daß er nicht da war, wo er sein sollte, um ihre Ängste zu besänftigen. Sie bedroht ihn mit einer Kastrationsschere und beruhigt sich erst wieder, als er ihr erklärt, zum Friseur gegangen zu sein, weil sie doch seinen frisch rasierten Nacken so gern möge. In gewisser Weise habe er sie also nie alleine gelassen, weil er nur für sie aus dem Haus gegangen sei, um ihr noch näher zu sein. Das ist wirklich eine völlige und also nicht hinnehmbare Abhängigkeit für Sada und für Kishi. Sie ist nicht lebbar, und eines Tages werden beide von ihr vernichtet werden. Denn nichts und niemand kann einen solchen Mangel ausgleichen, wenn erst eines Tages die Grenze überschritten ist. Kishi wird tatsächlich auf das reduziert, was er Sada liefert – sein Glied und seine Hoden. Sada, die dieses Glied und diese Hoden ausreißt, eignet sich ihn endgültig an. Sie hält nur noch einen Fetzen blutendes Fleisch in den Händen, aber sie hat keine Unstimmigkeit oder Versäumnisse mehr von Kishi zu befürchten; oder gar, daß er sie verläßt. Sie riskiert es nicht mehr, ihre Abhängigkeit in Gefahr gebracht zu sehen.

Das gegenseitige Einschließen

Das Verhalten des Protagonisten birgt noch mehr Erstaunliches – warum läßt er sich vernichten? Zu Beginn ist es normal, daß er geschmeichelt ist, die Gunst eines so hübschen Mädchens, und sei sie auch eine Prostituierte, sogar Angestellte seines eigenen Hauses, genießen zu dürfen. Er ist auch geschmeichelt, bei ihr solche Gefühle hervorzurufen – welcher Mann wäre das nicht? Die Frau ist eine Beute, mit der der Mann sich etwas beweist und sich einen

Traum erfüllt. Er amüsiert sich darüber oft mit Wohlbehagen, wie ein Pfau, ein bißchen dümmlich. Er bemüht sich, diese Verzükkung, diesen Beweis seines Erfolges, seiner Regsamkeit, seiner Potenz immer wieder hervorzurufen. Sada ist eine Prostituierte, die viele Männer kennengelernt hat. Kishi erinnert sie daran – aber genau das amüsiert sie, diesmal diejenige zu sein, die das Spiel anführt und nicht wie die anderen den Kopf zu verlieren.

Natürlich ist da auch die Lust, die er dabei gewinnt. Doch wir haben darauf hingewiesen, wie wenig der Regisseur der Lust des Mannes Bedeutung schenkt. Kishi denkt nur daran, von Sada so gewalttätig wie möglich behandelt zu werden. Diese Lust scheint ihm zu genügen. Es sei denn, da wäre ein wenig japanisches Schamgefühl, das den Mann davon abhielte, sich völlig hinzugeben. Doch es geschieht einem Mann immer wieder, ob er nun Japaner ist oder nicht, daß er einen Moment lang die perfekte Kontrolle über sich selbst verliert. Hätte Oshima insbesondere bei einem solchen Thema Kishis Wollust zeigen wollen, dann hätte er auch Mittel gefunden, das zu tun. Hiervon ist nichts zu sehen. Während der Held Sada bearbeitet, macht er einen eifrigen, gewillten Eindruck. Als er sich am Anfang zurückhält, um auf ihren Höhepunkt zu warten, erklärt er ihr, was zähle, sei einzig ihre Lust. Was noch erstaunlicher ist – als sie ihn ihrerseits bearbeitet, und sie übernimmt ja mehr und mehr die Initiative, bis zur endgültigen Vereinnahmung, raucht er, lacht er. Es gelingt ihm, zu singen und dazu noch ein Musikinstrument zu spielen, während sie am Ende immer fast ohnmächtig wird und sich das Singen in ein lustvolles Stöhnen verwandelt. Es ist stets ihre Lust, die zählt. Die einzige Veränderung besteht darin, daß er ihr am Anfang Lust schenkte. Jetzt nimmt sie sie von ihm. Doch diese Änderung geht in dieselbe Richtung: Kishi wird passiver, als ob sein Geschlechtsteil von nun an ohne ihn funktionieren würde.

Dennoch ist Kishi nicht aus Stahl, er ist ein folgsamer Mann mit einem folgsamen kleinen Glied, das stets bereit und funktionstüchtig ist, aber sie brauchen dennoch etwas Erholung – der eine vom anderen, so könnte man sagen. Doch Kishi hat nicht das Recht aufzuhören – ganz zu schweigen von seiner Ehefrau, deren Forderungen auch nicht völlig erloschen sind. Kurzum, das ist kein Leben für Kishi. Er beginnt sichtlich, geistig und körperlich zu ermüden. Schon bald wird er das sagen. Man sagt es an seiner Stelle zu der jungen Frau: »Sie erschöpfen ihn.« Tatsächlich hat er – dank der Schminke – einen immer wächsernen Teint und macht einen immer abgespannteren Eindruck. Er verliert den Boden unter den Füßen. Wie *bei jeder starken Abhängigkeit sind alle Dimensionen seiner Existenz dadurch beeinträchtigt.* Seine wirtschaftliche Aufgabe zum Beispiel. Während Sada sich weiterhin prostituiert, um etwas Geld zu verdienen, macht er gar nichts mehr. In Wirklichkeit hat er nie viel getan. Der Hauptteil seines Einkommens stammt aus der Arbeit seiner Frau als Gastwirtin. Und, ein interessantes Detail, auch hier schon im Austausch gegen den täglichen Koitus. Als ob das immer der vom Mann zu zahlende Preis wäre. Diese systematische, gewollte Reduzierung des Mannes auf ein sexuelles Objekt sollte nicht allzusehr überraschen. Bislang ist das genau das Verhalten vieler Männer gegenüber den Frauen: sie auf ihr Geschlecht zu reduzieren. Der Mann ist im übrigen dafür ordentlich bestraft worden – er hatte nur noch mit Vaginas zu tun. Kishi schlief also jeden Morgen mit seiner Frau, »dann ging er auf den Markt«, wie die kleinen Dienerinnen anmerkten. Der Rest – Organisation und Verwaltung des Gasthofs, Aufsicht über das Personal – war Angelegenheit seiner Frau. Er wandelte inmitten dessen lächelnd und spielend umher. Sein erster Auftritt im Film zeigt ihn maskiert, mit einer chinesischen Laterne in der Hand. Nun, seit er mit Sada zusammen ist, nichts mehr, nicht einmal der tägliche Markt. Kurz, die Zerstörung seiner wenn auch unbedeutenden wirtschaftlichen Aufgabe reduziert Kishi noch stärker auf die Rolle des Mannes als Wollustspender der Frau.

Das Leben mit Sada verwandelt sich somit langsam in ein *gegenseitiges Einschließen, wie so häufig zwischen Abhängigen und Lie-*

feranten. Wer kennt nicht solche Eheleute, die ihre Beziehung in ein Ehegefängnis verwandelt haben? Der umzäunte Garten, in dem sie einst die Blumenbeete genossen und dessen Mauern sie nun entdecken. Mehr noch, sie verfestigen diese, sie bauen sie so hoch, wie sie können, um jeden Eindringling abzuhalten. Diese endgültige Gefangennahme der Protagonisten durch sich selbst, insbesondere von Kishi durch Sada, wird von Anfang an und den ganzen Film hindurch mit Sequenzen veranschaulicht, die in immer kürzeren Abständen aufeinanderfolgen. Bald schon verlassen sie nicht einmal mehr ihr Schlafzimmer, trotz der Aufforderungen der Dienerinnen, die dort zumindest saubermachen und die Gerüche verbannen wollen. »Genau das lieben wir aber«, bekräftigt Sada – den Geruch der Liebe. Sie essen nichts mehr – sie trinken nur noch, denn erwiesenermaßen ist Alkohol zwar keine Nahrung, aber eine Art, die Flamme der Liebe weiterbrennen zu lassen. Wenn sie ihre Nase nach draußen strecken, dann verlassen sie ihren Käfig trotzdem nicht. Sie führen ihn mit sich spazieren. Sie sprechen nur über Sexualität und betrachten auch andere nur unter diesem Blickwinkel. Ein einziges Mal, als sie im Regen in einer öden Landschaft spazierengehen, treffen sie eine Frau. »Vögel sie«, schlägt Sada Kishi vor, der sich übrigens weigert. Später folgt die Szene im Gasthof, als Sada dem Gastwirt ihr Geschlecht offeriert. Wenn Kishi allein hinausgeht, dann nur, um seine Frau zu treffen und mit ihr zu schlafen. Wenn Sada alleine ausgeht, dann, um mit dem Richter zu schlafen. Doch Sada ist unersättlich und Kishi nicht. Er ermüdet durch seine Heldentaten und durch diese Einsamkeit zu zweit. Warum ist er dann bereit weiterzumachen? Warum begnügt er sich damit, den Weg weiterzugehen, der ihn zu Kastration und Tod führen wird? Bei Sada kann man von der Art Wahn ausgehen, die jeder Leidenschaft eigen ist. Doch bei Kishi? Seine Leidenschaft ist nicht so überzeugend. Der Regisseur hat die Anspielungen auf seine Ermüdung, sein Zögern, ja sogar seine Angst zu sehr gehäuft. Als Sada eine Klinge an seinen Hals hält, lacht er, ohne allzuviel Hoffnung, und nimmt ihr die Waffe aus der Hand. Offensichtlich hat er Angst. Zum Ende hin, als dann die Strangulierungssitzungen beginnen, gerät er in Panik. Also warum?

Diese Art von Schwierigkeiten bringen einen dazu, bei der Symbolik oder der Metaphysik Anleihen zu machen. Es wurde gesagt, es sei schön, während des Liebesakts zu sterben, oder daß Tod und Liebe ein und dasselbe seien. Mag sein, aber Kishi ist nicht erhaben und noch nicht einmal einfach mutig. Er ist eher willenlos, zufrieden mit sich selbst, hängt am Rockzipfel seiner Frau und dann seiner Geliebten-Prostituierten. Man kann auch sagen, daß das Leben des Menschen nun einmal so sei, insbesondere bei der Liebesleidenschaft. Man geht immer noch einen Schritt weiter, bis zur Katastrophe bisweilen. Aber nicht jeder will so weit gehen. Doch diejenigen, die das wollen, warum tun sie es? Es liegt schon ein Körnchen Wahrheit in all diesen Erklärungsversuchen: die Intuition einer Unmöglichkeit. Alles spielt sich so ab, als ob Kishi nicht umhin könne, als ob er auf einen Widerspruch reduziert wäre, dessen einziger Ausweg der Tod ist. Als ob er gezwungen wäre, die eigene Vernichtung durch die Hände seiner Geliebten, d.h. durch indirekten Selbstmord, zu akzeptieren, ja, diesen sogar zu verlangen.

Kastration und Tod

Kehren wir zurück zur impliziten Philosophie des Regisseurs. Der Mann, so macht er uns glauben, muß einer fortwährenden, unbegrenzten Forderung der Frau nachkommen. Doch ist ihm das auf Dauer unmöglich, ganz gleich, welche Freuden und Vorteile er zunächst daraus ziehen kann. Er muß also aufgeben. Ist das schlimm? Ja, sehr schlimm, denn das bedeutet, daß er sich auf die Vernichtung zubewegt. Was immer er tut, Oshima sperrt seinen Helden – und damit jeden Mann – in ein Dilemma ein. Man kann halsstarrig werden und das Unmögliche versuchen wollen, um die Frau zu befriedigen, koste es, was es wolle. Es wird den körperlichen Ruin kosten. Und genau das geschieht mit Kishi. Er hält diesen Marathon nicht durch. Er wird zu einer Art Schlafwandler, er legt von sich aus den Kopf auf den Richtblock, oder genauer gesagt, in die Garrotte, auf Vorschlag seiner Geliebten, damit sie noch besser zum Orgasmus kommt. Vielleicht sollte man besser ablehnen? Diese Herausforderung der Frau zurückweisen, die den Mann am Ende zerstören wird? Nein, nicht mehr, denn wenn man sich weigert, seine Partnerin zu befriedigen, zerstört man sich selbst als potenten Mann, weil man auf seine Männlichkeit verzichtet. Ein Mann, der auf diese bedeutende Rolle verzichtet, welche im übrigen über seine Kräfte geht, weil sie ihm von der Art aufgezwungen wird, erklärt sich selbst für impotent. Das heißt, daß er als Mann nichts zählt. Wählt man die erste Lösung, zerstört man sich als Mensch. Wählt man die zweite, zerstört man sich als Mann. Und genau das passiert mit Kishi. Er hat seine Unfähigkeit erkannt und findet sich damit ab. Er hat im voraus seiner Kastration zugestimmt. Kurz, der unglückliche Protagonist aus *Im Reich der Sinne* vereint auf sich beide Auswege – wenn es denn Auswege sind – aus diesem tragischen Dilemma. Er stirbt, und er wird kastriert. So oder so wird der Mann von der Frau herabgesetzt, so wie ein Vater herabgesetzt wird, der nicht für den Lebensunterhalt seiner Kinder aufkommen kann, so wie ein Kommandeur herabgesetzt wird, der aus Mangel an Mut oder Intelligenz den Schutz seiner Truppe nicht gewährleisten kann. Welche Herabsetzung ist nun symbolischer, bedeutsamer als der Verlust der Männlichkeit? Seine Männlichkeit zu verlieren bedeutet für den Mann, kein Mann mehr zu sein.

Und genau das ist die Philosophie des Regisseurs und die vieler Männer, wenn nicht aller. Eines Tages vielleicht wird der Mann sich nicht mehr an solche Pflichten gebunden fühlen, die eine derartige Angst erzeugen. Bis dahin wird das die Stellung des Mannes gegenüber der Frau sein, so wie sie vom Mann erlebt wird. Vielleicht hat man festgestellt, daß im Kino viel kastriert wird und daß das ein Zeichen der Zeit ist. In *Die letzte Frau* traktiert Marco Ferreri seinen Helden mit einem moderneren Werkzeug als sein japanischer Kollege, einem elektrischen Küchenmesser. Arrabal hat eine wahre Kastrationsorgie geliefert, es waren drei oder vier, wenn ich mich recht entsinne. Buñuel und Salvador Dalí haben mit Hilfe des visuellen Symbolismus ebenfalls solche Verstümmelungen vorgenommen. Diese Regisseure, allesamt Männer, bringen so ihre Aggressivität gegenüber Frauen, aber auch gleichzeitig ihre Angst vor Verstümmelung zum Ausdruck. Der Mann hat immer Angst vor der Erwartung einer Frau, aber früher konnte er seine Partnerin zum Schweigen bringen. Jetzt redet sie und fordert. Was tun? Sich zu seiner Unzulänglichkeit, also mehr oder weniger zur Impotenz, zu bekennen, hieße, auf das säkulare Bild des Mannes, das seine Dominanz begründet, zu verzichten.

Letztlich beschreibt dieser Film eher das Drama des Lieferanten als das des Abhängigen. Die Figur des Kishi ist für Oshima wahrscheinlich wichtiger und bedeutender als die der Sada. Er teilt uns mittels einer tragischen Klage mit, daß die Beschaffung in der Liebe eine schwere, wahrscheinlich unerträgliche Bürde ist, weil sie die eigentliche Definition des Lieferanten, sein Mannsein, in Frage stellt. Die Frau erwartet vom Mann eine Allmacht, die er nicht besitzt, ohne die er aber als Mann verneint wird. Er kann darauf nur mit zwei gleichermaßen katastrophalen Verhaltensweisen reagieren: durch eine übersteigerte Behauptung, eine unaufhörlich und übertrieben zur Schau gestellte Männlichkeit – und damit dem Krieg und der Beherrschung der anderen, allen voran der Frau, bei der er allerdings am Ende immer erschöpft ist. Oder durch eine geschlagene, schamhafte Männlichkeit, also mit Depression, Entwürdigung seiner selbst und schließlich Kastration. Am Anfang all dessen steht Angst. Die Angst vor Versagen, die noch sicherer ins Versagen stürzt, welches wiederum Angst in einem Teufelskreis schürt, der nur durch Gewalt, die Gewalt der Selbstzerstörung oder der Zerstörung anderer, durchbrochen werden kann. Gegen Ende des Films wird in einer kurzen Sequenz, die anscheinend ohne rechte Verbindung zum Rest steht, noch einmal auf der Unumgänglichkeit dieser Schlußfolgerung beharrt. Kishi, schwankend, zunehmend mitgenommen, geht an einer Mauer entlang, als er auf eine Truppe Soldaten trifft – Japan befindet sich im Krieg –, die kämpfen werden. Oshima erinnert uns so daran, daß der Mann in der Tat nur die Wahl hat zwischen Krieg und Liebe, die einen anderen Krieg darstellt, denn beide enden mit dem Tod.

Die Abhängigkeit des Lieferanten

Die Aussage dieses meisterhaften Films beschränkt sich auf die Beschaffung in der Liebe. In Wirklichkeit *ist jede Beschaffung eine schwere Bürde, weil sie stets schuldbehaftet, stets unfähig ist, der so gierigen Nachfrage des Abhängigen – vergleichbar dem weit aufgerissenen Schnabel eines Vogeljungen – in vollem Umfang nachzukommen.* Deswegen tötet nicht nur der Abhängige in einem Anfall von Entzugserscheinung. Auch der Lieferant tötet zuweilen, oder tötet sich durch Überdruß, durch Verzweiflung, weil er der Sache nicht mehr gewachsen ist. Warum verzichtet er nicht darauf? Weil man auch nicht so leicht auf die Beschaffung verzichtet, weil eine Abhängigkeit zwischen Lieferant und Beschaffung besteht, weil der Lieferant *geben muß*. Weil die Mutter ihren Kindern geben muß, weil der Liebhaber seiner Geliebten geben muß. Nach dem Gesetz der Art *schuldet* schließlich das Männchen seine Spermien dem Weibchen, das diese erwartet, um befruchtet zu werden. Der Mann kann sich dieser Pflicht nicht entziehen. Aber zuviel ist zuviel. »Willst du mein Leben?« »Du wirst mir noch das Haar vom Kopf fressen!« riefen die Mütter in meinem Heimatland aus. *Die Unterrichtsstunde* von Ionesco zeigte genau das: Der Lehrer brachte seine Schülerin schließlich um. Und bei zahlreichen Morden

»aus Mitleid« vermutet man etwas Ähnliches. Kishi denkt zunächst daran, Sada zu erwürgen. Er selbst redet seiner Geliebten ein, daß die Gehenkten noch einen Orgasmus erleben, und sogar viel stärker, weil die Kontraktion ihrer Kehle ihr Glied stärker hervortreten läßt. Er schlägt ihr auch zuerst vor, sie solle sich erwürgen lassen. Doch diese Sequenz ist flüchtig, und abgesehen von dem wahrscheinlichen Groll Kishis will es die Logik des Films, daß der Mann stirbt. Und sehr rasch erlebt Kishi angesichts seiner Unfähigkeit – einer weiteren! –, Sada richtig zu erwürgen, wie sie die Rollen umkehrt. Er stimmt zu, wenn auch nicht ohne Auflehnung, nicht ohne Angst. Doch er kann auch nur zustimmen, weil das sozusagen der einzige Ausweg ist, mit Hilfe dessen er Sada weiterhin noch mehr geben, noch mehr Lust bereiten kann. Er willigt ein zu sterben, weil er ihr nicht alles geben kann, was sie von ihm erwartet: zumindest hat er ihr damit etwas von sich gegeben – sein Leben.

Nachbemerkung

Ich glaube nicht, daß eine einzige Methode ein künstlerisches Werk erschöpfend behandeln kann. Es geht hier nur um einen zusätzlichen Gesichtspunkt in der Werkanalyse.

Durch Anwendung des Schemas Abhängigkeit–Beschaffung auf die Filme von Bergman, Cavani und Oshima, die alle das Problem der erotischen Abhängigkeit behandeln, hoffe ich, dessen Ergiebigkeit aufgezeigt zu haben. Man wird vielleicht Othello oder Anna Karenina in einem neuen Licht sehen, obwohl diese Figuren schon so häufig untersucht worden sind.

Dieser Versuch diente letztlich zwei Zwecken: Er lädt ein zu einer erneuten Lektüre der Werke und ermöglicht im Gegenzug eine bessere Bewertung der vorgeschlagenen Methode.

Anmerkungen

1 Dieser Film von Ingmar Bergman (1973) wurde für das Fernsehen gedreht. Eine Theateradaption wurde 1996 in Paris erstellt (Fieschi).

2 Siehe meine Analyse von *Der Diener* in *L'Homme dominé*, Gallimard, Paris 1968. Bezüglich der sozialen Dimension des Films ist es sicherlich nicht gleichgültig, daß der Held reich ist. Das Geld verschafft viel Macht, nur nicht die Macht, um seiner selbst willen geliebt zu werden. Dafür muß man bei dem ersehnten Liebhaber eine Abhängigkeit erzeugen, daß heißt, indirekt sein eigener Lieferant sein.

3 Nach einem Vortrag im Jahr 1986 im Centre de recherches et d'études sur la dépendance wurden mir gegenüber eine Reihe von Bemerkungen laut:
1. Muß man nicht bei Sada den Versuch sehen, ihren Liebhaber durch Sex zu *dominieren*? Was die Sexualität relativ zweitrangig machen würde, eher zu einem Mittel als einem Zweck. Man hatte mir gegenüber genau die gegenteilige Beobachtung geäußert, aufgrund eines Kommentars, den ich zu dem Film von Losey, *Der Diener*, verfaßt hatte. Ich hätte dort die soziale Dimension zu sehr betont, indem ich den Kampf des Dieners gegen seinen Herrn in den Vordergrund gestellt hätte. Ich wollte dort die erotische, homosexuelle Verbindung herunterspielen, die beide einte und spaltete. Zweifellos könnte in Oshimas Film diese sexuelle Aggression auf der ersten Ebene auf eine soziale Aggression zurückverweisen. Es handelt sich um eine Dienerin und Prostituierte, deren Herr sich in sie verliebt und den diese Liebe sehr teuer zu stehen kommt. Und doch ist der sexuelle Aspekt so mächtig, daß man diesen nicht nur als Deckmantel sehen kann. Die Sexualität ist das Wesentliche des Films, auch wenn der soziale Aspekt implizit vorhanden ist.
2. Sollte ich den ethnologischen Aspekt unterschätzt haben? Wie hat das japanische Publikum diesen Film aufgenommen? Welche Einstellung hat es zur Sexualität? Allerdings berührt uns der Film von Oshima so stark, daß er diesen folkloristischen Aspekt in den Hintergrund drängt und eine gewisse Universalität erreicht – die Universalität der Abhängigkeit vom Sex.
3. Idem zum Thema Tod, das in so vielen japanischen Werken stark präsent ist. Doch *der Tod ist bei jeder absoluten Abhängigkeit zu spüren*. Man tötet und akzeptiert es zu sterben, insbesondere in dem Augenblick eines drohenden Bruchs. Othello tötet Desdemona und bezahlt für das Verbrechen mit seiner eigenen Vernichtung. Sada tötet Kishi. Sie selbst stirbt zwar nicht daran, auch wenn ihr Tod zunächst beabsichtigt war – sie ist ebenso abhängig von Kishi wie dieser von ihr. Im übrigen aber riskiert sie ihren Kopf. Sie wird nur vom japanischen Publikum gerettet, das glaubt, in ihrer

Geste den Beweis einer leidenschaftlichen Liebe zu sehen. Doch genau in dem Moment, in dem sie glaubt, alles zu haben, hat sie gar nichts mehr. Dieses so begehrte männliche Geschlechtsteil, das von der Person Kishis abgetrennt ist, ist buchstäblich nichts mehr: ein Stück Fleisch, regungslos und dem Verfall geweiht. Es ist vielleicht das Gesetz des Begehrens, das immer mehr, also zuviel, verlangt und dazu bestimmt ist, unbefriedigt zu bleiben. Doch vergessen wir nicht, daß neben der Unzufriedenheit auch Lust existierte.

DRITTER TEIL

Zum Verständnis menschlichen Verhaltens

Kunst, Religion und Beschaffung[1]

Glücklicherweise gibt es hierzu Material in Hülle und Fülle. Sprachspezialisten und Schriftsteller geizen nicht mit Vertraulichkeiten. Wir wissen offensichtlich mehr über den Beruf des Schreibenden als über die Ausübung von Medizin oder Architektur. Es sei denn, man hat es mit einem schriftstellernden Arzt oder einem Architekten, der gerne schreibt, zu tun. Dennoch muß man, auch wenn Schriftsteller gern von ihrer Arbeit sprechen, die *Beschreibung* literarischer oder künstlerischer Ereignisse von dessen *Interpretation* unterscheiden. Es ist nicht sicher, ob Künstler sich selbst wirklich am besten verstehen können. Wenn jemand etwas schafft, so bedeutet das nicht zwangsweise, daß er auch über sein Tun reflektiert, und schon gar nicht, daß er sich der treibenden Kräfte genau bewußt wäre. Es soll hier nicht der Anspruch erhoben werden, den gesamten Umfang einer der erstaunlichsten Bereiche des menschlichen Abenteuers zu erfassen, die Schemata von Abhängigkeit und Beschaffung können aber in jedem Fall dazu beitragen, die Mechanismen des literarischen und künstlerischen Schöpfungsprozesses besser zu begreifen.

Einer unserer Berufskollegen stirbt nach mehreren Herzanfällen und einer schwierigen, mittelmäßig gelungenen Operation an einem Herzstillstand. Zwischen zwei Krankenhausaufenthalten bittet er nachdrücklich einen Freund, über die Neuausgabe seiner Werke zu wachen. Der Freund, der über das Gespräch berichtet, verleiht seinem Erstaunen Ausdruck. Unser Kollege war, das war öffentlich bekannt, nicht gläubig. Er betonte gerne, daß der Begriff Jenseits widersinnig sei und daß nach dem Tod das Nichts komme. Warum lag ihm so sehr daran, daß sein Werk nach seinem Tod fortbesteht?

Warum? Ich kann nur eine plausible Antwort erkennen. Die Versicherung, daß sein Werk fortbestehen würde, half ihm, *jetzt* besser zu leben. Wenn seine Bücher weiterhin gelesen würden, dann, weil sie einen Wert hatten. Ist das nicht der Beweis dafür, daß er ein guter Schriftsteller war? Und das dürfte ihn zu Lebzeiten trösten. Welchen Anteil haben Illusion, Selbstüberredung, Umkehrprojektion an dieser Hoffnung? Diese Frage verdient eine nähere Untersuchung. An anderer Stelle habe ich ähnliche Mechanismen beim »Geiz« aufgezeigt, beim Horten von Geld, in der Beziehung zu Geld, das man nicht ausgibt, eben weil man es nicht ausgibt, es aber ausgeben *könnte*, so daß die Zukunft die Gegenwart stärkt, weil sie im Moment beruhigt. Oder auch die Eltern-Kind-Beziehung, in der die Projektion auf die Kinder nicht nur eine Art Beständigkeit gegenüber dem Tod suggeriert, sondern durchaus gegenwärtige Freuden bietet. Es handelt sich dabei um eine ideelle, wenn nicht fiktionale Beschaffung, weil deren Objekte weder konkret noch aktuell sind, sondern sich in einer mehr oder weniger problematischen Zukunft befinden. Es handelt sich eher um Wünsche, um ein Streben nach Beschaffung, als um eine tatsächliche Beschaffung; wobei diese ideellen Objekte eine gewisse Wirksamkeit haben.

Zweites Beispiel: Ich habe an anderer Stelle erwähnt, daß ich, als ich zum ersten Mal nach Paris kam, um eine Unterredung mit Albert Camus nachgesucht habe, der mich tatsächlich in seinem Büro im Verlagshaus Gallimard empfing. Er wurde in Nordafrika sehr verehrt und war ein wertvolles Vorbild für die jungen Menschen dort. Ich begleitete ihn zu sich nach Hause und stellte ihm unter anderem die schicksalhafte Frage: »Wie arbeiten Sie?« Er antwortete ungefähr so: »Ich setze mich jeden Tag zur selben Uhrzeit an meinen Schreibtisch.« Da lehrte er mich nichts Neues. Ich tat es ihm seit einigen Jahren gleich, aber er bestätigte mich in dieser Entscheidung, was nicht wenig war. Dennoch hatte ich den Ratschlag damals noch nicht in seiner ganzen Tragweite erfaßt. Ich dachte vage daran, daß es sich um eine Art Pflicht gegenüber sich selbst handle, eine gute Gewohnheit, um eine moralische Verpflichtung zu erfüllen, die der Schriftsteller sich auferlegen muß, wenn er Schriftsteller werden und bleiben will. Was durchaus zutrifft. Die Kunst ist zumindest eine regelmäßige Übung, ein zwingendes Ritual, eine Askese, wie es etwas pompös heißt. Damit sie sich auszahlt, muß eine Übung zur Gewohnheit werden und im Grunde so gut in das Verhalten integriert sein, daß sie die gesamte Persönlichkeit verkörpert und unterstützt, wie das bei Ritualen immer der Fall ist. Man könnte diesen Begriff des *Rituals*, das Teil des künstlerischen Prozesses ist, noch weiterentwickeln. Der Ritus erlaubt eine Beherrschung der Dauer. Er ist ebenso bequem wie beruhigend. Doch das Gebot der Treue zum Schreibtisch, zum Steg des Saiteninstruments, zum Klavier oder zur Werkbank geht noch weiter: Der Schriftsteller, der bildende Künstler, der Musiker oder Bildhauer kann darauf nicht verzichten, und er kann es nicht mehr, weil er sie braucht. Das sind genau die zwei Kriterien der Abhängigkeit (und, in geringerem Maße – wenn auch nicht gar so gering – des Kunstliebhabers, der sich ebenfalls dieser *aktiven Beschaffung* bedient, indem er ein Werk kauft). Gegenprobe: Wenn sie daran gehindert werden, das Ritual auszuüben, oder wenn sie sich freiwillig davon abwenden, dann leiden sie darunter: »Wenn ich nicht spiele«, erklärt der Schauspieler François Perrier, »fehlt mir was.« Man könnte es nicht besser ausdrücken. Es ist kein Zufall, daß er diesen Ausdruck verwendet. In jedem Falle gibt es eine *Selbst-Beschaffung.*

Was ist das für ein Bedürfnis? Was fehlt? Worin besteht diese besondere Beschaffung der Künstler? Die Antwort darauf erhellt die Suche des Künstlers und die Erwartung des Kunstliebhabers beträchtlich. Es läßt sich bereits kurz festhalten, daß *die Kunst auch eine ideelle Reaktion auf reelle oder imaginäre Schwierigkeiten ist.* Reelle Schwierigkeiten, Hindernisse, Konflikte, Trennungen, Krankheiten, verschiedene Übel, für die man keine konkrete Lösung gefunden hat, für die es vielleicht auch keine Lösung gibt. So bemühen sich die Kulturen seit Menschengedenken – vergeblich –, uns von der unvermeidlichen und unverständlichen Katastrophe des Todes zu befreien, welche uns erwartet und welche uns vor den Augen unserer Lieben ergreift. Es ist verständlich, daß sie diesen Traum eines Jenseits geschaffen haben, das uns vor dem Nichts rettet. Bis in die letzten Jahre hinein war die Medizin praktisch machtlos dem Schmerz gegenüber. Es ist verständlich, daß Moralisten und Theologen sich bemüht haben, uns vor der Erhabenheit des Leidens, ja sogar vom metaphysischen Zweck des Bösen zu überzeugen. Was soll man tun angesichts des Auseinanderbrechens einer Liebe, wenn nicht auf eine andere hoffen und sich idyllische Liebesgeschichten mit einer imaginären Person vorzustellen? Man erkennt hier einen der Gründe für den Erfolg dieses oder jenes Romanhelden oder Filmschauspielers.

Doch der Mensch stößt nicht nur auf reelle Schwierigkeiten. Er hat auch ohne konkrete Objekte Angst. Man kann sogar eine Liste seiner Angstzustände erstellen. Es ist bemerkenswert, daß diese in den meisten Kulturen vorhanden sind. Zum Beispiel die Angst vor dem Unbekannten in uns oder im sozialen oder physischen Umfeld. *Die Kunst ist auch ein Versuch, auf diese gemeinsamen Angstzustände zu reagieren, die des Künstlers und die des Kunstliebhabers.* Die Betrachtung sowie Allgemeingültigkeit und Beständigkeit dieser reellen oder fiktionalen Angstzustände, die allen Menschen gemeinsam sind, könnten wahrscheinlich eine gewisse Antwort auf diese klassische Frage liefern: Warum überdauern manche Werke die Jahrhunderte? Weil sie eine Beschaffung für die ständigen quälenden Erwartungen der meisten Menschen liefern.

Das wird ganz besonders deutlich in der Literatur aufgrund ihrer diskursiven Form, doch der emotionale Anteil, der in anderen Künsten vorherrscht, ist nicht weniger präsent. Darüber hinaus löst sich unsere Angst wie auch unser Glück leichter in Emotionen als in Gedanken auf. Ein Musikstück kann aufrüttelnder oder beruhigender sein als ein Roman. Halten wir fest, daß der Diskurs ein deutlicheres und vollständigeres Substitut für das individuelle oder kollektive Leben, seine Entbehrung, seine Mängel und seine Hoffnungen, ermöglicht. Literatur ist *geträumtes Leben*, ganz nach den Wünschen des Autors. Und auch nach denen des Lesers, denn die Rezeption der Werke, ihr Erfolg, hängt von der Erwartung vieler Leser ab. Wenn die Helden von Tolstoi oder Balzac lebendig bleiben, dann, weil viele Leute sich in ihnen wiedererkennen, mit ihnen leiden und sich mit ihnen freuen.

Als die Schrift – wahrscheinlich im Nahen Osten – erfunden, dann an anderen Orten erweitert und vervollständigt wurde, war sie zunächst nur ein Instrument zur Beschaffung wirtschaftlicher und sozialer Phänomene. Das Schreiben trug zum besseren Funktionieren der Institutionen bei. Durch die abstrakte und symbolische Darstellung und das Zählen von Produkten wurden diese Vorgänge wirtschaftlicher. Doch sehr rasch erkannte man die außerordentlichen Möglichkeiten, die sich für Ausdruck, Festhalten und Weitergabe der gesamten menschlichen Erfahrung boten: Aus dem Schreiben wurde Literatur. Man hatte auf einen Schlag entdeckt, daß man nicht nur über das objektiv Reale, sondern auch über das Innere berichten konnte – die Literatur wurde zu einem der wichtigsten Instrumente der Darstellung, ja sogar der Erzeugung *ideeller Objekte der Beschaffung*, je nach Bedürfnissen im Leben des Autors und demzufolge denen des Zuhörers (in der mündlich überlieferten Literatur) oder des Lesers, an den diese sich richtet. Dieser Ablauf scheint allen kulturellen Erfindungen gemein zu sein und steuert wahrscheinlich die Zweckbestimmtheit aller kulturellen Formen.

Wir werden uns unterdessen mit Hilfe eines methodisch bereits erprobten Prinzips fragen, welche *Besonderheit*, welche spezifischen Merkmale die ästhetische Beschaffung aufweist. Es lassen sich wenigstens drei Hauptmerkmale beleuchten.

Der literarische oder – allgemeiner ausgedrückt – künstlerische Akt ist zugleich *Ausdruck und Kommunikation*: Er macht es möglich, das, was man nicht unmittelbar ausdrücken kann, in unterschiedlichen und damit erträglichen Verkleidungen aus sich heraus zu projizieren. Der italienische Schauspieler Marcello Mastroianni erklärte mit bestechender Einfachheit das *Bedürfnis*, das er empfand, in manche Figuren zu schlüpfen – solche Übertragungen wären für seine Ausgeglichenheit unabdingbar. Andererseits ist offenkundig, daß Mastroianni sich nicht damit zufriedengegeben hätte, seine Figuren ganz allein darzustellen; er brauchte ein *Publikum.* Schauspieler bestehen alle auf der Notwendigkeit der Darstellung, auf ihrem Glück auf der Bühne. *Der literarische und künstlerische Akt zielt nicht nur darauf ab, den Schöpfer selbst aus sich herauszuholen, sondern auch darauf, Duos mit Kunstfreunden zu bilden.* Ich habe im übrigen anderweitig erschöpfend ausgeführt, wie wichtig das *Duo* in den meisten Beschaffungen ist, selbst wenn es nicht immer klar formuliert wird, und werde es hier nicht wiederholen. Deswegen sind Formulierungen wie »die Kunst ist uneigennützig«, »die Kunst ist ein Spiel« oder »Kunst um der

Kunst willen« zumindest trügerisch. Die Kunst dient stets dem Menschen, ganz gleich, ob dem Künstler oder dem Kunstfreund. Der Künstler ist im Grunde abhängig vom Kunstfreund und umgekehrt. Daher rührt auch das, was man nach dem Beispiel der Religion Bekehrungseifer in der Kunst nennen könnte – man versucht, die anderen zu überzeugen, um sich selbst zu überzeugen. Vielleicht gibt es das auch in der Pädagogik?

Im übrigen ist der Künstler noch in zweierlei Weise von anderen abhängig: Er ist abhängig von seinem Jahrhundert, seiner Umwelt, vom Wirtschaftssystem und von der Zirkulation des Geldes. Wenn Kunst ein Spiel ist, dann ist sie ein Spiel, das wie Lotto »eine Menge abwerfen kann«. Wie sollte das ohne Einfluß auf die Arbeit des Künstlers sein? Heute weiß man, daß zahlreiche Maler, darunter die berühmtesten, mit akribischer Sorgfalt über ihre Einkünfte Buch führten und bei Bedarf die Anzahl der Kopien vervielfachten. Kurzum, es besteht eine »gesellschaftliche Nachfrage«, und es wäre erstaunlich gewesen, wenn das ohne Folgen für die Psychologie und die Mechanismen der schöpferischen Arbeit geblieben wäre. Und in einer noch spitzfindigeren Betrachtung ist der Künstler von der Anerkennung anderer abhängig. Daher rührt auch die außergewöhnliche Sensibilität der Künstler Kritik gegenüber. François Mauriac, vielfach ausgezeichnet, vermied es, Rezensionen zu seinen Büchern zu lesen, weil ihn das aus dem Gleichgewicht brachte: Es besteht die Gefahr eines *Bruchs der Beschaffung*. Was er aus Stolz oder Irrtum über sich selbst auch immer dazu sagen mag, der Künstler beansprucht eine Stellungnahme, die für ihn zumindest eine Gegenprobe darstellt. Dennoch geschieht es nur selten, daß man ihm den Erfolg oder vielmehr die wirtschaftlichen Vorteile versagt. Kurz, man malt, schreibt, komponiert nicht nur für sich selbst. Es gibt glückliche Künstler und verdammte Künstler, aber selbst der unglückliche Künstler behauptet, in seiner Verzweiflung eine düstere Erbauung zu finden.

Doch dieses *Duo* (oder vielmehr diese Duos, denn es gibt mehrere Sorten Publikum) spielt sich auf der Ebene des Imaginären ab, und das ist das zweite spezifische Merkmal. Wir stoßen hier auf ein klassisches oder zumindest wohlbekanntes Problem: Wo liegt die Grenze zwischen dem Imaginären und dem Reellen? Zwischen »Dichtung und Wahrheit«? Wir haben festgestellt, daß Lieferant und Beschaffung immer zum Teil ideell und nach den Wünschen des Abhängigen geformt waren. Doch es gilt sich darüber hinaus zu fragen, welchen Teil der *Glaube* beim Abhängigen einnimmt und in welchem Maße er bereit ist, sich mißbrauchen zu lassen und selbst zu mißbrauchen.

Der Vergleich mit der Religion, die mir von den Abläufen her sehr ähnlich zu sein scheint, erlaubt es, diese Eigenschaft der relativen Glaubwürdigkeit in künstlerischen Abläufen besser zu suggerieren. Und im Gegenzug kann die Art des religiösen Vorgehens auch besser verstanden werden. Wenn man bereit wäre, die »literarische Schöpfung« in Betracht zu ziehen, würde man auch den beherrschenden Einfluß von Religionsgründern oder zumindest ihrer wichtigsten Schüler besser verstehen, denn sie sind die wahren Erfinder religiöser Traditionen. Die Verfasser des Evangeliums, der Apostel Paulus und die wichtigsten Kommentatoren sind im Grunde Schriftsteller. Umgekehrt arbeiten weltliche Schriftsteller auf dieselbe Weise wie Religionsgründer: ausgehend von mehr oder weniger wahren Tatsachen, klug umgeschriebenen, wenn nicht teilweise erfundenen Erzählungen. Das Schaffen von Figuren oder deren Veränderung existierte bereits zum offenkundigen Zweck der Verteidigung des Christentums oder der Überzeugung. Welcher Autor hat nicht einmal davon geträumt, seine Leser von der vollkommenen Wahrhaftigkeit seiner erfundenen Geschichten zu überzeugen? Sogenannten heiligen Schriftstellern ist das bei einer Vielzahl von Gläubigen gelungen. Den Erzählern im übrigen auch, vielleicht mit weniger Einfluß, aber in vergleichbarer Weise, wenn sie ihr Publikum in Atem halten. Welches ist der gemeinsame Grund für diese mehr oder weniger große Wirksamkeit in beiden

Fällen? Er besteht darin, daß *der Gläubige und der Leser gleichermaßen bereit sind, sich überzeugen zu lassen: Sie begeben sich von sich aus vor ein ideelles Objekt der Beschaffung, das vom Erzähler oder vom Apostel angeboten wird.* In gewisser Weise *ist die Religion eine Literatur, die zu gut gelungen ist.*

Hat man genügend berücksichtigt, daß alle Religionen auf *Texten* beruhen (oder hat man es vielleicht sogar berücksichtigt, ohne allerdings alle Konsequenzen daraus zu ziehen)? In jedem Fall berufen sich alle zeitgenössischen monotheistischen Religionen, ob jüdische, christliche oder moslemische, darauf, »Religionen des Buches« zu sein. Alle sind angewiesen auf einen Kanon, das heißt auf eine Gesamtheit von klug ausgewählten Texten, die häufig in einer umfangreichen Tradition stehen. Man könnte sich natürlich auch sinnvollerweise Fragen zur Strenge der Treue stellen, das heißt zur gewissenhaften Unterwerfung der Gläubigen unter diese vorgeschriebenen Traditionen. Selbstverständlich kann hier zuerst der angenommene theologische Aspekt solcher Texte angeführt werden – die Göttlichkeit befiehlt, und daraus ergibt sich ein untadeliges Verhalten. Man könnte die Verhaltensweisen und inneren Haltungen der Gläubigen ebenso aus psychologischer Notwendigkeit wie aus einem Bedürfnis nach absoluter Beschaffung erklären. Die Sakralisierung kommt bald vom Himmel, bald von der Erde. Erleben wir nicht auch in anderer Hinsicht eine Sakralisierung der Kunst? Das ist sogar eines der seltsamsten Kennzeichen unserer Zeit – eine Art Verabsolutierung der Kunst, mit einem heiligen Eifer gegen jene, die dieser neuen Pflicht nicht genüge tun! *Sie müssen unbedingt* diese Ausstellung gesehen haben, fordern die Zeitschriften, sonst werden Sie unerbittlich in die Schublade der Banausen, und damit der Ketzer, gesteckt.

Drittes Merkmal: Die – fundamentale – Rolle der *Lust* beim künstlerischen Schaffen. Den Schulen, die vorgaben, diese nicht zu brauchen, wurde in der Regel die Gunst der Leser entzogen, und sie gingen in der Langeweile unter. Die Gründe dafür sind vielfältig. Der erste, der an das zweite spezifische Merkmal anschließt, ist, daß Lust in erheblicher Weise die Bildung des *Duos* mit dem Leser erleichtert. Man ist dem dankbar, der Lust spendet. *Der Künstler gibt sich der Lust hin und spendet gleichzeitig Lust.*

Woher kommt diese unbändige Freude? Hier ist nicht der Ort, um eine detaillierte Analyse vorzunehmen. Erinnern wir uns daran, daß es zwei mögliche Quellen dieser Freude gibt: eine, die aus der Harmonie der Formen, und eine, die aus der Gestaltung der Wirklichkeit entspringt, sei sie psychologisch und intim oder objektiv. Die Herrschaft über Emotionen, das Universum oder die Beziehung zu anderen beruhigt, lindert, auch wenn sie sich auf der imaginären Ebene abspielt. Wenn *Ilias* und *Odyssee* auch heute noch gelesen werden, dann, weil Homer gleichzeitig ein Meister der Emotionen und des Stils war. Die Lust ist ganz bestimmt eines der wirkungsvollsten Bestandteile für das Überdauern von Kunstwerken. Und überlieferte religiöse Texte sind häufig ausgezeichnete Literatur. Sowohl beim Trinker als auch beim Raucher, beim Verliebten, Spieler, Kunstfreund oder Gläubigen ist diese Freude, dieser Jubel stets präsent: *Wenn Abhängigkeit Zwang und Notwendigkeit ist, dann ist Beschaffung Sicherheit und Jubel.*

Letzter Punkt, den ich oben als Kritikpunkt angeführt habe: die Reduzierung der Kunst aufs Spiel. Man könnte den Vergleich dennoch wiederaufnehmen, allerdings, um beiden Vorgehensweisen eine weniger frivole Akzeptanz zu verleihen. Wenn man unter Spiel eine komplexe Aktivität versteht, eine imaginäre Beschaffung – zum Beispiel die Hoffnung auf einen Gewinn, der den Spielern Zugang zu einem anderen Leben bieten würde –, dann kann man sagen, daß die Kunst eine Art Spiel ist, bei dem wir unsere Hoffnung und Träume projizieren. Die Kunst ist ein Spiel, das ein besseres Leben ermöglicht, oder einfach nur das Überleben. Sie ist Ritual und Zerstreuung, Ersatz und Hilfsmittel. Sie ist ein Versuch, den Zufall zu beherrschen, daraus einen von der Vorsehung gesandten Partner zu machen, die Zeit zu beherrschen, wie im übrigen bei all unseren Ritualen. Schließlich bietet sich die Kunst an, indem sie uns Ablenkung von der Mittelmäßigkeit oder den täglichen Sorgen erlaubt, die Kunst bietet sich an und bietet uns einen prachtvollen Ersatz für unsere Existenz.

Was ist kulturelle Identität?[2]

Natürlich habe ich nicht den Ehrgeiz, dieses komplexe Problem hier erschöpfend behandeln zu wollen – sofern man überhaupt irgendein Thema erschöpfend behandeln kann –, vielmehr will ich es lediglich relativ zu den Begriffen von Abhängigkeit und Beschaffung einordnen. Was ist kulturelle Identität angesichts von Abhängigkeit, wo liegen Schwierigkeiten und Lösungen?

Da ich mehrere ähnliche Situationen zu untersuchen und zu vergleichen hatte, die der Kolonisierten, der Juden, der Schwarzen und der Frauen, gelangte ich an einen Punkt, an dem ich mich fragte, was ein Kolonisierter, ein Jude etc. eigentlich sei. Sodann habe ich zur Erweiterung meines Vergleichsfeldes gefragt, was ein Araber, ein Antillenbewohner, ein Bewohner von Quebec oder ein Korse sei. Erst dann fiel mir auf, daß die Begriffe Dominanz und Unterwerfung, die mir so nützlich gewesen waren, nicht mehr ausreichten und daß meine vorherigen Ergebnisse ergänzt werden mußten – durch die Begriffe von Abhängigkeit und Beschaffung. Nicht, daß ich diese in meinen Abhandlungen nicht berücksichtigt hätte, aber von nun an mußte ich das expliziter und methodischer tun.

Über kulturelle Identität hat man sich bereits Gedanken gemacht, insbesondere in Verbindung mit nationalen Forderungen. Der Begriff Identität scheint fälschlicherweise klar zu sein, wie so oft, wenn man eine schlecht im einzelnen erforschte Realität mit irgendeiner Vokabel bezeichnet. Es wurde mir recht schnell klar, daß die Wissenschaftler und Laien, die darüber diskutierten, sich fast immer, allerdings ohne das immer zu sagen, auf mindestens zwei Bezugspunkte beriefen: *die Zugehörigkeit zu einer Gruppe und die Zugehörigkeit zu einem Wertesystem*, die zwar hinsichtlich ihrer jeweiligen Wichtigkeit variieren, doch stets unter verschiedenen Bezeichnungen in den Debatten und Verhaltensweisen gegenwärtig sind.

Was bedeutet es eigentlich für einen Schwarzen, ein Schwarzer zu sein? Das Beste wäre, zuerst die Schwarzen selbst zu fragen. Nun bedeutet nach ihren Aussagen, schwarz zu sein, (mehr oder weniger) zu einer Gemeinschaft schwarzer Menschen zu gehören (ganz gleich, welchen Sinn diese Gemeinschaft hat), solidarisch deren Situation und Schicksal zu teilen, im Guten wie im Schlechten. Es bedeutet auch, das Wertesystem, das deren gemeinschaftliches Leben regiert, (mehr oder weniger) zu akzeptieren, zu respektieren und anzuwenden. Kurz, *die Identität des Schwarzen weist einen subjektiven Aspekt und einen objektiven Aspekt auf; eine mehr oder weniger freiwillige Zugehörigkeit, einen mehr oder weniger akzeptierten inneren Zwang; und kulturelle, soziale und historische Gegebenheiten, ein gemeinsames Schicksal mit anderen Schwarzen, auf die sich dieser Anspruch wohl oder übel beruft.*

Diese doppelte Polarisierung beherrscht alles Übrige. Das gilt selbst für die Hautfarbe, von der der Schwarze bald spricht: Wenn man ihn richtig versteht, handelt es sich nicht so sehr um die Farbe als solche, sondern vielmehr um deren relative Bedeutung für diese beiden Aspekte. Von schwarzer Hautfarbe zu sein, ist für den Schwarzen keine ästhetische Tatsache und auch keine biologische Tatsache, sondern ein Zeichen seiner Zugehörigkeit. Und gleichzeitig – Gegenprobe – das Zeichen für seine Nichtzugehörigkeit zur Gruppe der Weißen und deren Wertesystem. *Eigentlich ein positiver Aspekt und ein negativer Aspekt.*

Was bedeutet es für einen Juden, Jude zu sein? Wenn nicht wohl oder übel die relative Zugehörigkeit zu einer jüdischen Gruppe und die – wenn auch relative – Zugehörigkeit zu den kulturellen Traditionen des Judentums? Und demzufolge gleichzeitig eine gewisse Art und Weise, wohl oder übel nicht mit der Gesellschaft der Nichtjuden übereinzustimmen? Die Unterscheidungsmerkmale, seien sie real oder imaginär, haben nur in bezug auf diese Doppel- oder Dreifachpolarisierung einen Wert: nur durch den Sinn, den sie damit erlangen. Dasselbe gilt für die Frauen und letztlich für jede Gruppe, für jedes beherrschte oder nichtbeherrschte Mitglied einer Gruppe. Natürlich ist es, da jede Gruppe aufgrund ihrer Geschichte und ihrer besonderen Stellung in der Welt ihr eigenes Gepräge hat, nicht genau dasselbe, Schwarzer, Jude, Franzose oder Pole zu sein, aber über die spezifische Komplexität eines jeden hinaus existiert *ein gemeinsamer Nenner: Als Gleichung mit drei Variablen hängt die kulturelle Identität von einer Gruppe und einem Wertesystem ab.*

Das Identitätsdreieck

Um diese Gleichung zu veranschaulichen, habe ich ein Arbeitsschema entwickelt, welches mir durch seine Einfachheit leicht nutzbar schien und welches den zusätzlichen Vorteil hatte, in visueller Form dargestellt werden zu können. Nennen wir es das *methodologische Identitätsdreieck.*

Ich bin häufig gefragt worden, ob es sich um dasselbe Dreieck wie das Abhängigkeitsdreieck handele. Nein, nicht ganz, obwohl sie einander nicht völlig fremd sind. Das Identitätsdreieck kommt vor dem der Abhängigkeit. Und, um einer anderen Frage zuvorzukommen, ich erhebe natürlich kein Monopol auf diese Dreiecksdarstellung. Der Leser kennt ein weiteres Dreieck, das weitaus berühmter ist als das meinige: dasjenige, das die ödipale Beziehung bildlich darstellt. Ich kann mich nicht erinnern, ob Freud – oder seine Schüler – ein solches Dreieck gezeichnet haben, aber darum ging es jedenfalls, und wie sollte ich davon nicht beeinflußt worden sein?

Wie dem auch sei, hier nur die genannte praktische Abbildung, von der ich glaube, daß sie die kulturelle Identität darstellt, und bei der jeder Eckpunkt eine Variable repräsentiert.

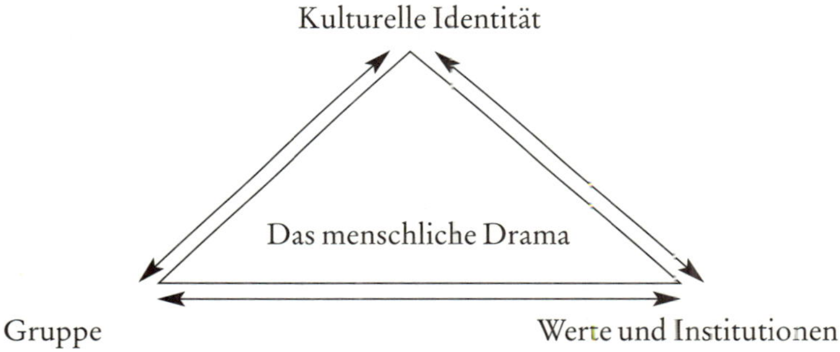

Ich habe Pfeile mit zwei Spitzen hinzugefügt, um eine weitere Annehmlichkeit aufzuzeigen, die man auf den ersten Blick erkennt: die Hervorhebung der Beziehung zwischen den Variablen. Zum Beispiel die Kontinuität in beiden Richtungen, ganz gleich, von welchem Scheitelpunkt aus man die Untersuchung beginnt. Das Gefühl der kulturellen Identität stammt aus der Zugehörigkeit zu ein und derselben Gruppe, deren Definition und Zusammengehörigkeit auf einem gemeinsamen und relativ kohärenten Werte- und Institutionensystem beruhen. Dieses System wird mehr oder weniger respektiert, je nach Individuen und Untergruppen, je nach den Unwägbarkeiten der gemeinsamen Existenz, aber das ist nicht von Belang, solange eine offenbar stabile Referenznorm für die Mehrheit der Gruppenmitglieder bestehen bleibt. Der Moslem, Christ oder Jude auf der Straße kennt vielleicht nicht die Einzelheiten der Dogmen oder die eventuellen Variationen der Doktrin und ihrer Riten. Sie räumen dennoch ein, daß Islam, Christentum oder Judentum sie mehr oder weniger definieren und sie in gewisser Weise als Moslem, Christen oder Juden prägen. Sie können sich mehr oder weniger dagegen sträuben, aber wenn sie sie mehr oder weniger akzeptieren, stimmen sie gleichzeitig zu, von solchen Systemen betroffen zu sein.

Auf dieselbe Weise ist zu fragen, was ist Grundlage, Inkarnation und Entwicklung einer Vision von Welt, von Regeln für das kollektive Verhalten, wenn nicht eine relative demographische Stetigkeit? Nur weil die Juden noch existieren, lebt das Judentum und entwikkelt sich weiter. Kurz, *die Gruppe und das Wertesystem definieren und stärken einander gegenseitig.*

Ich habe das Identitätsdreieck, seine verschiedenen Spezifikationen an anderer Stelle ausführlich dargestellt, so daß ich nun nicht mehr ohne lästige Wiederholungen darauf eingehen muß.[3] Halten wir fest, daß das Dreieck einen relativ geschlossenen Raum begrenzt. Es ist dies der soziale und kulturelle Raum eines Volkes, derjenigen der Schwarzen, Juden etc. oder, lyrischer ausgedrückt, die Bühne, auf der sich das Drama der Schwarzen, das Drama der Juden oder das Drama der Antillenbewohner abspielt.

Es schien mir ebenfalls sinnvoll, jede kulturelle Identität mit einem geeigneten Begriff zu belegen, der zwar anders, aber doch mit den anderen verwandt ist, so daß zugleich ihre jeweilige Eigenheit und ihre Verwandtschaft hervorgehoben wird. Über die Ähnlichkeit der Mechanismen hinaus, die das Leben und das Imaginäre regieren, gibt es eine je spezifische Physiognomie. Somit schlage ich zur Bezeichnung der kulturellen Identität der Juden das Wort *judéité (jüdisch sein)* vor, was ich mit Hilfe von Wörterbüchern kreiert habe und was einigen Erfolg hatte. Sodann den Begriff der *négrité (schwarz sein)* für die kulturelle Identität der Schwarzen, der ebenfalls gewissen Anklang fand, ohne allerdings die allzu schöne und prachtvolle *négritude (Gesamtheit der Kultur der Schwarzen)* ablösen zu können, welche es allerdings wegen ihrer verwirrenden Vielfalt zu präzisieren gilt. In dieselbe Richtung gehend müßte man meiner Meinung nach den Begriff *arabité (arabisch sein)* für die Identität der Araber verwenden und – warum nicht, da die Form existiert – *féminéité (Frau sein)* für die kulturelle Identität der Frauen, wobei es gilt, diese nicht mit der féminité (Weiblichkeit) zu verwechseln.

Außerdem wurde damit jeweils nur einer der Scheitelpunkte bezeichnet. Mir wurde schnell klar, daß es günstig wäre, diese sprachliche Bemühung fortzusetzen und auch die anderen Scheitelpunkte mit geeigneten Vokabeln zu belegen. Ich würde damit für die jüdische Gruppe *judaïcité (Juden als Gruppe)* vorschlagen und damit den *judaïsme (Judentum)* auf das Wertesystem der Juden beschränken.

Um diesen Punkt zusammenzufassen: Das Dreieck der kulturellen Identität der Juden hätte an seinen drei Scheitelpunkten die *judéité* oder die Tatsache und die Art, jüdisch zu sein, welche sich einerseits durch die *judaïcité* oder die jüdische Gruppe definieren und andererseits durch den *judaïsme* oder die Gesamtheit der jüdischen Werte und Institutionen. Diese beiden letztgenannten Begriffe definieren einander gegenseitig.

Judéité

Die Tatsache und die Art, jüdisch zu sein

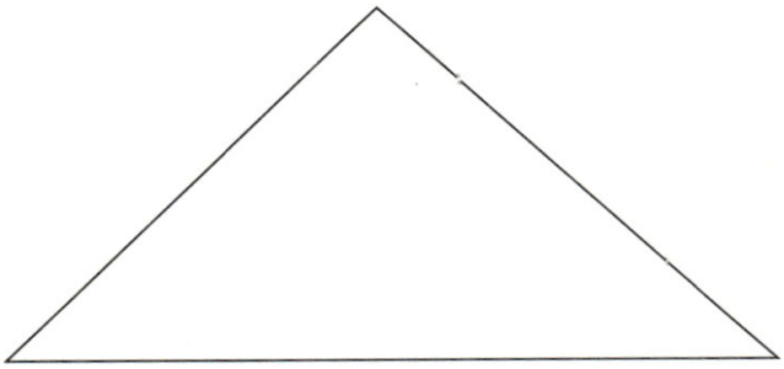

Judaïcité

Jüdische Gruppen

Judaïsme

Werte und Institutionen der Juden

Das Dreieck der kulturellen Identität der Schwarzen würde an seinen Scheitelpunkten gleichermaßen nacheinander folgende Begriffe aufweisen: die *négrité* oder die Tatsache und die Art, schwarz zu sein, oder die Gesamtheit der Merkmale, die einen Schwarzen bezeichnen. Die *négricité* oder die Gesamtheit der schwarzen Menschen. Und den *négrisme* oder die Gesamtheit und Werte der Institutionen, die das Leben dieser Menschen bestimmen. Dasselbe für *arabité (arabisch sein)*, *arabicité (Araber als Gruppe)* und *arabisme (Arabertum)*. So kann jeder das Dreieck seiner kulturellen Identität konstruieren.

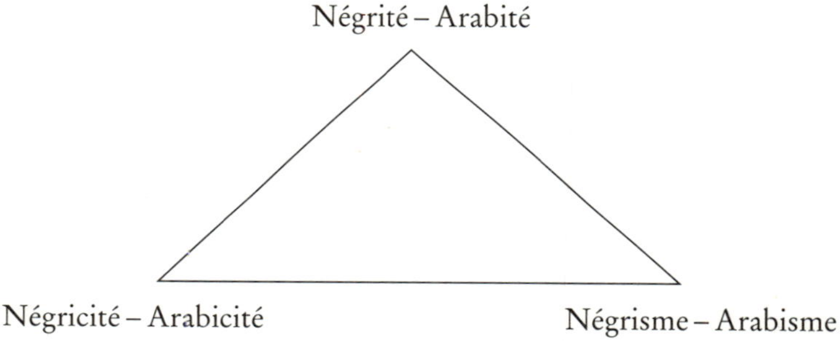

Ich werde hier nicht die detaillierte Analyse eines jeden dieser Dreiecke wiederholen, die ich an anderer Stelle häufig durchgeführt habe. Kommen wir auf unser Dreieck im allgemeinen zurück. Wir haben es funktionsbereit zurückgelassen, will heißen, bereit, unsere Fragen entgegenzunehmen. Im folgenden nun einige der Fragestellungen, in einer noch zu diskutierenden Reihenfolge und in keiner Weise erschöpfend, mit den jeweils möglichen Antworten.

Die Zugehörigkeit

Erste Bemerkung: Offenkundig hängt das Dreieck der kulturellen Identität nicht einfach in der Luft wie ein lenkbarer Zeppelin. Es ist zwar in sich selbst relativ geschlossen, aber in seiner Gesamtheit auch wieder Teil eines größeren Ganzen, ja, sogar mehrerer Gebilde, die ihrerseits homogen oder heterogen sind. Außerdem ist es durchlässig – eine menschliche Gemeinschaft, sei sie auch noch so geschlossen, befindet sich fast immer in Osmose mit anderen Gruppen, die sie umgeben oder auch nicht, die sie durchdringen, bereichern und nach ihr streben, sie unterdrücken oder fördern und an die sie im Gegenzug einen Beitrag für das gemeinsame Leben leistet.

Das führt uns zu einer mehr oder weniger weitreichenden Interpretation der demographischen Spitze des Dreiecks. Die kulturelle Identität des amerikanischen Schwarzen bezieht sich zuvorderst auf die schwarze Gemeinschaft seiner Stadt. Doch über das »Ghetto« hinaus auch auf die globale schwarze Gemeinschaft in den Vereinigten Staaten, und darüber hinaus vielleicht auf die ursprüngliche afrikanische Gruppe der Schwarzen und auf die Welt der Schwarzen in ihrer Gesamtheit, auch wenn sie zersplittert und über den gesamten Erdball zerstreut ist. Wir haben es hier mit einer Reihe von Zugehörigkeiten in einem immer weiter gefaßten soziokulturellen, vielleicht etwas verwässerten Bereich zu tun, in dem jedoch das wiederkehrende Echo sich unablässig kreuzt. Ich glaubte, etwas Derartiges auf den Antillen zu bemerken, wo man gleichzeitig Einwohner von Martinique, Antillenbewohner und in gewisser Weise Afrikaner ist. Dieser oder jener Tanz oder jenes afrikanische Ritual rufen eine Resonanz im kulturellen System mit einer spezifisch großen Konzentration von Schwarzen hervor. Eine Anspielung auf die afrikanische Vergangenheit – zum Beispiel in einer Kino- oder Fernsehfilmsequenz – würde sich mit Sicherheit nicht in der gleichen Weise auf einen schwarzen oder weißen

Antillenbewohner auswirken. Man kann also, wie man sieht, sowohl die Gemeinschaft im engsten als auch die Gemeinschaft im weitesten Sinne, die zwischen allen Schwarzen besteht, *négricité (Schwarze als Gruppe)* nennen.

Damit sind wir aber mit den Zugehörigkeiten noch nicht am Ende. Die kulturelle Identität der amerikanischen Schwarzen, um bei diesem Beispiel zu bleiben, definiert sich nicht nur über ihre mannigfaltigen Verweise auf schwarze Gruppen, sondern auch über ihre Verweise auf weiße Gruppen in den Vereinigten Staaten und anderswo. Diese Art der Zugehörigkeit – man ahnt es bereits – ist weit davon entfernt, folgenlos zu sein. Sie ist die Ursache für umfangreiche Anleihen, aber auch für zahlreiche Konflikte, Verluste und Erosionen. Der amerikanische Schwarze ist auch Amerikaner, der am gemeinsamen amerikanischen Erbe teilhat, aber er ist ein Amerikaner, der mit besonderen Schwierigkeiten zu kämpfen hat. Ebenso definiert sich beispielsweise das Arabischsein eines tunesischen Moslems in bezug auf andere Araber und in bezug auf Nichtaraber. Die Gruppe, bei der er sein Leben verankert, ist zuvorderst diese unmittelbare engere Gemeinschaft, in der er geboren ist, in Tunis oder in Djerba, aber auch jene des gesamten Landes, Tunesiens, und dann die des Maghrebs mit seinen Religionsbrüdern und historischen Partnern, Algeriern und Marokkanern, dann jene im Nahen Osten, in Afrika und Asien, die zusammen die große Gemeinschaft der arabischen Muslime bilden. Daher rührt der politisch-spirituelle Begriff, der die Beobachter in Verlegenheit bringt – der Begriff einer einzigen arabischen »Nation« und damit einhergehend die nicht weniger vollmundige Bekräftigung einiger arabischer Nationen, die einander teilweise feindlich gegenüberstehen. Es handelt sich offensichtlich um die Art und Weise, in der man das Arabischsein begreift. Bald im lokalen Sinne, bald in seiner Universalität unter Berücksichtigung aller Zwischennuancen. Um diesen Aspekt zusammenzufassen, können wir sagen, daß *jede kulturelle Identität auch eine komplexe Beziehung zu anderen Identi-*

täten darstellt und sich in gewissem Maße in Relation zu diesen definiert.

Negative und positive Aspekte

Damit sind das gleichzeitig positive und negative Beziehungen. Schwarzer zu sein, bedeutet auch, so haben wir gesagt, kein Weißer in einer von den Werten der Weißen regierten Welt zu sein. Frau zu sein, bedeutet auch, in einer Welt, in der die Männer Gesetze machen, kein Mann zu sein. Jude zu sein, bedeutet auch, niemals irgendwo in der Mehrheit zu sein. Die Zugehörigkeit zu einer Gruppe der Schwarzen, der Juden, der Frauen äußert sich in einer relativen Nichtzugehörigkeit zu anderen, in der Regel dominierenden Gruppen, die die gemeinsame globale Gesellschaft bilden. Eine unleugbare negative Beziehung stülpt sich über jedes Mitglied einer Minderheitengruppe oder einer dominierten Gruppe. In der einen oder anderen Weise offenbart sich das Schwarzsein, Judesein oder Frausein in einem Ausschluß aus einer zumindest in mancherlei Hinsicht begünstigten Welt, die zumindest weniger unsicher ist als die des Dominierten. Eine Unsicherheit, die bis zum ständigen Unglück gehen kann: zum Beispiel bis zum Rassismus, zur Schwarzenfeindlichkeit, zum Judenhaß oder zur Frauenfeindlichkeit.

Natürlich ist auch hier wieder das Gefühl des Ausschlusses mehr oder weniger intensiv je nach Temperament eines jeden, je nach familiärer Umgebung und den Wechselfällen der Geschichte. Nicht alle Individuen, auch innerhalb einer Gruppe, sind gleichermaßen empfänglich für die Drohung und auch nicht gleichermaßen anfällig für Schicksalsschläge. Es ist nicht dasselbe, eine reiche, wirtschaftlich unabhängige Frau zu sein oder eine Arbeiterin, die in vielerlei Hinsicht entfremdet ist. Es ist nicht dasselbe, Jude in Frankreich oder in Syrien, in den Vereinigten Staaten oder in Mitteleuropa zu sein. Doch wie könnte in der Beziehung des Schwarzen zur Welt der Weißen die Vergangenheit mit ihrem Schrecken, ihrer Knechtschaft und ihren Lynchmorden völlig ausgemerzt sein? Mit ihren Erniedrigungen und Einschränkungen der Gegenwart? Wie kann ein Jude eine solch lange Geschichte extremer Bedrohungen mit blutigen Krisen völlig aus seinem Gedächtnis verbannen? Ein Jude, selbst ein Bürger eines noch so demokratischen Landes, fühlt in sich diese alte und unauslöschliche Besorgnis aufsteigen, wenn er von irgendeinem Wiedererwachen des Judenhasses irgendwo auf der Welt erfährt. Eine Frau, sei sie auch noch so respektiert und angesehen, kann nicht umhin, bei der Erzählung einer Vergewaltigung schmerzlich zu zittern. Ist es letztlich nicht einleuchtend zu glauben, daß die seelische Struktur und das Verhalten des Dominierten so stark unter dem Eindruck des negativen Kontakts mit seinen dominierenden Partnern stehen, daß es oft so schwierig ist, den Anteil der Zugehörigkeit zu seiner eigenen Gruppe und den Anteil, der den anderen zukommt, zu bestimmen? Die Reaktionen gehen auch hier auseinander. Die einen werden auf die Feindseligkeit mit einer vorsichtigen Verweigerung all dessen reagieren, was an den Angreifer erinnert, und gleichzeitig mit einer wiederholten Bestätigung ihrer Zugehörigkeit, so als ob sie durch diese Heraushebung aus der Masse den besten Panzer gegen die Erosion des tosenden Stroms aus zu mächtigen Fremden fänden. Die anderen wiederum verweigern sich, lehnen mehr oder weniger heftig ihre Ursprungsgruppe ab und zerbrechen sich den Kopf darüber, wie man so stark wie möglich den dominierenden Gruppen ähneln könnte, so als hofften sie, deren Schlägen zu entwischen, indem sie sich in der Menge verflüchtigen – das, was man Assimilation nennt. Im allgemeinen findet man schließlich beide Versuchungen gleichzeitig in verschiedenen Ausprägungen. Im übrigen auch nur mehr oder weniger ausgeprägte Selbstverweigerung: Es gibt Schwarzenhaß bei Schwarzen, Judenhaß bei Juden und Frauenhaß bei Frauen.

Natürlich sind nicht alle Gruppen dominierte Gruppen, und jede kulturelle Identität ist anderen, stärker heterogenen, wenn nicht feindlichen oder aggressiven Gruppen verpflichtet. Selbst die kulturelle Identität des Amerikaners oder Japaners von heute umfaßt auch das Bild des Amerikaners oder des Japaners aus der Sicht der anderen Völker und muß deswegen in gewisser Weise mitberücksichtigt werden.

In anderen Worten: Jede kulturelle Identität ist, in unterschiedlichem Ausmaß, Gewinn und Bedrohung, positiv und negativ.

Relativität und Dynamik; Subjektivität und Objektivität

Man ist also weit von einer Vorstellung der monolithischen kulturellen Identität entfernt, die einfach und vor allem unbeweglich ist, wie manche glauben. Sie zeigt sich ganz im Gegenteil *relativ und wechselhaft, objektiv und weitgehend subjektiv,* und das so stark, daß man besser von einem Gefühl kultureller Identität sprechen sollte als von einer kulturellen Identität an sich. Frau zu sein, bedeutet, kein Mann zu sein, aber Mann zu sein, bedeutet auch, keine Frau zu sein. Und Frau und Mann zu sein, bedeutet, kein Kind oder kein älterer Mensch zu sein. Franzose oder Deutscher oder Russe zu sein, ist eine Art und Weise, sich selbst zu begreifen, sich über diese Beziehung zu einer Tradition und einer kulturellen Situation zu definieren, doch diese Beziehung an sich und diese kulturellen Gegebenheiten sind wechselhaft. Ein Franzose denkt und benimmt sich nicht genau wie sein Großvater. Selbst das Gefühl der Zugehörigkeit kann sich bei ein und demselben Menschen im Laufe seines kurzen Lebens wandeln. Man kann sich von seiner Gemeinschaft entfernen oder sich ihr annähern, das zeigen Krisen ganz deutlich.

Daher ist verständlich, daß manche aufgrund ihres Temperaments oder ihrer Philosophie oder auch nur aus Zufall diesen oder jenen Aspekt ihrer kulturellen Identität bevorzugen. Die einen beharren auf den institutionellen Banden und verhalten sich dementsprechend, also vorwiegend solidarisch, und nehmen bevorzugt an gemeinsamen sozialen, politischen und kulturellen Aktivitäten teil. Die anderen fordern eher die schwierige Einhaltung beispielsweise religiöser Werte. Kultur wird zuweilen im weitesten Sinne verstanden als kollektive Gewohnheiten, zeitlich wiederkehrende Ereignisse und Wiedersehensfeiern, zuweilen im engeren Sinne einer beispielsweise religiösen Tradition, die bekräftigt wird durch eine Art Unberührtheit jenseits des Schmutzes und der Schattenseiten unserer modernen Zeit. Jeder bestätigt und festigt allerdings seine Zugehörigkeit auf seine Art und Weise, so als ob er durch eine hartnäckige Treue die von der Instabilität unserer Zeit hervorgerufene Angst vertreiben wolle. Somit ist offenkundig, daß beispielsweise die Religion nur ein Teil der damit im weiteren Sinne verstandenen Kultur ist und man nicht von allen fordern könnte, ihre Weltanschauung und Verhaltensweisen darauf zu reduzieren.

Veränderung und Stetigkeit

Es gibt etwas Paradoxes in der kulturellen Identität: Sie wird als Dreh- und Angelpunkt der kollektiven Persönlichkeit, ja sogar jeder Persönlichkeit bestätigt und eingefordert (manchmal will man Franzose, Jude, Araber sein und dann erst Mensch). Nun zeigt aber alles, daß Identität fließend und für einen tiefgreifenden Wandel offen ist. Der Kern dieses Paradoxons liegt vielleicht darin: Veränderung macht angst, und man versucht verzweifelt, sie erst einmal zu leugnen, solange, bis sie ins Alltägliche integriert wird. Veränderbarkeit ist nicht nur ein Zeichen für Anfälligkeit, sondern eines der Hauptmerkmale des Lebens. Es gibt zwei Sorten von Einheit: eine in sich geschlossene Einheit, die auf Stetigkeit beharrt, und eine entwicklungsorientierte Einheit, die sich durch aufeinanderfolgende Integrationen behauptet.

Niemand zweifelt daran, daß beide Bewegungen in jeder kollektiven und individuellen Existenz anzutreffen sind. Man ist eher geneigt, seine Aufmerksamkeit auf die stabileren Elemente zu lenken, und geht sogar so weit, eine Art Wesenheit, eine Art Absolutheit jeder kulturellen Identität (vorzugsweise der unsrigen) zu verkünden, die Zeit und Raum durchdringen soll. Damit gäbe es über die besonderen Gestalten des Juden, Moslem und Christen hinaus, die in Geschichte und Geographie verkörpert sind, über Schismen und Irrlehren hinaus einen typischen Juden, Moslem und Christen und eine ewige »Wesenheit« des Judentums, Islams und Christentums, welche seit den Anfängen bis zum Ende aller Zeiten erkennbar und unwandelbar wäre.

Ich werde mich hier nicht auf eine Diskussion einlassen, welche derartig ontologische Züge annimmt, um so weniger, als die Besitzer der kulturellen Absolutheit dieses nutzen würden, um zu bekräftigen, daß sich die Identität als etwas Absolutes nicht definieren läßt. Die Debatte wird damit geschlossen, bevor sie überhaupt begonnen hat. Ich beschränke mich auf die Feststellung, daß die Geschichte der Juden, Moslems oder Christen einen Anfang hatte und daß sie sich fortsetzte, aufbaute, wandelte und sich bedeutend bereicherte. Was man Identität der einen und anderen nennt, ist nicht so identisch, wie sie es vorgeben. »Das ewige Frankreich«, »die Ewigkeit des Deutschen Reichs« oder »Großbritannien für immer«, solche soziohistorischen Gebilde mit ihren neuzeitlichen Ursprüngen sind wahrscheinlich in sich schon prekär.

Aber ist die Angelegenheit damit erledigt? Ganz sicher nicht. Sie taucht wieder auf, wenn man sich etwas weniger stolz fragt, ob es beständige Elemente über die historische Dauer hinaus gibt. Die Antwort lautet ja, sofern man angibt, um welche Dauer es sich handelt. Es gibt partielle Dauerhaftigkeiten, die einander ablösen oder sich überschneiden und ausreichend sind, um dieses Gefühl der Identität zu vermitteln, das dem Anschein nach so beruhigend für das Leben ist. Vielleicht sollte man besser von *relativer Kontinuität* als von Dauerhaftigkeit sprechen. Es sind dies einander ablösende Kontinuitäten, die uns uns selbst und anderen gegenüber erkennbar machen. Es gibt mehr oder weniger langsame Veränderungen, Zerstörungen und ständige Rekonstruktionen. Auch hier ist es wieder dieses wechselseitige Spiel der Variablen und ihre relative Bedeutung im Hinblick auf den anderen, die jeder Gruppe, jedem religiösen oder kulturellen Wertesystem ihre besondere Physiognomie, eine Illusion, verleihen, die hinterher an die Notwendigkeit dieser Entwicklung glauben läßt. Nun kann niemand vorhersagen – was der einzig entscheidende Beweis sein könnte –, daß ein solches Element fortbesteht und ein anderes verschwindet, warum die Orthodoxie einer bestimmten Zeit zum Irrglauben wird und umgekehrt. Welche Beständigkeit gibt es letztlich, und welche Auswirkungen hat diese? Wer hätte vorhersagen können, daß der jüdisch-christliche Zweig die jüdische Mutterpflanze verdrängt? Siege und Niederlagen, orthodoxe Lehren und Ketzerei bestehen nur mit der Zustimmung der Zeit. *Die kulturelle Identität ist eine dynamische Gleichung, in der sich unauslöschlich mehr oder weniger stabile Elemente mit wechselhaften und relativ unvorhersehbaren Elementen kombinieren.*

Das Imaginäre

Damit läßt sich der Anteil erraten, den ich der Fiktion bei diesem Gefühl der Identität einräume.

Bei unserem Erfassen der Vergangenheit, die mit einem solch großen Anteil Eingang in unsere gemeinsame Konstruktion findet, wird somit die angesichts der Vielfalt der vergangenen Ereignisse getroffene Auswahl durch eine derzeitige Notwendigkeit gesteuert. Das Gedächtnis wird unablässig abgefragt und umstrukturiert. Darin liegt weder eine Perversität noch eine systematische Lüge, sondern das Bedürfnis, eine funktionsfähige und tragbare Kohärenz aufzubauen. Die Kinder spanischer, portugiesischer oder italienischer Immigranten, die in Frankreich geboren wurden, vergessen ihre Herkunft schließlich. Nach einigen Anpassungen ihrer Familiennamen, wodurch Martinez zu Martinet oder Matin, Colombani zu Colombin oder Colomb wird, befinden sie sich im guten Glauben, daß sie von den Galliern oder den Franken abstammen, oder wenn schon nicht sie, so doch ihre Kinder oder Enkelkinder. Denn diese fiktive Kohärenz zwischen ihrer Gegenwart und einer imaginierten Vergangenheit wird leichter zu leben sein. Wie viele der Korsen, die *»Arabi fuori!«* (Araber raus) rufen, wissen, daß sie vielleicht von maurischen Besatzern abstammen? Hat man hinlänglich berücksichtigt, daß der Stolz auf den Stammbaum sich auf die väterliche Linie beschränkt und in aller Seelenruhe die »ausländischen« Beiträge außer acht läßt, die zuweilen aus den Liebesnestern des Zufalls entstanden sind? Eine »gemeinsame Vergangenheit« ist somit größtenteils Fiktion, denn sie ist weder eine wirklich gemeinsame noch wirklich Vergangenheit. Wem denn gemeinsam? Vergangenheit wovon? Es genügt, diese Fragen zu stellen, um die unvermeidbare Ungenauigkeit der Antworten zu erkennen: Die sogenannte gemeinsame Vergangenheit ist nichts als eine Zusammenfügung einer bestimmten Vergangenheit, selbst im günstigsten Falle. Nehmen wir das Beispiel eines offensichtlich vereinten und erkennbaren Volkes, der Franzosen. Ihre Identität soll sich auf die angeblichen Vorfahren, die Gallier, gründen, von denen sie so gut wie nichts wissen, auf eine von ihren Siegern, den Römern, entlehnte Sprache und Gesetzgebung, auf eine Philosophie und wissenschaftliche Methodik, die aus dem Griechischen mit einigen jüdischen Bestandteilen über den Umweg des Christentums entstanden und eine Nachahmung der italienischen Renaissance ist, welche die Antike kopierte. Und in unserer unmittelbaren Umgebung sehen wir, daß Künstler aus aller Welt, die zum Arbeiten nach Paris kamen, der französischen Kultur ihren Stempel aufgedrückt haben, so sehr sie auch ihrerseits von dieser profitiert haben mögen.

All das, mag man sagen, bildet dennoch eine einzigartige und offenkundige Synthese. Stimmt das? Handelt es sich nicht eher um mehrere Synthesen, deren einzige Verwandtschaft in der Geographie besteht? Gibt es eine tiefgreifende Beziehung zwischen den Schlössern der Loire, der französischen Küche und dem Impressionismus, abgesehen davon, daß es kulturelle Gegebenheiten ein und desselben Landes sind? Unbeständige und nicht immer untereinander kohärente Synthesen, selbst innerhalb eines Bereiches. Der Klassizismus und die Romantik, beides »echt französische« Bewegungen, sind voneinander so weit entfernt wie der Nordpol vom Südpol.

Es bleiben noch gemeinsame Punkte! So wird man insistieren. Gewiß werden wir nicht ins andere Extrem verfallen. Die Franzosen »besitzen« eine gemeinsame Sprache, ja, aber die Sprache der Bourgeoisie ist nicht die Sprache der Arbeiter und Bauern, trotz ihrer Schulbildung. Die Sprache in Paris ist nicht die Sprache der Regionen, deren jüngste Forderungen die vorherrschende Stellung der Hauptstadt erneut in Frage stellen. Diese sogenannte französische Sprache soll den Menschen in Frankreich »gehören« und nicht den Belgiern, Schweizern, den Bewohnern von Quebec, der Antillen oder den Afrikanern, die diese angeblich »schlecht« sprechen, weil sie sie nicht so sprechen wie die Menschen in Frankreich. Was für einen Sprachwissenschaftler überhaupt keinen Sinn ergibt. Die katholische Religion ist zwar in der Tat die Religion der Mehrheit der Franzosen, aber was würde aus den Protestanten, Juden, Buddhisten und Moslems (fünf Millionen) bei einer Definition der kulturellen Identität durch den Katholizismus? Und was würde umgekehrt aus dieser Definition, wenn man die Religion zu sehr betonte? Franzose zu sein, ist eine Lebensart, wird manchmal gesagt. Das stimmt zwar, aber ist es auch eine homogene Lebensart? Also da würde es schon genügen, nach einem Aufenthalt in der Provence oder in der Bretagne zwei Tage im Elsaß zu verbringen.

Noch einmal: Ist das nicht ein Paradoxon? Und doch erkennen sich die Franzosen untereinander und wollen sich auch als solche erkennen. Nehmen wir diesen Willen zur Kenntnis. Er ist respektabel und bedeutsam. Ich wollte lediglich anmerken, daß all das weder die Festigkeit noch die Offensichtlichkeit besitzt, von der man ausgeht. Um hier klarer zu sehen, müßte man im Haus selbst für Ordnung sorgen und unter den betroffenen Fürsprechern Umschau halten. Wenn man es will – aber will man es wirklich? Ich gebe unumwunden zu, daß man dennoch darauf besteht, man verteidigt diese echte oder angebliche, partielle oder komplexe Identität. Warum? Das wird die letzte Frage und mein letzter Versuch einer Antwort sein.

Inzwischen bleibt festzuhalten, daß *kulturelle Identität eine weitgehend imaginäre Konstruktion bleibt.* Was nicht bedeutet, daß sie lächerlich oder trügerisch wäre. Denn es handelt sich hier nicht ausschließlich um Biologie oder konkrete Geschichte, sondern eben gerade um Kultur, das heißt um Glauben; wenn man sich für einen Franzosen, Algerier oder Korsen hält, dann ist man es auch in gewisser Weise. Wenn man sich trotz der außerordentlichen Vermischung der Völker, aus der die heutigen Franzosen, Juden und Araber hervorgegangen sind, für einen Franzosen, Juden oder Araber hält, dann ist man Franzose, Jude oder Araber, weil man sich wie ein solcher benimmt, leidet und sich freut. Man besitzt die *Identität seiner Gesinnung und seines Gedächtnisses,* seien sie auch teilweise trügerisch. Im Grunde *ist das Bemerkenswerteste an der kulturellen Identität nicht ihre Realität, sondern ihre Wirksamkeit.*

Kulturelle Identität und Bedürfnis

Wir haben uns gefragt, woher der Glaube und der Wille zur Bestätigung kommen. Die Antwort ergibt sich von selbst: aus dem *Bedürfnis, das man danach hat und das das Wesentliche der kulturellen Identität ausmacht.*

Kulturelle Identität ist eine Konstruktion, die zu großen Teilen *ideell* ist, eine Rekonstruktion, die von realen und imaginären Elementen ausgeht. Und diese Konstruktion hat eine offenkundige Zielsetzung: Es ist wiederum *eine Überlebensmaschine*[4], die die Vergangenheit und die Zukunft benutzt, um die Gegenwart leichter zu ertragen. Die wahren Bezugspunkte, die Steine, auf die man baut, fehlten zwar nicht, aber von da an – welch ein Bauwerk! Welche Geschicklichkeit, wenn es um trügerischen Schein und Illusionen geht! Wie bei Hologrammen, jenen Reliefbildern, bei denen die Erfindungsgabe des menschlichen Geistes im wahrsten Sinne dreidimensionale Persönlichkeiten, Möbel, Gegenstände, ganze Szenen darbietet, die nichts weiter als eine Anordnung von Lichtkegeln sind, so perfekt eingestellt, daß man glaubt, fast zumindest.

Daher stammt vielleicht auch das Ansehen der Kultur im Sinne eines außergewöhnlichen Aufblühens von Gedanken, Gefühlen, wahren oder erfundenen Ereignissen, die das kollektive und individuelle Gedächtnis bewohnen. Denn es ist erlaubt, sich zu fragen, ohne – so hoffe ich – zuviel Anstoß zu erregen, warum die Kultur bei allen Völkern, allen Gruppen einen solchen, vielleicht paradoxen Respekt genießt. Warum wird das, was offenbar am wenigsten nützlich, am wenigsten in konkreter Hinsicht einträglich ist, derartig bewundert, gepriesen und geschätzt? Denken wir doch einmal darüber nach: Der Erfinder des Verfahrens zum Pökeln von Fischen, zum Räuchern von Fleisch oder zur Konservierung der Ernte für den Winter hat uns einen weitaus größeren Dienst erwiesen als der Schöpfer von Märchen oder Gedichten. Und doch wird der Name des Zweitgenannten viel leichter Eingang in die Nachwelt finden. Muß man da nicht denken, daß die Kultur in unabdingbarer Weise für das reibungslose Funktionieren des kollektiven und individuellen Lebens unerläßlich ist?

Ich werde nicht auf die Beschreibung und Definition von Kultur zurückkommen, denn das habe ich an anderer Stelle mehrfach geleistet. Wenn Kultur *im großen und ganzen* die mehr oder minder kohärente Gesamtheit konkreter und ideeller Reaktionen eines Volkes auf seine Lebensbedingungen darstellt, dann muß man, um von diesem gemeinsamen Erbe profitieren zu können, glauben und glauben machen, daß man zu dieser Gruppe gehört. Man ist nur ein Bastard, wenn man es weiß und die anderen es wissen. Besser ist es, die Spuren zu verwischen, und noch besser, sich und andere von seiner Legitimität zu überzeugen. Man muß sich eine gemeinsame Vergangenheit aufbauen oder wiederaufbauen, denn das ist der Garant für eine gemeinsame Zukunft. *Bei jeder kulturellen Identität gibt es einen bemerkenswerten Anteil an Glauben.* Man gehört zu einem Volk, einem Werte- und Institutionensystem, weil man es glaubt. Weil man mit diesem gewisse Emotionen teilt – und warum sollte man sie auch alle verleugnen?

Zugehörigkeit und Abhängigkeit

Das bringt uns zu einer erneuten Betrachtung des Begriffs der Zugehörigkeit, den ich bislang verwendet habe, um die schon recht verworrene Angelegenheit nicht noch mehr zu komplizieren. Was bedeutet nun diese vielbeschworene Zugehörigkeit tatsächlich? Zu etwas zu gehören, scheint anzudeuten, daß man gleichzeitig freiwillig Teil eines Ganzen ist und daß dieses Ganze uns festhält und uns die Richtung angibt. Das ist im Grunde zur selben Zeit ein gegebener Zustand, eine Zustimmung und eine beherrschende Macht. Daß unser Wille angesichts des Willens der Gruppe keine besondere Wirksamkeit entfaltet, aber auch, daß man dieser Delegation von Macht zustimmt. Daß wir nicht völlig unabhängig sind, aber daß uns das zusagt. Was habe ich nun hier getan, wenn nicht wieder einmal eine Beschreibung der üblichen Dualität jeder Abhängigkeit mit ihren zwei Seiten, der Notwendigkeit und dem wohlverstandenen Interesse, vorzunehmen? Mit dem Bezug zum Bedürfnis im Hintergrund? *Man gehört zu einer Gruppe; das bedeutet letztlich, daß man das Bedürfnis hat, ihr anzugehören, und daß diese Gruppe in gewisser Weise uns angehört, denn in gewissem Maße verfügen wir über sie und ziehen Nutzen aus ihr.*

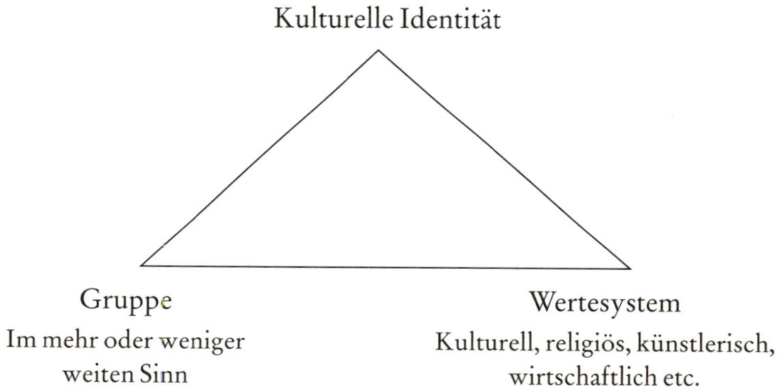

Kollektive Verhaltensweisen und Institutionen

Wenn wir uns für einen Moment erneut unser Dreieck vornehmen und dieses Mal die Seiten betrachten, dann wäre es vorzuziehen, diese eher mit dem Begriff der Abhängigkeit als mit dem der Zugehörigkeit zu belegen. Oder zumindest im Hinterkopf zu behalten, daß *Zugehörigkeit eigentlich auf Abhängigkeit oder auf ein System von Abhängigkeit und Beschaffung zurückgeht.* Wir gehören zu einer Gruppe, bedeutet, daß wir von dieser Gruppe abhängig sind und diese Gruppe von uns. So ließe sich auch besser erkennen, was wir von unseren jeweiligen Gruppen erwarten und was unsere Gruppen dafür von uns fordern. Wir wollen beschützt, in unserem Verhalten beraten, in unseren Gefühlen und Gedanken inspiriert, von den Institutionen unterstützt, bezüglich unserer Vergangenheit und unserer Zukunft beruhigt werden. Und wir sind bereit, dafür mit unserer – zumindest relativen – Unterwerfung, Solidarität und Treue zu bezahlen.

Zwar scheinen die Bande der Zugehörigkeit stärker und damit ermutigender zu sein als die der Abhängigkeit. Die Zugehörigkeit bietet einen gewissen gemeinsamen Kontext, der unzerstörbar und organisch ist wie jener, der Eltern und Kinder verbindet. Daher stammen auch Ausdrücke wie »Unsere Mutter Frankreich«, »Unsere Mutter Kirche« und ähnliches. Deshalb wiederholt man um die Wette »Man hört nicht auf, Christ zu sein!« oder »Man hört nicht auf, Jude zu sein!«, sei man auch Abtrünniger oder Verräter. Damit wird unterschwellig eine mystische oder metaphysische Art der Teilhabe an der Gruppe suggeriert. Was offensichtlich eine endgültige Garantie der wechselseitigen Beschaffung zwischen Gruppe und Individuum ergäbe, wie man sie zwischen Mutter und Kind annimmt. »Man hat nur eine Mutter« bedeutet, mehr noch als die Einzigartigkeit, eine Art überlegene Zeitlosigkeit. »Das ist mein Kind, die Frucht meines Leibes« heißt, daß nichts diese Tatsache beeinträchtigen könnte, weder unmoralisches Verhalten noch biologische Störungen. Kurz, beide Partner, das Kollektive und das Individuelle, kommen bei diesem Glauben auf ihre Kosten. Und wer auch immer diesen in Frage stellt, hat den Eindruck, auf ein gewisses Tabu zu stoßen, das Unerschütterliche zu erschüttern. Daher das Leiden an Schuld, die Angst bei Verrat, der bereits ein kleiner Tod der Gruppe ist. Ganz zu schweigen von den Strafen, die vom Tadel bis zum Tod reichen.

Während uns im Gegenteil alles lehrt, daß man aufhören kann, zu einer Gruppe »zu gehören«, zum Beispiel indem man aus eigenem Willen oder durch den Willen eines anderen einer anderen Gruppe beitritt; daß das bei manchen zu großen Schwierigkeiten und bei anderen zu nichts führen kann. Es kommt vor, daß die Eltern-Kind-Bindung sich in Haß verwandelt, es kommt auch vor, daß sie sich ohne übermäßige Probleme löst. Beispiele von perfekt und schnell angepaßten Immigranten gibt es genug, auch wenn andere dagegen weder das Exil noch die Marginalisierung ertragen. Das Exil ist nicht immer eine Katastrophe.

Störungen der kulturellen Identität und Gegenmittel

Ich hatte versprochen, auch Störungen der kulturellen Identität und eventuelle Gegenmittel zu behandeln. Zugegebenermaßen ist es einfacher, zu analysieren als zu heilen oder auch nur Prävention zu betreiben. Man kann sich vorstellen, wie solche Störungen der kulturellen Identität aussehen können. Wir haben festgestellt, daß der Begriff kulturelle Identität mißverständlich ist. Er suggeriert Stabilität, Beständigkeit bis zum Absoluten, wohingegen kulturelle Identität in Wirklichkeit aus Anfälligkeit, Relativität und Metamorphosen besteht. *Die kulturelle Identität ist eher die Gesamtheit der Beständigkeit durch kontinuierliche Veränderung.*

Doch diese echte Ambivalenz ist letztlich adäquater als die angenommene statische Einwertigkeit, die von dem Wort suggeriert wird. Wir brauchen gleichzeitig relative Beständigkeit und kontinuierliche Anpassung. Um leben zu können, müssen wir aus der Überlieferung der gesammelten Erfahrungen vorangegangener Generationen und aus unserer außergewöhnlichen Anpassungsfähigkeit an neue Situationen (über die die Tiere anscheinend nicht verfügen, woraus der Erfolg der menschlichen Art resultiert) Nutzen ziehen können. Ein Organismus, der sich nicht verändert, stirbt, das ist der Sinn des Alters. Nun werden wir unaufhörlich an Körper und Geist bedroht, an unserer physischen und psychischen Identität, und zwar durch den unvermeidlichen Abbau, den die Zeit verursacht, und das langsame Abdriften ins Nichts. Auf diese

Bedrohung reagieren wir in zweifacher Weise. Wir haben gesehen, daß Kultur nicht nur das Imaginäre darstellt, sondern auch Rezepte fürs Leben bietet, von ganz bescheidenen bis zu hochkomplexen, von Kochkunst bis hin zur Wettervorhersage. Diesbezüglich ist die gemeinsame Kultur einer Gruppe in der Tat der gemeinsame Schatz, die unerschöpfliche Quelle, mit deren Hilfe wir auf die Probleme der Existenz reagieren können. Und sie ist um so wertvoller, als sie einzigartig ist, das heißt auf diese Gruppe abgestimmt wie ein maßgeschneidertes Kleidungsstück oder in gewisser Weise sogar von ihrem eigenen Körper abgesondert, was den Respekt für Traditionen erklärt und rechtfertigt. Nicht alles ist lächerlich an dem Gefallen am Handgemachten, an den alten Wohnstätten und alten Riten – man geht zu Recht davon aus, daß sie auf uns und wir auf sie abgestimmt sind, und dieses Bündnis hat sich bereits bewiesen.

Doch die Tradition hat nicht für alles eine Antwort parat, mitunter gilt es zu improvisieren, wenn man überleben will. Daher rührt auch die überraschende und bemerkenswerte Dualität unseres Geschmacks, der zwei Notwendigkeiten und zwei verschiedenen Bedürfnissen entspricht: der Sehnsucht nach dem Althergebrachten, dem bereits Erlebten, Erkennbaren, aber auch nach dem Neuen, welches dem Menschen die Möglichkeit gibt, Abenteuer zu akzeptieren, ja sogar, nach ihnen zu suchen. Doch es kommt auch vor, daß selbst diese Anpassungsfähigkeit angesichts einer allzu neuen Situation ohne Bezugspunkte oder einfach angesichts einer zu raschen Veränderung unzureichend ist. Die derzeit bestehende Angst, die anscheinend beträchtlich anwächst, kommt vermutlich von dieser Beschleunigung. Die kulturelle Identität besteht aus einer Reihe aufeinanderfolgender Gleichgewichte – wenn jeder Abschnitt in sich selbst zu instabil wird, wenn die Übergänge unzureichend sind, wenn jedes Erkennen schwankt, dann scheint das ganze Wesen angesichts bevorstehender Brüche, die Angst erzeugen, in Gefahr zu schweben. Dann bleibt uns nur noch, eine Welt nach unseren Bedürfnissen zu erschaffen oder wiederzuerschaffen, die um so leichter zu erkennen und anzuerkennen ist, als sie nach unseren Maßstäben, von uns selbst oder von den Beauftragten des Imaginären, den Künstlern und Denkern, errichtet wurde. Und während wir uns dort befinden, im Realen, Unbekannten, Bedrohlichen oder Schäbigen, setzen wir ihm etwas Imaginäres, Ruhmreiches, köstliche Träume und für die Ewigkeit festzementierte Dogmen entgegen. Wir wehren uns mit Humor, Legenden und den verschiedensten Wahnideen des Fanatismus religiöser oder laizistischer Art.

Was wäre weise? Es liegt nahe, daß die verkrampfte Festlegung auf übermäßige Beständigkeit zur Erstarrung führt und kaum zuläßt, sich gegen die unaufhörlichen Neuerungen des Lebens zu wehren. Stabilität ist bequem und beruhigend, doch es gibt keine völlige Stabilität. Und wenn es sie gäbe, wäre sie unbrauchbar. Was die vielen Rückgriffe in die Vergangenheit angeht, die Rückkehr zu den Ursprüngen, die Suche nach den Wurzeln, von denen man heute so viel spricht, als wären es Patentrezepte gegen unsere Sorgen und Nöte, so sind das konfuse Begriffe und häufig Tricks von Gruppen, die damit beliebig Protestler, umherschweifende Geister und Randgruppen ködern. Es ist eine Ironie unserer Zeit, daß all diese Aufrufe zur Rückbesinnung heute von Anhängern des Sittenwandels unserer Gesellschaften lanciert werden. Sie wollen Fortschritt durch Rückschritt. Die Rückkehr zu etwas, was nicht mehr besteht, ist nichts weiter als eine verirrte Rückkehr. Die Lage war einfacher, als die Traditionalisten sich für die Tradition und die Fortschrittlichen für Fortschritt einsetzten.

Wir können aber nicht jede Veränderung ertragen, und schon gar nicht in beliebiger Geschwindigkeit. Um noch ein letztes Mal unser Dreieck zu bemühen – hier zeigt sich offensichtlich, daß es unaufhörlichen Veränderungen unterliegt, weil Demographie, Werte und die verschiedenen Beziehungen zwischen den Menschen und ihrem Denk- und Verhaltenssystem sich unablässig verändern. Bleibt festzuhalten, daß ein zu brutaler Wandel infolge irgendeines heftigen physiologischen, psychologischen, zwischenmenschlichen oder gesellschaftlichen Sturms bei uns mehr oder weniger erträgliches Leiden hervorruft. Man kann vernichtet werden durch den Tod eines geliebten Menschen; eine zu tief gehende, auch räumliche Trennung kann uns sterben lassen, genau wie Tiere, die ohne jede Gesellschaft und ihres natürlichen Umfeldes beraubt dahinsiechen.

Kurz, die Weisheit liegt wahrscheinlich in gemäßigter Bindung und Ablösung, in einer etwas ironischen Distanz gegenüber der Gruppe und ihren Werten, gegenüber der gemeinsamen Kultur, bei der man erkennen sollte, was sie an Fiktion enthält. Darin ist keinerlei Mißachtung oder Mißtrauen gegenüber dem Imaginären zu sehen. Im Gegenteil, ich hoffe gezeigt zu haben, daß das Imaginäre ein unerläßliches Hilfsmittel ist, mit dessen Hilfe wir atmen können, wenn die Luft knapp wird. Alles in allem ist es – völlig unabhängig von den Vorteilen des Zusammenrückens der Mitglieder einer Gruppe, das gegenseitige Unterstützung bietet – vorzuziehen, diese organische und psychische Solidarität durch Abhängigkeiten von anderen Gruppen und Systemen zu ergänzen, durch die jeder eine ohnehin schon allzu schwierige Freiheit beibehalten kann.

Doch ich gebe zu, daß es sich hier um eine philosophische Position handelt.

Autonomie oder Freiheit?

Als ich begann, mir der Bedeutung von Abhängigkeit in unserem Leben bewußt zu werden, und dann versuchte, sie genauer zu beschreiben, um daraus ein Interpretationsschema für Verhaltensweisen und Werke zu machen, stieß ich auf gewisse Widerstände, die im übrigen nur allzu verständlich sind. In der Tat schien mir alles unrecht zu geben. Freiheit wurde als etwas Offensichtliches angesehen, auch wenn Schwierigkeiten auftraten, sobald man versuchte, sie in zufriedenstellender Weise zu definieren, ihren Bereich zu umreißen oder ihre Funktionsweise genauer anzugeben. Die Sozialphilosophie des Westens fußt anscheinend auf *den* Freiheiten, wenn nicht sogar auf *der* Freiheit. Die Medizin und insbesondere die Psychologie zielt darauf ab, die Patienten von ihren Störungen zu befreien und ihnen die Herrschaft über Geist und Körper zurückzugeben, das heißt, sie von Abhängigkeit zu Unabhängigkeit zu geleiten. Hatte ich nicht selbst Jahre damit zugebracht, in bezug auf Entkolonisierung das Problem der Schwarzen, der Juden, hinsichtlich der Stellung der Frau oder der häuslichen Verhältnisse die Mechanismen von Dominanz und Unterwerfung sowie die verschiedenen Wege der spezifischen Befreiung zu untersuchen?

Doch aufgrund persönlicher Umstände, die ich anderweitig dargelegt habe, mußte ich einräumen, daß sich in meinen Bemühungen als Wissenschaftler zwar keine Abkehr von früheren Ergebnissen und auch kein Desinteresse an der Problematik von Dominanz und Unterwerfung ergeben hatten (denn mein vorletztes Buch ist noch eine Studie zum Rassismus und zur Heterophobie), eine Akzentverschiebung aber doch stattgefunden hatte: Mir wurde klar, daß die wesentliche, ergänzende und nicht ausschließende Tatsache eher darin bestand, daß man die Abhängigkeit in keiner Auslegung unserer Verhaltensweisen und Beziehungen zu anderen und zu Gruppen aussparen kann. Der doch so zentrale Begriff der Freiheit bedurfte einer erneuten Untersuchung, Präzisierung und eventuell auch Neuformulierung. Von nun an galt es herauszufinden, wie unser Streben nach der größtmöglichen Freiheit mit den Einschränkungen der Abhängigkeit und den zahlreichen Erwartungen aus den verschiedenen Formen der Beschaffung zu vereinbaren ist.

Freiheiten und Freiheit

Philosophisch betrachtet ist Freiheit ein Monstrum. Sie scheint selbstverständlich zu sein und widersetzt sich der Analyse. Es ist kein Wunder, daß sie in dieser hartnäckigen alten Schrulle des *freien Willens* zum Ausdruck kommt, der durch die komisch ernste Debatte um *Buridans Esel* veranschaulicht wird. Dieses unglückselige Tier, das zwischen eine Haferration und einen Eimer frisches Wasser gestellt wurde, entscheidet sich trotz allem und wählt aus, statt vor Hunger oder Durst zu sterben. Das ist der unleugbare Beweis für seinen freien Willen! Der freie Wille soll eine souveräne Entscheidung sein, die nur von ihr selbst abhängt. Wie kann ein Wille vollkommen unabhängig von allen Regeln, von jeder Kontingenz sein, die ihn doch eher in diese als in jene Richtung drängt, unabhängig von jeglichem Plan und jeglicher Absicht? Das ist das *Mysterium* des freien Willens. Man könnte es nicht besser ausdrükken – es handelt sich in der Tat um einen theologischen Begriff, eine Insel der absoluten göttlichen Freiheit, die dem Menschen auferlegt ist. Diese kostenlose Gabe bedarf damit weder einer wissenschaftlichen Rechtfertigung noch eines philosophischen Beweises, da sie am göttlichen Mysterium teilhat. Philosophen und Theologen verwenden sogar den Begriff *fiat*, welcher das Wunder der Schöpfung heraufbeschwört. Es *werde* Licht, und es ward Licht! Der freie Wille des Menschen wäre damit eine Art Schöpfung des Augenblicks, dessen Natur man ebensowenig kennen muß wie die Natur des göttlichen Willensakts. Allerdings ist dieser Rückverweis nur Ausdruck für das Unbehagen der Philosophie. Wir müssen uns etwas bescheiden und fragen, wie die Gnade der Freiheit konkret funktioniert.

* * *

Leider ist man noch wenig weitergekommen, weil man auf dem Boden der Tatsachen gelandet ist. Freiheit ist auch eine Verirrung, was die Logik anbelangt: Es ist ein Verhalten ohne Ursache. Das wäre dann aber der einzige Bereich, der Bereich des Menschlichen, wo man eine solche Interpretation beabsichtigt! Zur Entschuldigung und vergleichsweisen Legitimierung wird mitunter der Indeterminismus angeführt, der im unendlich Kleinen vorherrschen soll. Das ist offensichtlich falsch und eine tendenziöse Schlußfolgerung. Indeterminismus ist keine Freiheit, er ist die vorläufige oder endgültige Feststellung, daß es unmöglich ist, den derzeitigen Zustand unserer Untersuchungsmittel zu kennen. Man kann nicht immer genau die Situation eines Phänomens, seine unmittelbaren Ursachen und die Folgen seiner Entwicklung bestimmen. Das bedeutet keineswegs, daß diese Phänomene, die Atome zum Beispiel, über Freiheit, geschweige denn über einen freien Willen verfügen – so weit wurde ja bislang in den Behauptungen gegangen. Auch hier befürchte ich erneut, daß wie bei den ideologischen Diskussionen die Schwierigkeiten der Forschung nur den Wünschen der Metaphysiker als Alibi dienen (wenn Atome einen freien Willen besitzen, Menschen um so mehr!)

In den Wissenschaften des Lebens von Menschen, Tieren oder Pflanzen, von der Molekularbiologie bis zu den globalen Verhaltensweisen von Individuen und Gruppen, hat die Freiheit allerdings hier eine erklärende Rolle innegehabt, auch wenn sie mit zunehmender Komplexität einen immer größeren Raum einzunehmen scheint. Die biologischen Wissenschaften wurden und werden noch unter unseren Augen ohne jedweden Rückgriff auf den Begriff der Freiheit aufgebaut. Hat man je einen Biologen gesehen, der sich auf den freien Willen berufen hätte, um das Funktionieren einer Zelle, eines Gewebes oder eines Organs zu erklären? Für tierische oder pflanzliche Gesamtorganismen beschränkt man sich auf die Beschreibung ihrer objektiven Verhaltensweisen, auch wenn sie relational sind. Hat man je eine wie auch immer geartete willentliche Entscheidung, zum Beispiel aus Liebe, beim Studium der Parasiten oder Saprophyten in Erwägung gezogen? Wenn man die mehr oder weniger sozialisierten Gruppen jenseits der Einzelwesen betrachtet, so spricht dort niemand ernsthaft von Freiheit, es sei denn im Rahmen eines Vergleichs oder einer Metapher, wie im übrigen auch bei anderen anthropozentrischen Begriffen, anhand derer man in irreführender Weise Schlüsse gezogen hat. Selbst die Soziologie menschlicher Gruppen erwähnt die Freiheit kaum, es sei denn als ein werteregulierendes System.

Die Freiheit findet seltsamerweise erst wieder an den äußeren Grenzen des Lebens eine gewisse Verwendung. Beispielsweise soll es eine ursprüngliche, nicht reduzierbare Dynamik in der Chemie geben, die »das Wesen« des Lebens sein soll. Was macht dann dieses Wesen aus? Die Finalität? Die Freiheit wäre die spezifischste Ausprägung dieser Seltsamkeit der Natur. Muß man annehmen, daß das Bewußtsein, das Bedingung für Freiheit ist, im unendlich Kleinen existiert? Wir sehen, daß wir zur Metaphysik zurückkehren. Die verwendeten Begriffe legen das nahe, auch wenn sie eine moderne Verkleidung tragen. Das Leben soll »selbstbestimmt«, »selbstregenerierend« sein, was natürlich den theologischen Gedanken der *Ex-nihilo*-Schöpfung in Erinnerung ruft, der die Biologie bis hin zu Louis Pasteur beherrschte.

Die Verfechter der Freiheit scheinen sich im politischen und gesellschaftlichen Bereich offenbar wohler zu fühlen. Obgleich, abgesehen von umstandsbedingter Emphase, von Freiheit nicht mehr viel die Rede ist, sondern von Freiheiten – Glaubensfreiheit, Meinungsfreiheit, Freiheit der Wahl des Wohnorts, der Arbeit und bald auch der Freizeit usw. –, die zweifelsfrei zu den erfreulichsten Errungenschaften des Westens gehören. Sie sind dort verwurzelt seit der Epoche der Demokratie der griechischen Stadtstaaten, zu deren zahlreichen Ausprägungen sie gehören. Sie haben später Eingang in institutionelle Entscheidungen wie Gewaltenteilung, Menschen- und Bürgerrechte gefunden. Diese Forderungen und Errungenschaften für den einzelnen Menschen scheinen in Nachahmung des Westens heute von allen Völkern der Erde aufgegriffen zu werden, was auch immer politische und religiöse Fundamentalisten dazu sagen mögen, trotz aller Anfälligkeiten, Widerstände, Drohungen und mitunter Gewalttätigkeiten der herrschenden Mächte. Doch selbst diese Freiheiten werfen erhebliche Probleme auf. Wenn man versucht, sie zu definieren, stellt man fest, daß man vor allem nach dem Ausschlußprinzip verfährt. Freiheit besteht nur dann, wenn es keine Einschränkungen und keine Benachteiligungen gibt. Im allgemeinen verbietet das Gesetz, was man nicht tun darf. Es lehrt selten, was man tun soll, was der Beurteilung eines jeden überlassen bleibt, der diffusen Moral, bevor diese in Gesetze gegossen wird.

Diese Schwierigkeit zieht eine weitere nach sich, die für die politisch und sozial fortschrittlichsten Gesellschaften immer drängender wird. Das Recht, frei zu sein, ist fast eine Pflicht. Gleichzeitig ist Freiheit ein Wert. Es ist untugendhaft, für seine Freiheit und die der anderen zu kämpfen. Sie nicht zu verteidigen, wäre eine Art Verrat, zumindest eine Charakterschwäche. Gehen wir nicht so weit, sogar »Freiheit oder Tod!« zu verkünden? Das hieße, daß Freiheit ein unbedingter Wert ersten Ranges wäre, der sogar Vorrang vor dem Leben hätte, was die Tatsachen widerlegen. Diese Utopie ist dennoch sinnvoll: Sie suggeriert, daß das Schicksal des Individuums von nun an in seinen Händen liege und daß die Gesellschaft ihm dahingehend vertraut, daß er den besten Gebrauch davon macht, im Sinne des Allgemeinwohls, weder zum Schaden anderer noch seiner selbst. Jeder wird damit psychologisch und moralisch zur Verantwortung gezogen. Aber es existiert auch eine Kehrseite dieser Verantwortung: mögliche Kriminalität. Das freie Individuum kann von seiner Freiheit falschen Gebrauch machen; was tun, damit es einen moralischen und keinen kriminellen Gebrauch von ihr macht? Unsere Jugendlichen genießen immer früher sämtliche Bürgerrechte und somit die Möglichkeit, ihre Wünsche zu befriedigen, die in ihrem Alter ohnehin lebhaft und zahlreich sind. Und doch verfügen sie kaum über die entsprechenden finanziellen, sozialen oder häufig auch psychologischen Mittel, aufgrund ihrer Abhängigkeit – und Unterwerfung – gegenüber ihren Eltern. Und so hält sie die Arbeitslosigkeit, die in ihrer Altersklasse höher ist als überall sonst, weil sie noch nicht in die Arbeitswelt eingegliedert und unsicher über ihre endgültige wirtschaftliche Rolle sind, ihrerseits gefangen in Mangel und Unzufriedenheit, die zu Marginalität, sozialer und sexueller Gewalt führen können.

Der westliche Begriff der Freiheit geht von einem Individuum aus, das einigermaßen Herr seiner Instinkte und Wünsche ist insofern, als es vom kollektiven Willen nicht mehr besonders unterstützt oder dominiert wird. Die heutige Gesellschaft zwingt uns historisch bislang ungeahnte Möglichkeiten auf und damit zugleich außergewöhnliche Verlockungen durch Güter, die sich vor uns aufreihen, sich unseren Augen und Händen darbieten. Wie läßt sich ein solches Geschenk mit dem Zugang zu dieser verschwenderischen Fülle in Einklang bringen?

Beschaffung und Frühgeburt

Anders ausgedrückt, ist der Bereich der Freiheit empfindlich, undurchsichtig und häufig trügerisch, zumindest aber problematisch, auch wenn sein Infragestellen unbequem ist. *Was wir täglich erleben, ist eher unsere Abhängigkeit und das Netz von Beschaffungen, in dem sie befriedigt wird oder nicht.* Die Vielzahl von *Duos* mit unterschiedlichen Partnern, in die wir beständig eingebunden sind, stellt das Gefüge unserer Existenz dar. Es ist unmöglich, das sei erneut betont, die Begriffe Abhängigkeit und Beschaffung in einem wie auch immer gearteten Bestreben, die menschliche Existenz innerhalb des Universums zu begreifen, auszusparen.

Woher kommt diese Notwendigkeit? Erst nachdem ich verschiedene Teiluntersuchungen vorgenommen hatte – zu Alkoholabhängigkeit, Tabakabhängigkeit, Liebesbeziehungen, Arzt-Patienten-Beziehungen –, glaubte ich, die Antwort zu kennen. Als ich mich mit der allgemeinen Entstehung dieser Verhaltensweisen auseinandersetzte, stellt ich folgendes fest: *Wir sind alle Frühgeburten.*

Wenn man vom Phänomen der Frühgeburt spricht, denkt man im allgemeinen an den Zustand eines Säuglings, der vor dem durch eine statistische Norm festgelegten Geburtstermin geboren wurde. Das meine ich nicht, sondern ein dramatischeres Phänomen, das all unsere Kinder betrifft. Jeder menschliche Säugling, auch wenn er gemäß der Norm am Stichtag geboren ist, ist eine Frühgeburt, wie übrigens auch bestimmte andere Säugetiere. Eine Frühgeburt zu sein, bedeutet, noch nicht in dem Stadium angelangt zu sein, in dem man ohne Hilfe überleben kann. Denn der menschliche Säugling kann, ganz gleich, wie viele Monate er im Uterus seiner Mutter verbracht hat, nicht ohne die Hilfe eines Erwachsenen überleben. Er würde verdursten und verhungern und an verschiedenen Unannehmlichkeiten sterben. Man könnte sogar im selben Raum unweit von ihm tonnenweise Nahrungsmittel und Getränke hinstellen, er wäre unfähig, sich diese zu holen, so wie er unfähig wäre, sich von seinem eigenen Unrat zu befreien. Er würde ersticken, ohne sich dessen entledigen zu können, was seine Atmung behindert. *Die systematische Frühgeburt ist der gesamten menschlichen Gattung gemein*, so wie auch anderen Arten von Säugetieren, die uns offenbar in bestimmter Hinsicht ähnlich sind. Die lange Bindung an die Mutter und die Bindung der Mutter an ihr Kind erklären sich somit durch diesen für das Überleben notwendigen Mechanismus. Diese angeborene Schwäche macht uns in jedem Fall von unserer Geburt an zu abhängigen Wesen, nicht zufällig, sondern aufgrund der physiologischen Konstitution und demzufolge aufgrund unserer unmittelbaren Beziehung zu anderen, in den meisten Fällen der Mutter, doch im Grunde kann es ein beliebiger gewillter Erwachsener sein. Diese grundlegende Erfahrung, die Bedingung für unser Überleben oder die Ursache für unseren Tod, wird nie in Vergessenheit geraten: *Unser gesamtes Leben lang bleiben wir Anwärter für die Beschaffung.* Unser ganzes Leben lang suchen wir nach Objekten der Begierde und nach Lieferanten, die in der Lage sind, unsere Erwartung zu erfüllen. Ebenso wie wir im Gegenzug dazu Lieferanten sein wollen. So sind auch die meisten Erwachsenen starke Eltern, selbst gegenüber Kindern, die nicht ihre leiblichen sind, eben um diesen großen zwischenmenschlichen Vertrag zu erfüllen.

Diese einfache, aber außergewöhnlich folgenschwere Feststellung kann uns einen, vielleicht den wesentlichen, Schlüssel für unser Abhängigkeits- und Beschaffungsverhalten liefern. Natürlich neben der Interpretation durch das Unbewußte und das Begehren. Es besteht keinerlei Widerspruch zwischen einer psychoanalytischen Sichtweise und der Abhängigkeit. Seit unserer Geburt sind wir es gewohnt, daß man uns hilft. Unser ganzes Leben lang suchen wir die Hilfe anderer, und sei es nur in Form einer an sich schon beruhigenden Anwesenheit (oder furchterregenden Anwesenheit, was gleichzeitig auf die Angst vor anderen zurückverweist, dieses Mal auf die Dominanz, auf eine ganze Reihe von Emotionen, die sich daraus ergeben; häufig findet sich diese Ambivalenz in der Fiktion). Der andere fehlt uns ständig, oft sind es mehrere, häufig austauschbare andere (siehe Don Juan und seine unzähligen Frauen). Wir versuchen unaufhörlich, diese Erwartung mit Hilfe verschiedener Objekte zu erfüllen, zum Beispiel durch Rauchen oder Trinken, auch ohne Durst zu haben, durch Knabbern, ohne hungrig zu sein, durch das Kauen von irgend etwas, durch das Kneten von Rosenkränzen, einem Glücksbringer, einer Pfeife, oder auch mit Hilfe symbolischer Gegenstände – denn alle Objekte der Begierde sind mehr oder weniger symbolisch –, bis hin zu abstrakten und vollkommen ideellen Objekten.

Diese beruhigenden Bindungen, nach denen so gierig gesucht wird, sind ebenso irritierend wie beunruhigend, je nach Temperament und Lebensgeschichte eines jeden. Denn sie können zu jedem Zeitpunkt vom Lieferanten oder vom Zufall in Frage gestellt werden und uns in eine physiologische oder psychologische Notsituation des Verlassens versetzen. Die neurophysiologische Abhängigkeit, bei der die Einnahme einiger Drogen feststellbar ist, setzt auch bei zahlreichen Beschaffungsbeziehungen ein. Über solche Probleme, insbesondere die der möglichen Substitution, muß man nachdenken, sei es aufgrund ihrer medizinischen Implikationen oder auch zum besseren Verständnis des Menschen. Das eventuelle Fehlen des Lieferanten beispielsweise, der nicht immer reagiert, es nicht immer kann oder will, ist Anlaß für sehr viele subtile Gefühle wie Eifersucht, Groll oder auch politischen oder religiösen Fanatismus, den ich an anderer Stelle versucht habe zu skizzieren.

Ich möchte auch nicht im einzelnen auf die weiter gefaßte Definition von Abhängigkeit zurückkommen, die ich glaubte, daraus ableiten zu können. Dennoch will ich zwei Bemerkungen anfügen. Die erste ist, daß es sich keinesfalls um eine Definition *a priori* handelt, sondern um das Ergebnis mehrerer Analysen konkreter Einzelsituationen, in denen sich Beziehungen zwischen abhängigen Wesen gebildet haben, deren Bandbreite stark variiert, und verschiedenen Lieferanten durch Vermittlung von verschiedenen Objekten der Begierde, deren Bandbreite ebenfalls vom Konkreten zum Symbolischen, vom einzelnen zur Gruppe erstaunlich variiert. Man kann vom Rauchen, vom Alkohol, von Medikamenten abhängig sein, aber auch von einer Institution (wie z. B. der *Sozialversicherung* und ihrer *Kostenübernahme*), einem Liebhaber, einem Kind, aber auch vom Krankenhaus, einem Unternehmen, einer Fußballmannschaft, einem weltlichen oder religiösen Wertesystem, einer Gottheit oder einem Vaterland.

Die zweite Bemerkung ist, daß jenseits der Vielfalt der Formen von Beschaffung die grundlegenden Mechanismen die gleichen sind. Das gilt auch für die *Abbrüche von Beschaffung*, die den negativen Gegenpol zur Bildung von Beschaffung darstellen, also den bei Alkoholkrankheit so wichtigen Entzug, das Absetzen einer großen Anzahl von Psychopharmaka oder die Scheidung, die politische oder religiöse Lossagung. Hier besteht – man ahnt es schon – ein weites Forschungs- und Reflexionsfeld.

Unser ganzes Leben ist also in jedem Augenblick ein komplexes und sich veränderndes Spiel zwischen verschiedenen *Duos*, in die wir einbezogen sind, bald als Abhängiger, als Bittsteller, bald als Lieferant und Spender, bald als beides zugleich, in einer gegenseitigen Abhängigkeit, die mit einer gegenseitigen Beschaffung zusammenfällt, auch wenn die Investitionen beider Partner nicht dieselben sind. Das Dreieck der Abhängigkeit und Beschaffung veranschaulicht das gesamte Drama des Menschen, Glück und Unglück.

Relative Autonomie

Wir können nun die weiter oben gestellte Frage betrachten: Wie läßt sich der Begriff der Freiheit mit den genannten Schwierigkeiten und jenem Netz an Abhängigkeiten und Beschaffung, das den Hintergrund unseres Lebens bildet, vereinbaren? Das Klügste wäre auch hier wieder, auf die Erfahrung und das Erlebte der Menschen zurückzugreifen, ehe irgendein Versuch einer begrifflichen Erfassung unternommen wird. Mir scheint, daß man es hier mit zwei Aspekten zu tun hat.

Die Befragten – man kann sich natürlich auch selbst befragen – sind der Auffassung, daß es trotz allem ein »Gefühl der Freiheit« gibt, das zwar vielleicht illusorisch, aber dennoch unleugbar sei. Zuweilen in ironischer Form bekräftigen sie dennoch, sich »frei zu fühlen«. Sie »fühlen sich frei«, über subjektive und objektive Beschränkungen hinaus. Sie könnten ihrer Auffassung nach der Bürde ihres Schicksals die Stirn bieten, zumindest indem sie sich ihm entziehen – Selbstmord wäre für sie der höchste Akt der Freiheit. Nach dem Vorbild der griechischen Weisen haben unsere jungen Selbstmörder eine solch verworrene Intuition. Sie glauben, damit der ganzen Welt entgegentreten zu können, zuallererst ihren armen Eltern, die sämtliche Einschränkungen dieser Welt repräsentieren. Die Freiheit findet in der Selbstzerstörung wieder einen Sinn auf der Ebene des Willensakts, da es hierbei eine Entscheidungsmöglichkeit gibt. Freiheit ist eine Möglichkeit, sich in die Welt einzugliedern, sie mehr oder weniger zu verändern und sich damit bei diesem Eingreifen selbst zu erfassen. Eine solche Reaktion auf die von unserer Umgebung aufgeworfenen Probleme, die uns gleichzeitig uns selbst offenbaren, verdienen den Versuch einer *Beschreibung.* Gewiß, eine solche Beschreibung wird vermutlich einige Bereiche im unklaren lassen, doch bis wir hier etwas klarer sehen, können wir so tun, *als ob* wir diese Wahlmöglichkeit hätten. Genau das tun wir ja für gewöhnlich. Wir setzen das auch bei anderen voraus und versuchen, deren eigene Reaktionen auf die Probleme ihres und unseres gemeinsamen Lebens vorauszusehen. Der Pädagoge strebt die aktive Mitarbeit seiner Schüler an und setzt bei ihnen mehr oder weniger freiwillig die Möglichkeit der Vervollkommnung voraus; anderenfalls müßte er auf seinen in der Folge unmöglich gewordenen Beruf verzichten. Was ist eine psychoanalytische Behandlung und ganz allgemein jedes psychotherapeutische Unterfangen anderes als eine Rehabilitation durch die Vermittlung eines *Duos* Arzt – Patient?

Doch würde man sich bei denselben befragten Personen erkundigen, ob diese Wahlmöglichkeit unbegrenzt und bedingungslos sei, so würden sie das verneinen. Sie wissen, welchen inneren und äußeren Geboten sie unablässig gehorchen müssen. Sie wissen, wiederum aus Erfahrung, und sogar ohne eine völlig klare Vorstellung davon zu haben, daß nicht jede psychologische oder physiologische Verfassung gleichermaßen förderlich für die Ausübung dieser Macht ist, der Zustand der Leidenschaft beispielsweise oder einfach nur rasende Zahnschmerzen. Der gesunde Menschenverstand rät uns, die Klippen des Lebens so anzugehen, wie man mit dem Auto »in eine Kurve geht«. Die stolzen absoluten Bekräftigungen – »Ich bin ein freier Mann!«, »Ich will eine freie Frau sein!« – klingen eher nach Provokation. Das sind Oriflammen für zweifelhafte Kämpfe. Schriftsteller, die durchaus Phantasie und Unabhängigkeit des Geistes lieben, beschreiben gleichzeitig auch alle Beschränkungen, die ihnen auferlegt sind: Die Sprache, die einem durch den Zufall der Geburt und der gesellschaftlichen Schicht gegeben wurde, die Erziehung und Bildung durch die Familie, später die Schule, die Zugehörigkeit, die aus ihnen willige oder rebellierende Vertreter ihrer Herkunftsgruppen macht, die Vererbung wahrscheinlich, das Klima, das Licht, die Luftfeuchtigkeit, die innere und äußere Landschaft sind subtile Bestandteile eines jeden Werkes, ungeachtet dessen, was wir mit den anderen teilen – das Unglück der Nation, des Zeitalters, die Moden ... Einer meiner

Kollegen, Jacques Lacarrière, hat sich den Spaß gemacht, siebzehn davon aufzulisten – man erinnere sich an die Theorien von Taine. Muß ich noch das Unbewußte hinzufügen, das wir nur dann kennen, wenn es zutage tritt, das heißt, wenn es sich in unserem Verhalten abzeichnet?

Jedes Verhalten ist in einen Kontext von Abhängigkeit und Beschaffung eingebunden. Das freie oder unfreie, mehr oder minder freie Verhalten stützt sich auf dieses Geflecht, wie der Vogel von Kant sich auf die Luft stützt, um zu fliegen, während er denken könnte, daß die Luft ihn daran hindert, sich höher zu erheben. Es handelt sich, kurz gesagt, immer um eine *Autonomie und nicht eine absolute Freiheit*, genauer gesagt, um eine relative Autonomie, was ein Pleonasmus ist, denn jede Autonomie ist per definitionem relativ und begrenzt. *Die Autonomie ist eine Navigation im Feld unserer Abhängigkeiten, eine Verhandlung mit der Gesamtheit unserer Beschaffung.* Greifen wir das Beispiel des Autos auf (oder das eines Zuges, obgleich dieser, da er auf Schienen fixiert ist und auf einer vorher festgelegten Strecke fährt, dem Determinismus näher zu stehen scheint). Das Automobil mit dem bezeichnenden Namen – das sich selbst bewegt – scheint frei zu sein, nach Gutdünken überall hinfahren zu können, über Straßen und sogar über Felder. Doch schon bald nichts als Einschränkungen, nichts als unerläßliche Beschaffungen! Eine Luxusstraße, geebnet oder sogar geteert, ein tadelloser mechanischer Zustand und insbesondere ein bestimmter, in besonderer Form behandelter Energievorrat, bei dessen Erschöpfung sich die wundervolle Mechanik als totes Tier erweist.

Und ich habe noch nicht einmal Fahrer oder Fahren erwähnt, worin so manche das philosophische Problem der Freiheit wiedererkennen würden. Man könnte darin eine zusätzliche Komplikation der – dieses Mal globalen – Autonomie von Wagen und Fahrer sehen, die in statistischer Form zu erfassen die Ingenieure tatsächlich auch bemüht sind. Allerdings berücksichtigen sie nicht, daß die Fahrer eigenwillig handeln. Sie glauben vielmehr, daß man eine relative Vorhersage ihres Verhaltens treffen – und dieses somit integrieren – kann. Unter Berücksichtigung all dessen versuchen sie unermüdlich, diese Autonomie zu verbessern, den Aktionsradius der Maschine zu vergrößern, den Komfort und die Sicherheit der Beifahrer zu erhöhen, doch dafür arbeiten sie mit verschiedenen Elementen, die diese Autonomie sowohl im Inneren als auch außerhalb des Autos ausmachen. Sind das nicht auch vergleichsweise die Anliegen des Pädagogen oder des Psychotherapeuten? Die Ausweitung der relativen Autonomie von Kindern, jungen Leuten, Patienten, Bürgern? Werden wir aber wirklich vorankommen, wenn wir uns darauf beschränken, die Freiheit als ein Absolutum zu betrachten? Unsere Autonomie muß nicht außerhalb oder gegen die Beschränkungen, sondern diesen entsprechend, entsprechend unserer unausweichlichen Abhängigkeit, unseren Erwartungen, unseren Befriedigungen und unserem Scheitern errichtet werden. Und das immer wieder, ein ganzes Leben lang.

Wie dem auch sei, das philosophische Problem der Freiheit ist weitgehend der Feststellung unserer Unwissenheit und eines Informationsmangels und nicht einem Mysterium anderer Art zuzuschreiben. Man könnte bereits ein erläuterndes Schema anbieten: Wenn man von den Pflanzen zum Tier und dann vom Tier zum Menschen übergeht, so nähert man sich einer zunehmenden Komplexität, in der das Bewußtsein einen Sprung, eine Neuheit, einen Aufzeichnungs-Korrektur-Mechanismus von Situationen darstellt. Die Freiheit wäre ein Zustand, eine Etappe auf diesem Weg der zunehmenden Komplexität und keine unverständliche und abweichende Erscheinung. Wir stoßen erneut auf eine Schwierigkeit, die mit der des Indeterminismus in der Molekularphysik vergleichbar ist. Zwar ist das nur eine Hypothese, sie bietet allerdings den Vorzug, keine mehr oder weniger magische Diskontinuität in die wissenschaftliche Logik einzubringen.

Ich erwähnte eingangs gewisse Widerstände, auf die ich unlängst selbst bei Freunden und Mitarbeitern unter den Psychoanalytikern traf – ähnlich erging es mir bei den Marxisten, was die Dominanz betrifft. Einige von ihnen hofften aus Freiheitsliebe, ihre Patienten vollständig von jeglichem »abhängigkeitsbedingten« Zwang befreien zu können. Ich bin nicht sonderlich überzeugt – wie man sich denken kann, – daß das möglich ist. Ich habe dagegen aufgezeigt, daß man entweder eine Begierde anders *gestalten* oder eine *Substitution* von Objekten der Begierde vornehmen kann. Man kann weniger rauchen, weniger trinken. Man kann Freunde oder Liebhaber austauschen, den Beruf, ja sogar die gesellschaftliche Umgebung wechseln. Zu unserem Glück ist unser Geist recht erfinderisch und bietet uns eine Kette möglicher Ersatzmittel an. Das ist unter anderem auch der Sinn der Übertragung – sie ist ein vorübergehender Ersatz. Zweck einer psychoanalytischen Behandlung ist nicht das Ende jeglicher Abhängigkeit, sondern eine neue Ausgestaltung der Beschaffungsformen.

Wenn wir erneut das Dreiecksmodell zu Hilfe nehmen, so sehen wir, daß es mehr oder weniger schädliche Deformationen erleiden kann. Es muß dann in gewisser Weise wieder ins Lot gebracht werden. Bei Adoleszenzkonflikten findet sich häufig ein sogenannter »abwesender Lieferant«, der in der Regel ein echter oder ideeller Elternteil ist. Er wird bei dem Jugendlichen beispielsweise durch Drogen, durch einen politischen Führer oder eine alleinige Leidenschaft – das Motorrad oder die Rockmusik ... – ersetzt. Hier gilt es anscheinend, den abwesenden Lieferanten auszumachen, der in gewisser Weise durch seine echte oder imaginäre Abwesenheit handelt und der deshalb an einem der Scheitelpunkte des Dreiecks fehlt, das dadurch wie abgeflacht wirkt.

Zweites Beispiel: Bei Immigranten, insbesondere jüngeren Datums, findet sich ein sogenanntes »verworrenes Dreieck«. Versucht man, das Dreieck ihrer kulturellen Identität nachzuzeichnen, so stößt man häufig auf eine Störung, zum Beispiel ein Zögern zwischen der Heimatsprache und der Sprache des Gastlandes, zwischen zwei religiösen oder im weiteren Sinne ethnischen Wertesystemen etc. Die Rolle des Psychotherapeuten besteht dann darin, das Dreieck mit dem Patienten gemeinsam zu »entwirren«, um ihm bei seiner Integration im neuen Heimatland zu helfen.

Abschließend möchte ich sagen, daß diese Auffassung von Autonomie keineswegs pessimistisch ist. Sie scheint, verglichen mit der hinausposaunten absoluten Freiheit, bescheiden, doch diese Zurückhaltung ist Bedingung für ihre Wirksamkeit. Ich habe auf Pädagogik, Psychotherapie und die Erziehung zum Staatsbürger hingewiesen. Allgemeiner betrachtet ist Ethik letztlich auf eine Organisation begründet, die einem Kodex von Abhängigkeiten und Beschaffungen eines jeden folgt. In den internationalen Beziehungen wäre es utopisch zu behaupten, daß wir uns auf eine allgemein verbreitete Unabhängigkeit zubewegen. Genau das Gegenteil ist der Fall: Wir gehen einer Weltordnung entgegen, in der jeder von allen abhängig sein wird und sich – hoffentlich – in einer Solidarität befindet, die frei von Dominanz ist. Die Verwirrung resultiert aus einer langen gewalttätigen Vergangenheit, die uns gegenseitiges Mißtrauen untereinander eingeflößt hat. Die relative Autonomie eines jeden wäre letztlich die beste kollektive Verwaltung. Wir haben genug damit zu tun, gemeinsam die Bedingungen für einen echten Humanismus aufzuspüren.

Epikur, ein Philosoph, den ich bewundere, verkündete: »Sich selbst zu genügen, heißt, das Wertvollste aller Güter zu besitzen – die Freiheit.« Das ist unleugbar, aber auch ein absolutes Ideal, denn man genügt sich kaum je selbst. Um zu leben, bedarf es der anderen. Die Ausübung der Autonomie geschieht mit und entsprechend den anderen. Im übrigen bekräftigte selbst der treffliche Epikur, daß er sich mit zwei Dingen begnügen werde, mit Brot und Freunden. Zum Glück für ihn mangelte es ihm nicht an Gütern, und er hatte zahlreiche Freunde.

Ist Moral möglich?[5]

Wohlbekannt ist jener amüsante Gassenhauer, demzufolge es keine Jahreszeit, keine Eltern, keine Kinder etc. mehr geben wird. Man könnte ihn um eine Strophe über die Moral bereichern. Hört man auf die Klagen zahlreicher Zeitgenossen, und es sind nicht die unbedeutendsten, dann gibt es keine vernünftig getane Arbeit mehr, kein Pflichtbewußtsein mehr in den Ämtern, keine Treue mehr bei Paaren, keinen Bürgersinn und kein Nationalgefühl mehr. Jeder tue, was ihm in den Sinn komme, was ihm gefalle oder was ihn interessiere, ohne sich um die Folgen zu kümmern. Eine im übrigen ambivalente Feststellung, die zugleich euphorisch und angsterfüllt klingt – was wird mit uns passieren auf diesem ungewöhnlichen Jahrmarkt der Meinungen und Verhaltensweisen? Priester, Philosophen, Wissenschaftler und Politiker bringen ihre Besorgnis, gar Bestürzung zum Ausdruck. Während einer Pilgerreise nach Santiago de Compostela[6] beklagte der Papst vor fünfhunderttausend jungen Christen »die entfremdende Freizügigkeit« der modernen westlichen Gesellschaft. Einige Wochen zuvor prangerte der Vorsteher der Pariser Moschee »die Anarchie der moralischen Werte« an, die in Frankreich herrsche. Die Vervielfachung der *Ethik-Ausschüsse* anläßlich jüngster Entdeckungen insbesondere in der Biologie enthält die Verwirrung selbst der Wissenschaftler. Wie können die Auswirkungen der neuen Möglichkeiten, die die Wissenschaft uns aufzwingt, auf unser Verhalten und damit auf unser Schicksal aussehen? Es ist möglich, daß das vernichtende Anprangern des Verfalls moralischer Werte ein geeignetes Mittel für die Wählerbeeinflussung oder den Einfluß von Geistlichen ist, doch es trifft auch zu, daß es überall auf unbestreitbaren Widerhall stößt. Kürzlich hat die ihrerseits stark betroffene Unesco Philosophen und Moralphilosophen versammelt, damit diese eine Untersuchung der derzeitigen Situation der Werte und insbesondere die »Beziehungen zwischen den Freiheiten, der Philosophie und der Religion« vornehmen. Die Société française de psychiatrie de l'enfant et de l'adolescent (Französische Gesellschaft für Kinder- und Jugendpsychiatrie) widmete ihren alljährlichen Kongreß der Freiheit bei Jugendlichen. Zwar ist Moral auch eine Gesamtheit von Beschränkungen, doch es zeigt sich, daß das Problem tatsächlich überall im Mittelpunkt der Aufmerksamkeit steht. Sollte die Moral, erschüttert und bedrängt von so vielen neuen Freiheiten, unwichtig, wenn nicht gar unmöglich geworden sein? In jedem Fall scheint sie nicht mehr selbstverständlich zu sein.

* * *

In Wirklichkeit ist diese Fragestellung gar nicht neu. Alle Zeiten des raschen Wandels für Individuen oder Gruppen führen zu Unruhe oder Erschütterungen. Nun leben wir in einer Zeit spektakulärer und rasend schneller Veränderungen, die dringende Anpassungen erfordern. Doch man erinnere sich an das Ende der römischen Welt, der Sehnsucht nach ein wenig mysteriösen orientalischen Riten jeder Art. Oder an die Jahrtausendwende im Mittelalter, wo man nichts weniger als das Ende der Welt fürchtete! Oder auch an unsere beiden Epochen der Nachkriegszeit. Die erste führte zur Auflehnung der jungen Generationen angesichts der Schrekken des Massakers und fand ihren Ausdruck in der dadaistischen und surrealistischen Bewegung. Die zweite brachte den Existentialismus, das absurde Theater und die lächerlichen Provokationen des Nihilismus »à la junger exzentrischer Jazzfan« hervor. Selbst die Gläubigen mußten sich »zum Schweigen Gottes« angesichts der Greueltaten der Nationalsozialisten Fragen stellen. In anderen Worten, die Evidenz moralischen Verhaltens wird anscheinend immer wieder in Frage gestellt. Wahrscheinlich hat die Moral deswegen niemals aufgehört, die philosophische Reflexion herauszufordern, so als ob der Zweifel geradezu Teil ihrer Natur wäre.

Und doch haben wir jedes Mal wieder Atem geschöpft. Wir haben immer ein mehr oder weniger prekäres neues Gleichgewicht gefunden. Ganz als ob das gemeinsame Leben das verlangte. Wenn Zweifel und Hinterfragen stets vorhanden sind, dann ist die hartnäckige Suche nach einer Antwort nicht weniger unerläßlich. Als ob wir, ungeduldig und aufbegehrend gegen die Pflichten, diese gleichzeitig als notwendig empfänden. Sind nicht auch diejenigen, die sich sträuben, ihre Steuern zu zahlen, die, die dennoch zugeben, daß man sie zahlen *muß?* Oder diejenigen, die sich über sexuelle Tabus lustig machen, die, die dann schwer getroffen sind, wenn man das Thema Inzest anspricht?

Ich erhebe auch hier weder den Anspruch, die Natur der Moral erschöpfend abzuhandeln, noch, sämtliche Beziehungen zwischen Moral und Philosophie oder Moral und Religion zu untersuchen. Ich begnüge mich damit, wie in den anderen Kapiteln, die Beziehung der moralischen Verhaltensweisen zum Konzept von *Abhängigkeit* und *Beschaffung* zu veranschaulichen.

***

Nun, da die Diagnose der Krise vorliegt, wie sollte das Gegenmittel aussehen? Eine Antwort lautet, daß eine Rückkehr zu den traditionellen religiösen oder politischen Werten stattfinden muß, welche im Grunde die Werte des kleinen oder größeren Stammes oder der nationalen Gruppe sind. Zur konkreten Bedeutung dieser Rückkehr äußern sich Priester, Moralisten und Politiker nur allzu gerne. In Kurzform könnte man sagen, daß es gilt, die Bindungen zwischen dem Individuum und der Gruppe, zwischen Moral und Religion, die sich gelockert haben, wieder zu stärken. Denn einzig die Gruppe, einzig die Gottheit kann dank ihrer Allmacht und ihres wachsamen Wohlwollens die Gewähr für das von Generationen von Priestern und Moralisten, Gesetzgebern und Politikern ausgetüftelte System von Bestrafung und Belohnung übernehmen. Die Symbiose zwischen Religion und Moral, Moral und Gruppenleben wäre derart, daß die Moral keine autonome Existenz benötigte. Man müßte nur die traditionellen gesellschaftlichen, familiären, beruflichen, nationalen Rituale wieder aufnehmen und beleben. Man wird sich bemühen, die Menschen davon zu überzeugen, oder falls nötig, wird man sie ihnen durch verstärkten Druck aufzwingen. Bei schwerer Krankheit bedarf es einer kämpferischen Strategie. Bei jener oben beschriebenen Zusammenkunft in Santiago de Compostela apellierte der Papst an die jungen Leute, sich zu »den neuen Aposteln der modernen Welt« zu machen und »Christus, den Erlöser aller Menschen und Mittelpunkt der Geschichte« zu verkünden, für »eine neue Evangelisierung Europas«. Der Vorsteher der Pariser Moschee schlug vor, nachdem er den Verfall der moralischen Werte angeprangert hatte, »Schranken zu errichten« und »Mittel für eine religiöse Erziehung an der Basis bereitzustellen«.

All dies setzt offensichtlich ein gewisses Bild des Menschen voraus. Er wäre, seinen eigenen Kräften ausgeliefert, unfähig, sich anständig zu verhalten. Wie stoßen erneut auf dieses alte theologisch-metaphysische, stets ungelöste, da unlösbare Problem, das Problem des der Menschheit innewohnenden Bösen als Folge der Ursünde. Der Mann hat damit endgültig den Zustand erster Reinheit verwirkt, der ihn in Einklang mit einer glücklichen Welt der Unschuld brachte, die durch den Garten Eden repräsentiert wird. Die Tierwelt wird von nun an durch die schreckliche Schlange repräsentiert; die Frau ist von nun an verführerisch und pervers. Der Mensch selbst schließlich, der Kenntnis und Bewußtsein über seine Sexualität erlangt hat, wird ein gestörtes, schuldiges Wesen sein, das von Sündenfall zu Sündenfall stolpert, nach dem Vorbild seines Vorfahren Adam. Er kann noch so viel nach dem verlorenen Paradies seines Glücks suchen, er wird es nie mehr wiederfinden, denn er begeht hartnäckig Fehltritte, und damit verdient er also, ausgeschlossen zu werden.

Wir brauchen nur noch gegen die böse Seite des Menschen zu kämpfen, das Böse, das in ihm ist und ihn verdirbt: das Begehren. Und wenn wir uns an die jüdisch-christliche Tradition halten (und mehr noch an Asien, wo wahrscheinlich die Wurzel dieser Tradition zu finden ist), dann gibt es ein systematisches Mißtrauen, ja sogar eine gnadenlose, gegen das Begehren und gegen die Lust gerichtete Anklage. Auch hier kann man den Traditionalisten nicht vorwerfen, aus dem, was sie erreichen wollen, ein Geheimnis zu machen. Wir müssen kämpfen, erklärt der Papst, gegen »Hedonismus, Abtreibung, Geburtenkontrolle, Verhütungsmittel«. Es geht sehr wohl darum, die Lust zu reduzieren oder gar zu unterdrücken, nicht nur in der Sexualität, sondern in allen Bereichen – jeglicher Hedonismus ist letztlich verpönt. Diese heutigen Erklärungen stehen in einer langen Tradition, jener Tradition der Kirchenväter und später der Väter der Wüste und des klösterlichen Lebens. Der dogmatische Islam scheint weniger gegen das Begehren eingenommen zu sein, aber in Wirklichkeit betonen seine Gläubigen stolz, daß sie nicht rauchen, nicht trinken, sich wenig der fleischlichen Wollust hingeben, spartanisch schlafen und das Fasten so häufig wie möglich praktizieren. Die jüdischen Fundamentalisten, denen an einer gewissen Suche nach dem Glück gelegen ist, legen das jüdische Gesetz dennoch zuallererst als umfassende und strikte Einhaltung der zwingendsten Regeln aus.

* * *

Die intellektuelle und affektive Bequemlichkeit einer solchen »Rückkehr zu den Ursprüngen« ist durchaus anzuerkennen. Die Religion ist zweifellos ein vollständiges System, das Erklärungen und Verhaltensregeln liefert. Die Koppelung der Moral an einen alles umfassenden und relativ kohärenten religiösen oder politischen Komplex hat sie zweifellos von dessen Prestige profitieren lassen. Allerdings unter der Bedingung, dessen Prämissen zu akzeptieren – einerseits den unantastbaren Glauben an eine Gottheit oder eine überlegene gesellschaftliche Ordnung, aus der sich zwingenderweise das Verhalten ergibt. Andererseits die Bösartigkeit des menschlichen Individuums, das entweder durch Drohungen oder durch wirksame Bestrafungen gehorsam werden soll. Sollte man aus Ungläubigkeit, Auflehnung oder einfach nur im Namen einer anderen Anschauung diese Voraussetzungen nicht beachten, dann bricht alles zusammen, und die Moral wird unter ihren eigenen Trümmern begraben.

Doch damit stecken wir in einem Dilemma. Es wird die Rückkehr zu einem kulturellen System propagiert, das sich selbst in einer Krise befindet. Was ist aber nun eine Krise, wenn nicht unsere eigene derzeitige Unfähigkeit, mit unseren gewohnten Mitteln eine noch nicht dagewesene Schwierigkeit zu überwinden? Das ist keine unvermittelte Geringschätzung traditioneller Normen, sondern ein objektiver Wandel der Sitten und Geisteshaltungen, die nach neuen Normen verlangen. Es handelt sich zuvorderst um einen gesellschaftlichen Umsturz, der sich unter anderem durch einen kulturellen Umsturz ausdrückt. Die Unruhe, die wir heute erleben, ist das Ergebnis der Unfähigkeit unserer Gesellschaften, ihre politischen, demographischen, beruflichen, wirtschaftlichen und kulturellen Probleme zu lösen. Das ist weder neu noch mysteriös, sondern die Fortsetzung der außerordentlichen Veränderung unserer Lebensbedingungen, angesichts derer unsere Institutionen und Werte »überdreht sind« (wie man bei einer abgenutzten Schraube sagt). Die Explosion im Mai '68 – und dies nicht nur in

Frankreich – war ein Anzeichen unter vielen für neue Bedürfnisse und die Unmöglichkeit, diese zu befriedigen. Man darf nicht vergessen, unter welchen Bedingungen die Männer und Frauen unserer Generationen sich abgequält haben, um ihr Studium fortsetzen zu können – sie waren ausgehungert, drängten sich hoch oben auf den Fensterbänken der zu wenigen Hörsäle oder saßen auf Treppenstufen und atmeten den Staub ein. Die ausgesprochen ernsthaften jungen Leute waren besorgt, unruhig, unzufrieden mit sich selbst und der Welt. Die jungen Leute von heute aus der Vor-Aids-Generation können sich nicht vorstellen, wie das Sexualleben jener Generationen aussah, die von der Angst einer verfrühten Schwangerschaft geplagt wurden und von Schuldgefühlen wie gelähmt waren. Sie werden kaum verstehen, welch unglaubliche Distanz uns von unseren Professoren in ihren schwarzen Jacketts und gestreiften Hosen trennte, bei deren Eintreten wir uns erheben mußten und, was das Schlimmste war, die wir kaum anzusprechen wagten. Mai '68 erschien wie eine Befreiung. Natürlich gab es einige Unruhen, allerdings aufgrund der Auflösung der Anspannung und aus Übermut. Alles, was verboten und unterdrückt worden war, schien nun erlaubt, wie eine köstliche Phantasievorstellung.

Doch dieser Zustand dauerte nicht lange an. Das neue Paradies, ohne Einschränkungen und Gesetze, erwies sich bald ebenso als Illusion wie dasjenige vor dem Umsturz. Die Freiheit, die man für sich in Anspruch nahm, konnte man bei den anderen nicht ertragen. Man genoß die Untreue, aber beim Partner flößte sie einem Angst ein. Und als wir dann selbst Professoren wurden, erkannten wir die Studenten von einst nicht wieder. Wir waren sentimental und litten zuweilen unter Eifersucht. In der absoluten Freiheit ließ es sich auch nicht besser leben als im absoluten Zwang. Kurz, wir waren vom Unglück, das durch die traditionelle Ordnung erzeugt worden war, zum Unglück der unerträglichen Anarchie übergegangen. Selbst wenn die jungen Leute weiterhin der alten Ordnung Ehre erwiesen und ernsthaft den Skandal einer jeden Macht erörterten, stand es für sie immer außer Frage, schlicht und ergreifend zur alten dogmatischen, von außen aufoktroyierten Ordnung zurückzukehren. Ihre Starre war gebrochen, wie es beim besten Stahl vorkommt. Die Leute hatten sich verändert, zumindest wagten sie von nun an, ihre Bedürfnisse und ihre Wünsche zum Ausdruck zu bringen. Die Minderheiten gaben vor, ihr Anderssein nun offen zu leben. Gewiß blieb das traditionelle Frankreich weiter eine starke Realität, doch man konnte auf die Nichtchristen, die Nichtgläubigen, die Halbgläubigen und die Gleichgültigen zählen, die sich mit dem traditionellen Gefüge nicht mehr identifizierten. Da sich Glaube nicht verordnen läßt, war die Frage, ob man sie von vornherein als unmoralisch betrachten sollte – was falsch gewesen wäre. Oder sie zwingen sollte, eine unwürdige und unerträgliche Komödie zu spielen. Oder noch schlimmer, um den Forderungen der Traditionalisten gerecht zu werden, eine falsche Universalität vorzutäuschen. Es genügt nicht zu betonen, daß »Christus für alle Menschen gestorben ist«, um von allen gehört zu werden. Wie soll man ernsthaft glauben, daß die einzige Unterstützung unserer Moral in der Bibel, im Evangelium oder im Koran zu finden ist? Wenn man also mit Gewalt die Moral mit der Religion und insbesondere einer speziellen Religion oder einer herrschenden Weltanschauung, die der Nation oder der Revolution, verknüpfen will, dann rettet man die Moral nicht, sondern verdammt sie zur Folklore und bringt sie in Gefahr, und zwar in die Gefahr, den Unwägbarkeiten einer anderen Kohärenz als der ihren ausgesetzt zu sein.

Eigentlich müßten wir für die Moral eine eigene Rechtfertigung finden, damit man nicht wie Nietzsche sagen kann: »Gott ist tot, alles ist erlaubt.« Ich weiß nicht, ob Gott lebt oder ob die Nation zugunsten neuer historischer Strukturen im Aussterben begriffen ist, aber die Moral wird für uns immer notwendig sein, da wir schließlich weiterhin im Guten zusammenleben wollen, und das über unsere gierigen Egoismen und leidenschaftlichen Verirrungen hinaus.

Denn man vergißt bei dieser Sache, daß es letztlich darum geht, dem Menschen beim Leben zu helfen und nicht ein gesellschaftliches oder religiöses Ideal zu retten, sei es auch noch so respektabel. Angeblich unverrückbare Werte werden eines Tages unvermeidlicherweise von den zugleich stabilen und veränderlichen Bedürfnissen des wirklichen Menschen abweichen. Also gilt es zu wählen zwischen der Einhaltung dieser Werte und dem Menschen, für den sie gemacht wurden. Um vielleicht ein starkes Wort zu wählen: Es grenzt doch an Götzendienst. Was ist Götzendienst, wenn nicht ein Kult, der um ein imaginäres Wesen gemacht wird, das vom menschlichen Geist erschaffen wurde, um dem Menschen zu dienen, ihn zu beruhigen, und der, da er auch seinerseits gestärkt und von der Imagination genährt werden muß, zu guter Letzt eine überraschende Wendung nimmt und vom Menschen selbst Opfer fordert? Und so bietet man ihm mindestens das Beste aus der Herde, von den Feldern oder aus der eigenen Schöpfung an, wenn es um die Opferung von Kindern geht. *In der Begrifflichkeit der Abhängigkeit scheint das ideelle Objekt der Begierde so wertvoll, daß es sogar die Person des Abhängigen selbst in den Schatten stellt.* Das gilt auch für die äußerst lebhaften Leidenschaften in der Politik, der Religion und zuweilen der Kunst (denn es gibt Leute, die es akzeptieren, für ihre Kunst zu sterben). Die Richtigkeit dieser Tatsache wurde anläßlich der Diskussion über Verhütungsmittel bestätigt. Die katholische Kirche hat anfangs nicht gezögert, ihren Gläubigen die Verwendung von Präservativen zu untersagen, und damit das Risiko in Kauf genommen, daß diese sich mit Aids infizieren. Die Einhaltung der Normen war wichtiger als die Gesundheit. Sicher, die katholische Kirche[7] riet zu Enthaltsamkeit und zur Kontrolle der Sexualität, aber offensichtlich ist die Mehrheit der Menschen dazu nicht in der Lage. Glücklicherweise wich diese extreme Position später einer intelligenteren, nuancierteren. Mit der Empfängnisverhütung und der Abtreibung war es genauso. Hat deren Verurteilung etwa jemals die Menschen davon abgehalten, miteinander zu schlafen und die entsprechenden Risiken hinzunehmen? Wenn man Abtreibungen verhindern will, ist es sinnvoller, Verhütungsmittel zu tolerieren. Verweigert man Verhütungsmittel, muß man auf Abtreibungen gefaßt sein. Ist es nicht vernünftiger, Verhütung zuzulassen und sie medizinisch zu kontrollieren? Sonst läuft man Gefahr, die Frauen spirituell retten zu wollen und sie dabei physisch zu töten. Die jüdischen Fundamentalisten verurteilen und verhindern teilweise mit Gewalt weiterhin Autopsien und Forschung an Leichen zum Schaden der Lebenden. Die iranischen moslemischen Führer haben nicht gezögert, ihre Kinder ins Massaker zu schicken. Allerdings ausgestattet mit einem kleinen Schlüssel um ihren Hals, der ihnen die Tür zum Paradies öffnen sollte. Einige politische Ideologien stellen ihren Gläubigen für das Opfern ihrer Existenz nicht einmal das Paradies in Aussicht.

Doch die regelmäßig wiederkehrende Revolte der neuen Generationen zeigt immer wieder den illusorischen Charakter einer »Verabsolutierung« von Werten. Wer konnte jemals wirklich die Auslöschung des Begehrens und der Lust erreichen? Man möge nur die spannenden Beziehungen im Leben von Heiligen oder von Kirchenvätern durchstreifen, dort trifft man stets auf den unablässigen Kampf gegen das unaufhörlich wiederaufkeimende Begehren, selbst bei den Sittenstrengsten. Oder auf die offenkundige Übertragung auf Objekte, die als erhaben gelten. Welche Schlußfolgerung soll man aus den Ereignissen in Osteuropa ziehen, wenn nicht eine Implosion von zu lange unterdrückten Wünschen? Früher oder später muß man zum lebendigen Menschen zurückkehren und seinen bescheidenen Bedürfnissen, seinen Träumen, auch wenn sie verrückt oder frivol sein mögen, ein wenig Raum geben.

Die Moralisten wissen nur zu gut, daß sie ungeachtet ihrer Härte am Ende stets auf den Zug der Zeit aufspringen werden. Die Geschichte der Kirche, mit ihren Krisen und den dazu entwickelten Lösungen, die Geschichte der Parteien mit ihren wandelbaren

Ideologien und selbst die Chronik der Literaten- und Künstlerzirkel zeigen dies deutlich. Natürlich sind Werte Fixpunkte am Horizont, Orientierungspunkte für das richtige Handeln. Es ist nicht schlecht, daß sie sich erst einmal den Neuheiten ohne Zukunft, den flüchtigen Modeerscheinungen widersetzen und auf relative Beständigkeit pochen. Doch warum nicht auch zustimmen, daß sie nicht für die Ewigkeit gebaut sind, wie jene Totempfähle aus nicht verwesendem Holz? Wie sollte man verkennen, daß unter unseren Augen unablässig neue Pflichten und neue Rechte entstehen? Kein Prinzip ist »ewig«. Da sie alle ein Entstehungsdatum haben, kann man davon ausgehen, daß sie auch irgendwann sterben werden.

* * *

Stoßen wir damit auf ein neues Dilemma? Sollte die Moral *zugleich notwendig, relativ und wandelbar sein? Zugleich zwingend und pragmatisch, individuell und extraindividuell?* Wenn wir auf das beruhigende Streben nach einem ewig von irgendeiner Autorität aufgezwungenen Idealverhalten, einem unantastbaren Kodex jenseits von Raum und Zeit verzichten, der bequem zu befragen oder sogar zu leben ist, der sich aber als illusorisch erweist, stürzen wir uns dann in eine neue Unmöglichkeit? Ist Moral möglich?

Die Antwort lautet: ja. Wenn man entschlossen und mutig Sorgfalt darauf verwendet, die Moral auf einen konkreten, begehrenden und leidenden, sozial und historisch eingebundenen Menschen zu begründen, für den sie – und das darf nicht vergessen werden – schließlich gemacht ist: Heißt das, zur Anarchie, zum Schlendrian oder zum Fehlen von Regeln, deren Unerträglichkeit für fast alle Menschen sich bestätigt hat, zurückzukehren? Nein, wenn man endlich erkennt, daß *die Befriedigung unserer Bedürfnisse und Begehren nicht von denen anderer unabhängig ist. Sie ist sogar in den meisten Fällen komplementär.* Unsere Freiheit ist abhängig von der

Freiheit der anderen. Nicht aufgrund einer Aufforderung des religiösen oder weltlichen Gesetzgebers, sondern weil diese Freiheit nur in bezug auf die Freiheit des anderen funktionieren kann. Und sei es im Konflikt und mit Gewalt. Wir können von unserer Geburt an nur in den Netzen der *Gegenseitigkeit* leben, die zugleich positiv und negativ ist und die uns mit den anderen, mit den verschiedenen Gruppen, die unsere Existenz ausmachen, verbindet.

Das ist eine Binsenweisheit, die allerdings ihren Adelsbrief in der Geschichte der Philosophie hat, auch wenn sie von den ehrgeizigeren Auffassungen der traditionellen Moral verdeckt wurde. Die meisten griechischen Weisen ordnen, unabhängig von dem Stellenwert, den sie ihren Göttern einräumen, die als letzte Zuflucht gelten, aber häufig den menschlichen Belangen gegenüber gleichgültig sind, das Gute im Inneren ihrer selbst ein. Kant ist unter anderem Erbe dieser Innerlichkeit des moralischen Gesetzes. Rousseaus *Contrat social*, der Kant inspirierte, meint auch einen moralischen Vertrag. Es ist das Ergebnis einer Auswahl und einer Entscheidung auf der Grundlage der kollektiven Freiheit. In seiner ironischen Art läßt Voltaires Kritik, insbesondere im *Dictionnaire philosophique*, nur das zwischenmenschliche Band als Grundlage für die Moral gelten. Rousseau und Voltaire lehnen zwar die göttliche Garantie nicht ab, doch insbesondere bei Voltaire ist sie dem System gegenüber so äußerlich, daß dieses ohne sie perfekt funktioniert. Diderot, wenn er denn Moralist war, verzichtete darauf und war dabei der Autorität gegenüber ebenso rebellisch wie sein *Jacques le fataliste.* Montesquieus Bemühungen zielten darauf ab zu zeigen, daß die Gesetze von der moralischen oder physischen »Natur der Dinge« und nicht von irgendeinem Schicksal oder der Heiligen Schrift abgeleitet seien. All diese, wird man sagen, stammen aus dem 18. Jahrhundert und der Philosophie der Aufklärung. Zufällig stieß ich bei meiner Lektüre auf einen Text von Senancour, der aus dem 19. Jahrhundert stammt – und man findet dasselbe: »Mehr oder weniger vereint mit allem, was er empfindet, teilt der Mensch

Freud und Leid der ihn umgebenden Wesen, und für sein Glück braucht er das Wohlbefinden oder die Vollkommenheit dessen, was er kennt.« Wir wußten bereits, daß es süß ist zu lieben und daß wir mit den geliebten Wesen leiden. Damit nicht genug. Senancour verwendet genau den Begriff und den Terminus, der uns hier beschäftigt: »Diese natürliche *Abhängigkeit* voller Harmonie, jene große Kette, hält die Welt zusammen.«[8] Anders gesagt: Die Beziehung, die der Mensch mit seinesgleichen unterhält, hilft ihm selbst und »erweitert seinen Horizont«. Das ist nicht nur ein Handel mit einfachem Austausch, sondern Geschenk und Gegengeschenk, das jeden buchstäblich verwandeln wird. Das Ende des 18. Jahrhunderts und die Anfänge des 19. sind Schauplatz des Utilitarismus von Bentham und Stuart Mill, die die hellenische Suche nach dem Glück des Menschen ablösen und über die mystischen Übertreibungen des Juden- und Christentums hinausgehen. Sodann gab es jüngere Versuche einer Wissenschaft der Sitten mit einem Exkurs in die sittenstrenge Moral der laizistischen Lehrer der französischen Republik. Marx und Freud haben jeder auf seine Weise versucht, eine Moral außerhalb der vorgefertigten Dogmen zu begründen.

Nicht daß die Feindseligkeit, Aggressivität, Ausbeutung und Zerstörung anderer hier geleugnet würde. Man muß die Naivität von Rousseau besitzen, um zu vertreten, daß der Mensch im Grunde gut ist, obgleich er sich beeilt hinzuzufügen, daß die Gesellschaft ihn pervertiert hat. Doch in jedem von uns wohnt beides – Moral ist auch ein Verhandeln, das es möglich macht, die Gewalt zumindest zeitweise auszusetzen. Wenn die Moralisten einander zu widersprechen scheinen, dann, weil sie bald auf diesem und bald auf jenem Aspekt beharren. Nun sind beide Ansätze bislang unabdingbar für das Überleben. Es gilt zugleich zu lieben und zu kämpfen, zu verhandeln und abzutrotzen. Die am besten auf die menschliche Natur, auf unsere Lebensbedingungen angepaßte Moral muß diese Doppelexistenz berücksichtigen und sich nicht einen idealen Menschen in einer erhabenen Welt vorstellen. Oder, um es metaphysisch zu formulieren, der Teufel ist Gott nicht fremder als das Böse dem Menschen. Gott hat, wenn er denn existiert, das eine und das andere geschaffen.

Die Phänomene von Dominanz und Unterwerfung, die lange Zeit mein Studienobjekt waren, sind Folgen jener erbarmungslosen zwischenmenschlichen Konkurrenz. Sie drücken sich aus in Heterophobie und Rassismus, wirtschaftlicher und sexueller Ausbeutung. Mord und Krieg sind deren schlimmste Ausprägungen. Und damit sind Dominanz und Unterwerfung auch eines der unausweichlichen Schemata zum Verständnis der menschlichen Natur und Kultur. Doch handelt es sich hierbei nur um einen der Antriebe menschlichen Verhaltens. Es ist dies eine Art »Ei des Kolumbus«, das ein ebenso fruchtbares Untersuchungsfeld eröffnet wie das vorangehende. Neben den erschreckenden *negativen Reziprozitäten,* die uns im Kriegszustand verharren lassen, gibt es *positive Reziprozitäten,* die uns noch stärker miteinander verbinden, ja sogar auch mit einer großen Anzahl von Tieren.

Wie soll man das Individuum betrachten, wenn dabei dessen Eltern-Kind-Beziehungen, Liebes- und Ehebeziehungen, berufliche, politische, kulturelle und fiktive Beziehungen außer acht gelassen werden?

Überall sehen wir Konflikte, die aus Gier oder Angst entstanden sind, aber auch Verbindungen außergewöhnlicher Subtilität zu anderen Wesen. Diese beiden Merkmale sind nicht nur koexistent, sie ergänzen einander sogar gegenseitig. Sie sind gewissermaßen derselben Matrix entsprungen. Im vorangehenden Kapitel habe ich auf die Bedeutung der Frühgeburt in der persönlichen Geschichte hingewiesen. Der kleine Mensch ist nicht *bisweilen* eine Frühgeburt wie bei Schwangerschaftskomplikationen, sondern er ist es *immer.* Er ist es bekanntermaßen aufgrund seiner noch unvollendeten Entwicklung des Nervensystems. Er ist es in seinen beobachtbaren motorischen Fähigkeiten. Er kann sich weder fortbewegen noch ernähren, noch verteidigen. Sich selbst überlassen, wäre er zum sicheren Tode verurteilt. In einem Wort: *Der kleine Mensch ist nicht lebensfähig.* Zum Überleben braucht er die Hilfe eines anderen Wesens, eines Erwachsenen, und das über lange Monate hinweg, der ihm alles Nötige besorgt: Nahrung, Getränke, Schutz, Hygiene, Erziehung. Man sieht deutlich, daß *die Beziehung von Abhängigkeit und Beschaffung eine Grundvoraussetzung für das Überleben ist.* Ich möchte hier keine hypothetische Beschreibung der unauslöschlichen, wahrscheinlichen Spuren vornehmen, die diese ersten Erfahrungen hinterlassen. In welcher Hinsicht wir uns allerdings sicher sind, und was sich auch leicht nachvollziehen läßt, das ist die spätere, allmähliche Ausprägung der Persönlichkeit des Kindes und auch des Erwachsenen diesem ersten Duo entsprechend, später dann entsprechend verschiedener Duos, die sich im Laufe seiner Existenz bilden werden. *Die gesamte Kultur des Menschen ist unter anderem ein Versuch der Ausgestaltung der Beziehung zu einem anderen – Abhängigkeit und Beschaffung bildet unser Fundament.*

Doch gleichzeitig ist die Frühgeburt Ursprung sämtlicher Gefahren. »Ein Findelkind zu sein«, wie man vor einigen Jahrzehnten sagte, bedeutet für den Säugling, den kleinen Menschen, eine nur allzu leichte Beute und Objekt von Versuchungen zu sein. Die Erwachsenen, die aller Formen der Beschaffung fähig sind, sind unverständliche und furchterregende Riesen. Bereits ihre Stimme läßt ihn erzittern, ihre Grimassen bringen ihn zum Weinen. Ihre abrupten, unerwarteten Gesten könnten ihn zerstören. Auch hier wieder liegt der Ursprung für unauslöschlich aufgedrückte Stempel. Und später, wenn er von seltsamen Ängsten heimgesucht wird, sucht der Erwachsene nach schützenden Formen der Beschaffung oder baut diese auf: utopische Ideale, Kunst oder Religion, ideelle, wohlmeinende und hilfsbereite Persönlichkeiten. In dem Wunsch, sich mit seinen schützenden Göttern zu versöhnen, bietet er ihnen an, was ihm am teuersten ist – zum Beispiel seine Sprößlinge. Was ist die Beschneidung von Jungen und Mädchen anderes als eine Opfergabe in Form der Sexualität des Kindes? Die Punier warfen in der Tat ihre lebendigen Kinder zu Ehren von Bal in die brennende Feuersglut. Die tödliche Opferung von Neugeborenen ist eine biblische Obsession, sowohl bei den Ungläubigen als auch beim »auserwählten Volk«. Man erinnere sich nur an Ägypten. Das Opfer von Isaak, das erst im letzten Moment durch ein Opferlamm ersetzt wurde, ist offensichtlich der Vorläufer des Opfers Christi, das ein wirkliches war. Man könnte sich fragen, ob Krieg nicht auch ein immer wiederkehrendes Opfern unserer Jugend ist. Genau wie die Abhängigkeit, die Aufruf, Bitte, Erwartung der befriedigten oder unbefriedigten Beschaffung ist, ist unsere Existenz von dieser Angst der Zerstörung abhängig. *Kultur ist auch die Entwicklung eines Arsenals defensiver und offensiver, realer und imaginärer Waffen zur Linderung unserer fundamentalen Unsicherheit.*

* * *

Unter einem solchen Blickwinkel zeigt sich nun der Stellenwert und die Bedeutung der Moral. Kultur ist die Gesamtheit der technischen und ideellen Reaktionen auf unsere Lebensbedingungen. Der ethische Teil wäre dabei *die Gesamtheit der Regeln, die es uns ermöglicht, zum Besten aller zusammenzuleben.* Sie sind ganz und gar nichts Äußerliches für uns, Objekte einer zufälligen Erfindung, sondern im Gegenteil Ausfluß unserer natürlichen und kulturellen Konstitution. Das Begehren nach Liebe und das Geschenk der Liebe, das Verlangen nach dem Geschenk der Liebe befinden sich zuerst in uns selbst, bevor sie in Form von übermenschlichen Wesen oder einer überlegenen sozialen Vernunft verherrlicht werden.

Daraus ergeben sich überraschende Wesenszüge, die offensichtlich im Widerspruch zur Moral stehen. Das moralische Verhalten scheint gleichzeitig notwendig und frei. Notwendig, weil ohne zumindest implizite Regeln keine Gruppe bestehen und keine Beziehung von Dauer sein könnte. Frei, weil Moral auch eine kontinuierliche Einrichtung von Gegenseitigkeiten ist, seien sie auch ungleicher Natur. Man kann einen Kodex zur Gänze akzeptieren oder auslegen, ihn übertreiben oder böswillig anwenden, versuchen, ihn zu umgehen, aber man kann nicht vorgeben, darauf verzichten zu können, ohne die Gruppe in Gefahr zu bringen, die ihn stützt und organisiert. Die Untreue ist nur sinnvoll im Einklang mit einer mehr oder weniger akzeptierten Einforderung von Treue. Der Klassenkampf setzt wohl oder übel das Einverständnis mit der globalen Gruppe voraus, in die er eingebunden ist. Sonst bedeutete das auf lange Sicht die Zerstörung der Beziehung der Gruppe. Es trifft zu, daß man es sich mehr oder weniger aussuchen kann, den zwischen einzelnen Menschen oder der Gesellschaft geschlossenen Pakt nicht zu respektieren, doch das heißt implizit, seiner Auslöschung zuzustimmen. Man könnte kaum einen psychischen oder physischen Krüppel tadeln, weil er nicht handeln könnte.

Die Gläubigen haben diese Schwierigkeit bemerkt. Sie haben sie in eine theologische Antinomie übersetzt: Gott, der die Allmacht und damit die absolute Freiheit besitzt, delegiert einen Teil davon auf den Menschen. Das ist der freie Wille, von dem dieser guten oder schlechten Gebrauch machen kann. Doch man hat ihnen genau das vorgeworfen und gesagt, wenn Gott allmächtig sei, dann müßte er auch die eventuellen Verfehlungen des Menschen vorgesehen haben. Dieser, schon vorprogrammiert, wie man heute sagen würde, wäre dann weder für seine Fehler verantwortlich zu machen noch zu seinen guten Taten zu beglückwünschen. Es wäre besser, würde man diese Ambivalenz des menschlichen Wesens akzeptieren. Er braucht die Regeln, und dennoch kann er sie übertreten. Im übrigen gibt er sich dazu oft selbst die Genehmigung. Wer ist denn noch nie durch ein Drehkreuz gegangen, ohne zu bezahlen? Wer hat noch nie versucht, nicht die gesamte Steuerschuld zu bezahlen? Die Moral ist anfällig, doch das ist Ausdruck unserer eigenen Anfälligkeit. Die Moral ist Zwang und Freiheit. Ohne Überschreitung gäbe es weder Verfehlung noch Tugend. Mit anderen Worten, die Moral ist menschlich.

Heißt das, daß es keine »Dauerhaftigkeit« gibt? Doch! Um so mehr, als unsere eigene Anfälligkeit, die Angst auch vor erwünschten Veränderungen, uns begierig nach stabilen Bezugspunkten suchen läßt und den Glauben an deren Unbeweglichkeit aufrechterhält. Dann gibt es aber auch Bereiche, in denen alle menschlichen Wesen einander ähneln. Über unsere Unterschiede hinaus sind wir alle Menschen. So daß damit die Erfindungen der Kultur, die Antworten auf die Herausforderung der Stellung des Menschen nicht unbegrenzt sind. Die Verwandtschaftsbeziehungen, die Regeln der Ehe, das Inzesttabu, der Schutz von Kindern und insbesondere schwangeren Frauen, die einschränkenden Regeln der Gewalt und des Krieges, der Verzicht auf individuelle Rache zugunsten einer kollektiven Macht entsprechen mehr oder weniger direkt gemeinsam für das Überleben notwendigen Bedürfnissen und vergleichbaren Wünschen. Die Verehrung von Regeln als heilige Regeln unterstreicht deren lebenswichtige Bedeutung, nicht den Ursprung. »Denn wer das Schwert nimmt, der soll durchs Schwert umkommen«, ist eine hervorragende Formulierung, nicht, weil sie in der Bibel steht, sondern weil sie eine Wahrheit ausdrückt – Gewalt ruft Gewalt hervor.

Doch es bleibt so, daß die Menschen auf einen einzigen Stoff verschiedene Motive sticken, den Schnitt je nach Notwendigkeit des Klimas, der Morphologie der Bevölkerung, den geographischen Besonderheiten und historischen Eigenarten anpassen. *Moral ist damit Kontinuität und Erneuerung, Beständigkeit und Wandel.* Die menschliche Gattung ist vielleicht die formbarste von allen. Es ist sogar ihre Anpassungsfähigkeit, die ihr die Herrschaft über die anderen Arten gesichert hat. Um das Beispiel einer Veränderung herauszugreifen, die sich unter unseren Augen vollzieht, so kann man sagen, daß die Menschheit lange Zeit nach einer Moral der Pflichten gelebt hat, in der die Rechte latent vorhanden waren. Die revolutionären Bewegungen haben es geschafft, eine Moral der Rechte in den Vordergrund zu stellen, bei der natürlich die Pflichten auch nicht vergessen werden. Es ist nicht unmöglich, daß wir in ein neues Zeitalter eingetreten sind, das Zeitalter einer Moral der Bedürfnisse. Siehe nur die überraschenden Forderungen nach einem Recht auf Gesundheit, auf Freizeit, warum nicht »auf Schnee«! Bei genauer Betrachtung handelt es sich nicht mehr nur um Rechte, sondern eben um Bedürfnisse. Unsere gemeinsame Devise könnte von nun an nicht mehr lauten: »Was du nicht willst, das man dir tu, das füg' auch keinem andern zu«, sondern: »Tu andern das, was du willst, das man dir tut«.

* * *

Wir haben uns gefragt, ob Moral möglich ist. Sie ist nicht nur möglich, sondern unausweichlich. Sie ist weder Luxus noch Schicksal, weder Ästhetik noch Metaphysik. Sie ist eine Forderung unserer natürlichen und kulturellen Beschaffenheit. Wenn wir ihr wirklich genügen wollen, müssen wir den konkreten und gesamten Menschen berücksichtigen, seine Bedürfnisse und Wünsche, seine physiologischen Notwendigkeiten und seine Träume. Ebenso seine soziale Dimension – Solidarität ist weder eine Erfindung eines großzügigen Geistes noch ein erhabenes Gebot eines übernatürlichen Gesetzes, sondern ureigener Ausdruck unseres gemeinschaftlichen Lebens.

Bleibt festzuhalten, daß der Mensch aufgrund seiner philogenetischen und ontogenetischen Geschichte zwischen dem Bedürfnis nach dem anderen und der Angst vor dem anderen schwankt. Zwischen der Versuchung der Dominanz, die aus ihm einen Angreifer, Räuber, Mörder an seinen Mitmenschen macht, und dem Hang zur Abhängigkeit, der Erwartung der Beschaffung, der gegebenen und empfangenen Liebe. Die Erziehung soll ihm dabei helfen, eher den zweiten Weg zu wählen. In jedem Alter gilt es unermüdlich, das Menschliche im Menschen zu stärken. Und häufig leider Dinge zu unterdrücken, jeden vor den Versuchungen anderer zu schützen. Deshalb ist Moral ein schwieriges Navigieren zwischen Einschränkungen und Freiheiten, zwischen den verschiedenen Freiheiten. Sie fordert Toleranz und Verstand, in einem Wort, Humanismus, also Respekt vor dem Menschen in jedem von uns. Die Erklärung der Menschen- und Bürgerrechte aus dem Jahre 1789, in der die Grenzen der Freiheit des einzelnen (in Kapitel IV) festgelegt sind, ist im Grunde nur eine Präambel zu dieser Moral der Bedürfnisse und Wünsche. Wir sind keine simple juristische Einheit von Bürgern. Wir können die meisten unserer Bedürfnisse und Wünsche nur im Einklang mit denen anderer befriedigen. Um geliebt zu werden, bedarf es jemanden, der uns liebt. Um zu lieben, bedarf es jemanden, der unsere Liebe erwartet. Die Wahrheit ist, daß wir qua Konstruktion niemals allein sind, nicht einmal im Gefängnis oder in unserer Phantasie.

Ersatzmittel und Ersatz

Zu guter Letzt als rasche Schlußfolgerung: Muß man und kann man aufhören, abhängig zu sein und Beschaffung zu erwarten? Ich hoffe, anhand von Einzelheiten, Verhaltensweisen, Werken und intellektuellen Ansätzen aufgezeigt zu haben, daß die Antwort beide Male nein lautet. Das sind nur die Ambitionen einiger Therapeuten, Pädagogen und Moralisten, die zwar respektabel, aber illusorisch sind.

Solche Besorgnisse entsprechen im allgemeinen den Problemen bei *exzessiven* Abhängigkeiten, die also als gefährlich oder für die Umwelt störend eingestuft werden. Die vorgeschlagenen Maßnahmen zur Linderung sind immer dieselben – man könnte sie auf drei Kategorien reduzieren: *Beseitigung, Umstellung, Ersatz.*

Berechtigterweise denkt man, daß *die Beseitigung* die beste Lösung sei, insbesondere, wenn das Leben des Patienten buchstäblich in Gefahr oder die Beeinträchtigung der Umwelt unerträglich ist. Gewiß sollte sich ein Zirrhosekranker oder ein starker Alkoholiker des Trinkens enthalten, ein Raucher, dessen Lungen befallen sind, nicht zur Zigarette greifen. Bleibt nur noch, daß eine solch radikale Maßnahme auch noch möglich sein muß oder daß sie keine ebenfalls schädlichen Auswirkungen hat. Das absolute Trink- oder Rauchverbot kann zu einer schwerwiegenderen Störung des Verhaltens führen. Überdies ist es häufig illusorisch und wird durch die Etablierung einer anderen Beschaffung, also durch ein Ersatzmittel, verdeckt. Was uns zur dritten Lösung, dem *Ersatz*, führt. So wie ein politischer Aktivist, der aus seiner Partei ausgetreten ist, sich in eine Kirche oder Sekte stürzt. Nach dem Mai 1968 konnte man erleben, wie Maoisten sich in katholische Fundamentalisten oder Juden verwandelt haben. Soziologen haben mit Erstaunen festgestellt, daß die Wählerschaft einer faschistoiden Partei ein Drittel ehemaliger Kommunisten umfaßt. Fehlende Nestwärme oder eine gescheiterte Ehe können zu einem philanthropischen oder religiösen Engagement führen. Die *wirkliche* Beseitigung ist seltener und zufälliger, als man gemeinhin glaubt. Die Ärzte, die sie propagieren, sollten es angesichts der Häufigkeit der Rückfälle oder der Entmutigung der Patienten besser wissen als jeder andere. Selbst wenn man ihr Ideal einer völligen Heilung verstehen mag, wäre es doch besser, wenn sie sich der Grenzen der ärztlichen Macht bewußt sind. Die psychologische oder chemische Therapie darf keine vergebliche Hoffnung nähren.

Manchmal ist es besser, einen Kompromiß zu schließen, was uns zur zweiten Lösung, der *Umstellung*, führt. In der Tat haben wir es am häufigsten mit der *Umstellung* von Abhängigkeiten zu tun. Das ist wahrscheinlich das ökonomischste Verhalten. Weniger rauchen, weniger trinken, weniger leidenschaftlich zu sein, ist einfacher und leichter, als nicht zu trinken, überhaupt nicht zu rauchen, im Grunde auf jede Befriedigung zu verzichten. Man vergißt nur zu oft bei diesen Dingen die Bedeutung der *Lust*, die fast immer die Beschaffung begleitet, auch wenn sie weder eingefordert noch zugegeben wird, weil so manche Lust nicht gerne gesehen wird.

Doch es kommt auch vor, daß selbst die Umstellung kaum möglich ist. Das Klügste ist dann, nach einem offenen *Ersatz* zu suchen, also das Objekt der Begierde zu verändern. Allerdings ist diese Abkehr und diese neue Suche kein Zufallsprodukt. Der Ersatz besitzt seine Logik. Man sucht nicht irgend etwas als Ersatz für das aufgegebene Objekt, sondern ein vorteilhaftes oder gleichwertiges Ersatzmittel. Man kann häufig den Liebespartner wechseln, doch man wird sich nicht in eine beliebige Frau oder einen beliebigen Mann verlieben. Die Schriftsteller haben uns gezeigt, daß man im allgemeinen einem bestimmten Typ treu bleibt. Wie schreibt der Dichter: »Ich suche Frauen, die dir ähneln ...«

Man erinnere sich daran, daß das übliche Objekt der Begierde bereits selbst ein Ersatzmittel ist. Die spätere Kette von Substituten, die unsere Existenz begründet, findet ihren Ursprung am häufigsten in den ersten Zuneigungen aus der Kindheit. Daraus ergibt sich eine Kontinuität in den offensichtlichen Diskontinuitäten unserer Verhaltensweisen.

Zwar stößt man hier auf einen offenkundigen Widerspruch – der Abhängige scheint auf ein bestimmtes und ausschließliches Objekt der Begierde fixiert zu sein, auch wenn es vorkommt, daß es sich ändert. Selbst wenn diese Veränderungen häufig zu dramatischen Brüchen, Trennungen jeder Art, von der Ehescheidung bis zur Ketzerei, führen, sind sie doch relativ häufig, und im Grunde beginnt man, neu zu leben. Man hat nämlich inzwischen ein anderes Objekt der Begierde ausfindig gemacht. Die Untreue ist oft der Anfang einer neuen Treue. Vielleicht wäre es zutreffender, von einer *Pseudoexklusivität des Objekts der Begierde* zu sprechen, die eher auf Glauben als auf der Realität beruht. Man glaubt, im Moment ein Gefangener zu sein, und die Zeit offenbart unsere relative Autonomie.

So gesehen *ist der Ersatz gewiß der Königsweg des menschlichen Verhaltens.* Die Handhabung des Ersatzes, der Gebrauch verschiedener Ersatzmittel, die einander ablösen, damit man überleben kann, ist wahrscheinlich eines der spezifischen Kennzeichen des menschlichen Wesens. Der relative Sieg des Menschen über die anderen Arten und die Natur kommt von *seiner großen Anpassungsfähigkeit an die Veränderung, das heißt seiner Fähigkeit, die Objekte der Begierde zu erneuern.* Auch wenn die Veränderung ihm mühsam oder erschreckend erscheint, der Mensch ändert doch seine Gewohnheiten und seine Götter. Ein Wandel, der zuweilen schwierige Einschnitte mit sich bringt. Das Exil oder die Hinwendung zu einer anderen religiösen oder weltlichen Kultur sind glücklicherweise nicht jenseits seiner Kräfte. Man stirbt nicht immer, wenn man eine Kirche oder eine politische Partei oder sein Land verläßt, wenn man die Philosophie oder Religion wechselt!

Um ein letztes Beispiel zu geben: Man fragt sich heute (endlich!), ob man auf chemische Ersatzmittel zurückgreifen soll, um Drogensüchtigen zu helfen, ihre Abhängigkeit von einer bestimmten Droge zu bekämpfen. Aus unserer Sichtweise kann die Antwort nur ja lauten, es obliegt den Ärzten, die Behandlung durchzuführen. Auch wenn es einen momentan abwesenden Lieferanten ersetzt, ist das chemische Ersatzmittel eines der Glieder in der Kette der Substitute.

Der Ersatz beschränkt sich nicht auf den Bereich der Therapie. Er beherrscht das gesamte psychische und kollektive Leben. Politiker und Priester oder einfach nur der Geist der Völker haben häufig einen Ritus durch einen ähnlichen Ritus, eine Zeremonie durch eine andere, einen Tempel durch ein anderes Gebäude, wenn auch am selben Ort, ersetzt. Solche Substitutionen erleichtern die Akzeptanz beträchtlich. Eine laizistische Zeremonie kann das kaum übertragene Aufgreifen eines religiösen Rituals sein. Der universelle Erfolg des Weihnachtsfests rührt auch daher, daß man einen alten Mythos feiert. Die Übergangsrituale, die in den meisten Zivilisationen dem Leben seinen Rhythmus geben, gehen, über die besondere Kleidung hinaus, sehr tief. Ist nicht im Bereich des Denkens das Symbol eine Art Ersatzmittel, das bei Schwierigkeiten der direkten Beschreibung von Welt verwendet wird?

Letztlich verweist der Ersatz, obgleich er keiner besonderen Rechtfertigung bedarf, nicht auf eine pessimistische Weltanschauung.

Wenn man sich darauf einigt, auf die Idee der absoluten Freiheit zu verzichten, sieht man, daß sich die relative Autonomie eines

Abhängigen weitgehend in der Wahl der Ersatzmittel verwirklicht. Man stößt wieder auf die Idee der Verantwortlichkeit, die Grundlage jeder Moral, die dann eher eine Umstellung oder Verhandlung als eine totale Forderung bedeutet. Im medizinischen Bereich kann man statt der Anordnung eines totalen und sofortigen Verzichts – »Ab sofort trinken Sie keinen Tropfen Alkohol mehr!«, »Werfen Sie das Päckchen Zigaretten weg, das Sie in der Tasche haben!« – dem Patienten vorschlagen, seinen Alkoholkonsum oder das Inhalieren des Rauches in den Griff zu bekommen und allmählich zu reduzieren. Man kann ihm helfen, ein neues Objekt der Begierde zu entdecken. Das ist der Sinn der Einnahme von Methadon. Das ist übrigens auch das, was sich zumeist im Leben eines jeden von uns abspielt.

Die Möglichkeit zu erkennen, wie die Freiheit ausgeübt wird, oder genauer gesagt, die Autonomie des Patienten, liegt dann in der Beherrschung der Ersatzmittel. Denn sie sind nicht alle gleichwertig. Der *Preis, den es zu bezahlen gilt,* die Schädlichkeit zum Beispiel, variiert stark. Man wird verstehen, daß es das beste Preis-Leistungs-Verhältnis auszuwählen gilt, wenn man so sagen darf. Man stellt zudem fest, daß hier der Verantwortung des Patienten mehr Bedeutung eingeräumt wird, die in jedem Fall größer ist als bei der widerspruchslosen Unterwerfung unter eine ärztliche Anordnung.

Den Gebrauch von Ersatzmitteln unter dem Vorwand abzulehnen, der Patient bleibe weiterhin abhängig, scheint mir auf ein ungenaues Bild des Menschen hinzuweisen. Es ist besser, den Menschen beizubringen, wie sie die richtige Auswahl dessen treffen können, was für sie am besten paßt, anstatt sie mit absoluten Verboten zu konfrontieren, sowohl im chemischen Bereich als auch im moralischen Bereich. Das Schädliche und Verurteilenswerte können Gegenstand von Verhandlungen sein, in denen sich der Wille in detaillierter und wirksamer Form durchsetzt. Eine realistische Pädagogik wäre eine, die die unvermeidliche Kaskade von Ersatzmitteln berücksichtigt, aus denen das Leben besteht. Sublimation ist, und das wissen die Pädagogen sehr wohl, eine der Wurzeln unserer Kultur. Therapeuten und Erzieher werden dabei nicht verlieren, denn das Leben des Menschen ist nun mal so: Der Verliebte muß lieben, der Gläubige glauben und der Künstler schöpferisch tätig sein.

Anmerkungen

1 Siehe auch meinen Beitrag zum Symposium »*Dépendances et conduites de dépendance*« unter der Leitung von D. Bailly und J. L. Venisse. Tagungsband erschienen bei éditions Masson in der Reihe »Médecine et psychotherapie«, Paris 1994.

2 Anläßlich des X. Kongresses der Fédération d'hygiène mentale des Caraïbes, der in Fort-de-France stattfand, bat man mich, die Beziehungen zwischen kultureller Identität und Abhängigkeit zu behandeln. Dieser Text versucht, ausschließlich auf diese Frage einzugehen. Dennoch habe ich an anderer Stelle andere Aspekte der kulturellen Identität behandelt, z. B. in *A contre-courants,* a. a. O., insbesondere in den Artikeln »Identités« und »Héritages«.

3 Siehe insbesondere »Négritude et judéité« in *L'Homme dominé,* Gallimard, 1968; »Petite Bibliothèque«, Payot, 1968.

4 Zu diesem Begriff siehe auch meine Veröffentlichungen zur Situation der Kolonisierten oder der Juden, insbesondere in *Der Kolonisator und der Kolonisierte* oder in *L'Homme dominé,* a. a. O.

5 Dieses Kapitel dient als Grundlage für meine Eröffnungsansprache beim Psychiater-Kongreß der MGEN (Mutuelle générale de l'Education national) in Paris im September 1989.

6 19. August 1989.

7 Der große Rabbiner Frankreichs hat am 25. Juni 1994 in Chatenay-Malabry ebenfalls die Benutzung von Kondomen verurteilt.

8 Senancour, *De l'amour,* Le Divan, Textfassung nach Étiemble.

Albert Memmi

geboren 1920 in Tunis, Schriftsteller, Soziologe und Literatursoziologe. Professor Emeritus der Universität Paris, Professor der Universität Washington D. C.
In Deutschland wurde Memmi vor allem durch seine Schriften zur Soziologie des Kolonialismus, zum Rassismus und zu gesellschaftlichen Randgruppen bekannt.
Albert Memmi lebt in Paris.